Les grands noms du jazz

Données de catalogage avant publication (Canada)

Rodriguez, Christophe

Les grands noms du jazz

Comprend un index.

1. Musiciens de jazz. 2. Jazz – Discographie. 3. Jazz. I. Titre.

ML3506.R696 2001 781.65'092'2 C2001-940544-8

Conception graphique: Nancy Desrosiers
Infographie: Johanne Lemay, Pierre Durocher et Michel Fleury
Traitement des images: Mélanie Sabourin
Révision et correction: Céline Bouchard
Pascale Germain

L'Éditeur bénéficie du soutien de la Société de développement des entreprises culturelles du Québec pour son programme d'édition.

Nous reconnaissons l'aide financière du gouvernement du Canada par l'entremise du Programme d'aide au développement de l'industrie de l'édition (PADIÉ) pour nos activités d'édition.

Dépôt légal: 2e trimestre 2001
Bibliothèque nationale du Québec

ISBN 2-7619-1585-2

DISTRIBUTEURS EXCLUSIFS:

- Pour le Canada
  et les États-Unis:
  MESSAGERIES ADP*
  955, rue Amherst
  Montréal, Québec
  H2L 3K4
  Tél.: (514) 523-1182
  Télécopieur: (514) 939-0406
  * Filiale de Sogides ltée

- Pour la France et les autres pays:
  VIVENDI UNIVERSAL PUBLISHING SERVICES
  Immeuble Paryseine, 3, Allée de la Seine
  94854 Ivry Cedex
  Tél.: 01 49 59 11 89/91
  Télécopieur: 01 49 59 11 96
  Commandes: Tél.: 02 38 32 71 00
  Télécopieur: 02 38 32 71 28

- Pour la Suisse:
  VIVENDI UNIVERSAL PUBLISHING SERVICES SUISSE
  Case postale 69 - 1701 Fribourg - Suisse
  Tél.: (41-26) 460-80-60
  Télécopieur: (41-26) 460-80-68
  Internet: www.havas.ch
  Email: office@havas.ch
  DISTRIBUTION: OLF SA
  Z.I. 3, Corminbœuf, Case postale 1061
  CH-1701 FRIBOURG
  Commandes: Tél.: (41-26) 467-53-33
  Télécopieur: (41-26) 467-54-66

- Pour la Belgique et le Luxembourg:
  VIVENDI UNIVERSAL PUBLISHING SERVICES BENELUX
  Boulevard de l'Europe 117
  B-1301 Wavre
  Tél.: (010) 42-03-20
  Télécopieur: (010) 41-20-24

Pour en savoir davantage sur nos publications,
visitez notre site: **www.edhomme.com**
Autres sites à visiter: www.edjour.com • www.edtypo.com
www.edvlb.com • www.edhexagone.com • www.edutilis.com

Christophe Rodriguez

Les grands noms du jazz

300 CD commentés et illustrés

LES ÉDITIONS DE L'HOMME

REMERCIEMENTS

Un guide comme celui-ci ne se fait pas sans la collaboration de bien des amies et amis...
Pierre Lacouture, membre à vie de ZZ Top et indispensable recherchiste,
Gilles Archambault et sa magnifique émission *Jazz Soliloque,*
Johanne Bertrand, pour le *groove* !
François Blain, spécialiste de Joe Lovano,
Serge Truffaut, éditorialiste au journal *Le Devoir,* homme de jazz et ardent défenseur du cassoulet !
Philippe Bonnel et Christiane Lutel, grands connaisseurs de Sonny Rollins,
Lucien Drivot, admirateur de Pharoah Sanders,
Francine Grimaldi,
Sylvain Lelièvre, inconditionnel de Nat «King» Cole,
Stanley Péan, docteur ès Miles Davis,
Louise Chartrand qui, tout comme Jacques Cossette, a ouvert bien des portes,
Louise Gariépy-Tremblay, pour qui le jazz est synonyme de douceur,
Marie Trudeau,
Pierre Dionne, ami d'abord et *label manager* pour Universal,
Warren Stewart, de la maison de disques EMI,
André Therrien, un disquaire en or, au Tuyau Musical (781, avenue Mont-Royal Est),
les collègues du magazine *ici,*
Pierre Bourdon, éditeur et fou de jazz,
toute l'équipe des Éditions de l'Homme,

et surtout, à Linda, qui a vu son espace rétrécir à mesure que ce guide voyait le jour.

À mes parents.

À Jacques Cossette,
réalisateur à vie qui, durant
ses années de radio, a su
me faire une place et
me transmettre un
peu de son savoir.

PRÉFACE

Ah! Le jazz... Il a quelque chose de très curieux. En quoi? Il suscite fréquemment cette question de la part de l'amateur de musique: «Qu'est-ce que le jazz?» Cette interrogation est d'autant plus troublante qu'on ne se la pose pas à propos de la musique classique ou du rock and roll; le jazz serait soumis à une aura de mystère qui ne planerait pas sur les autres genres, esthétiques ou styles.

Toujours est-il que bien des réponses que suggère cette interrogation sont présentement entre vos mains. Elles sont dans ce livre. Grand amateur de jazz, Christophe Rodriguez a eu le courage – oui! le courage – de s'atteler à la confection d'un «dictionnaire discographique». Une première réalisée dans la langue de Molière. On parle de courage, car il faut savoir et souligner que cette musique dépend plus que toute autre des aléas de la distribution. Ce qui est disponible ici ne l'est pas là. Ce qui est vendu ailleurs n'est souvent pas vendu ici. Bref, il faut avoir la fibre de la folie ou être bénédictin aux entournures pour oser entreprendre ce type d'aventure. Il a osé, on applaudit.

Et d'autant plus franchement qu'il a choisi. Plutôt que de proposer toute la liste des enregistrements effectués, par exemple, par Gil Evans, il s'est fait un devoir de suggérer trois de ses meilleurs albums. Autrement dit, Rodriguez a suivi une ligne éditoriale. La facilité, il va sans dire, aurait été de nous refiler des dizaines et des dizaines de titres. Là, nous avons des morceaux choisis.

Qui plus est, ces choix s'accompagnent de brefs portraits, de biographies succinctes qui sont à l'évidence écrites par un passionné. Lorsqu'on fait la somme, on constate que nous avons enfin un livre composé par un bénédictin, côté discographie, par un passionné, côté biographie. Christophe Rodriguez aime le jazz. Pour nous, c'est tout bénéfice.

Serge Truffaut

INTRODUCTION

Comme bien d'autres, c'est en entendant Louis Armstrong, Sidney Bechet ou Stéphane Grappelli que je me suis intéressé au monde du jazz. Une passion est née et depuis, elle s'est transformée en virus que je n'ai jamais cherché à combattre. Au fil du temps, Duke Ellington, Count Basie, Dizzy Gillespie et Charlie Parker sont devenus des amis, et même des compagnons de route qui m'ont suivi dans l'apprentissage du jazz, l'une des plus riches musiques du XXe siècle. Trop jeune pour avoir vu certains de ces géants – John Coltrane ou Eric Dolphy –, j'ai quand même eu la chance de « serrer la pince » à Dizzy Gillespie et d'entendre le merveilleux saxophoniste que fut Stan Getz.

Ce petit guide que vous tenez entre vos mains est un vieux projet qui a mûri au fil des ans alors que j'étais chroniqueur de jazz à Radio-Canada. En un court laps de temps, il fallait transmettre l'essentiel de l'œuvre d'un artiste à un public qui n'était pas féru de jazz. Combien de fois me suis-je fait poser la question « Existe-t-il un petit guide pratique sur le jazz ? » Eh bien, plus de 10 ans après – et en toute modestie – le voici. Les 100 musiciens réunis ici furent ou sont toujours des créateurs et des novateurs, et par leurs œuvres, comme par leur époque, j'ai essayé de construire une discothèque idéale pour ceux et celles qui voudraient s'initier au jazz. Dans cette aventure, plusieurs musiciens (et ce fut un choix déchirant) ont été laissés de côté – ce qui ne veut pas dire oubliés – Sonny Criss, Zoot Sims, « Hot Lips » Page, Guy Lafitte et bien d'autres, puisque vous les retrouverez dans les tickets « Bouche à oreille ».

Le jazz a plus de 100 ans maintenant, le Festival international de jazz de Montréal se porte à merveille, et comme le disait si bien Boris Vian : « L'art futur bouillonne encore dans la marmite. »

CHRISTOPHE RODRIGUEZ

8 OCTOBRE 1930 - 10 SEPTEMBRE 1986

Pepper Adams, surnommé « The Knife » pour ses attaques incisives et son sens inné du swing, est une des valeurs sûres du monde fermé et méconnu qu'est celui des saxophonistes barytons : il en est un des quatre grands, avec Serge Chaloff (disparu trop tôt), Harry Carney (cheville ouvrière de l'orchestre de Duke Ellington) et Gerry Mulligan.

Sans qu'on sache trop pourquoi, Pepper Adams a plus ou moins vécu dans l'ombre de Gerry Mulligan, peut-être parce que le son de ce dernier était plus chatoyant que le sien ; peut-être aussi parce que, comme pour Harry Carney, la modernité de son style et de son approche, alliée à la prestesse d'un Serge Chaloff, en faisait plus un baryton de big band que de quartette cool.

Il n'est pas trop difficile de résumer la carrière de cet immense musicien, puisqu'elle est intimement liée au développement du jazz moderne. C'est dans la région de Detroit qu'il débute, en compagnie de la fine fleur du be-bop : le saxophoniste Lucky Thompson, le guitariste Kenny Burrel et le trompettiste Tommy Flanagan. À partir de 1956, c'est l'envol avec les trompettistes Maynard Ferguson et Chet Baker, puis il jouera dans l'orchestre de Benny Goodman, et plus tard, en quintette avec le trompettiste Donald Byrd. De 1962 à 1966, il fera partie de l'ensemble du contrebassiste Charles Mingus, puis il entreprendra une très longue collaboration avec le grand orchestre Thad Jones-Mel Lewis. Outre ces nombreuses activités, ce musicien chaleureux au style concis trouvera encore le temps d'enregistrer une multitude de disques, souvent avec de petites formations.

Bouche à oreille

Influences

HARRY CARNEY (saxophone baryton) *Harry Carney with Strings* in *Music Loving: Ben Webster with Strings*, Verve

Même instrument

SERGE CHALOFF : *The Fable of Maple*, Black Lion

LEO PARKER : *Rollin with Leo*, Blue Note

QUELQUES ACCOMPAGNATEURS

TOMMY FLANAGAN (piano) *Let's Play the Music of Thad Jones*, Enja

GEORGE MRAZ (contrebasse) *Duke's Place*, Milestone

ENCOUNTER! Original Jazz Classics 892-2

Une rencontre au sommet entre deux grands saxophonistes! Pour cette réunion fort amicale avec le ténor Zoot Sims, Pepper Adams a convié à l'accompagnement une section-choc: Tommy Flanagan au piano, Ron Carter à la contrebasse et, surprise, celui qui fut l'un des piliers du quartette de John Coltrane, le puissant et explosif Elvin Jones (batterie). Tout ce beau monde s'entend fort bien et le résultat est à la hauteur de leurs talents conjugués. Adams et Sims dialoguent sur des tempos d'enfer. Dès la première plage, *Inanout,* on perçoit un Pepper Adams très en forme et visiblement ravi. Parmi les autres petites perles, on retiendra *Star-Crossed Lovers,* une composition de Billy Strayhorn où le baryton s'impose en tant qu'instrument de choix pour les ballades.

THE MASTER Muse 5213

Les pièces regroupées ici constituent un exemple parfait de be-bop classique, tout en permettant de mieux se familiariser avec cet instrument méconnu qu'est le saxo baryton. « *The Master,* comme le dira Pepper, ce n'est pas moi, mais bien mon instrument. » Ayant à ses côtés des compagnons dont la feuille de route est impressionnante – Tommy Flanagan au piano, George Mraz à la contrebasse et Leroy Williams à la batterie, Pepper Adams fait état de son savoir-faire en toute simplicité, notamment avec trois compositions originales, dont la très belle *Enchilada Baby,* et une interprétation magnifique de *Chelsea Bridge,* popularisée par le saxophoniste alto du Duke, Johnny Hodges.

DENNY CHRISTIANSON BIG BAND / FEATURING PEPPER ADAMS SUITE MINGUS

Justin Time 15-2

Cette session d'enregistrement en compagnie d'un big band montréalais, sous la direction du chef d'orchestre et trompettiste Denny Christianson, sera l'une des dernières apparitions de ce grand saxophoniste. Si la *Suite Mingus* est un écrin taillé sur mesure pour le saxophoniste baryton qui a déjà fait partie de l'ensemble du contrebassiste Charles Mingus, ce disque nous réserve quelques autres belles surprises comme *Lookin' for the Back Door* et *My Funny Valentine* où Pepper Adams « vole » la vedette à un orchestre haut-de-gamme.

ADDERLEY JULIAN «CANNONBALL» | ÉTATS-UNIS

15 SEPTEMBRE 1928 – 8 AOÛT 1975

Surnommé «Cannonball» pour sa rapidité d'exécution, sa joie de vivre et son appétit, Julian Adderley est le type même du saxophoniste alto qui émerge tout à coup peu de temps après la mort du géant Charlie Parker. Découvert en 1955 au célèbre café Bohemia, de Chicago, il est vite propulsé au devant de la scène et certains voient en lui une «réincarnation» du maître. Malgré une carrière assez courte, puisqu'il mourra à l'âge de 47 ans d'une congestion cérébrale, Cannonball Adderley participera aux plus belles sessions des années 50 et 60, tout en gravant sous son propre nom quelques grands classiques du bop. Il se joindra à Miles Davis pour la réalisation de deux disques qui appartiennent aujourd'hui à l'histoire du jazz: *Milestones* et *Kind of Blue*. Puis, en compagnie de son frère Nat, habile joueur de cornet, il enregistrera *The Cannonball Adderley Quintet in Chicago, Portrait of Cannonball, Things Are Getting Better*... Vers la fin de sa vie, il se tournera de plus en plus vers la musique soul et funky; les amateurs de jazz le suivront alors beaucoup moins, mais il regagnera en popularité avec *Mercy, Mercy, Mercy!* qui deviendra un véritable succès populaire.

Musicien accompli au phrasé vif et doté d'un grand sens de la mélodie, Cannonball Adderley plaira à ceux et celles qui aiment les sonorités riches et sensuelles. En l'écoutant, on redécouvre aussi deux grands maîtres du saxophone alto qui avaient dominé toute la période des années 30 et 40, avant l'arrivée de Charlie Parker: Benny Carter, qui joue encore à plus de 90 ans, et le saxophoniste étoile du grand orchestre de Duke Ellington, Johnny Hodges.

Bouche à oreille

Même instrument

RICHIE COLE : *Alto Madness*, Muse
PHIL WOODS : *Flowers for Hodges*, Concord

A influencé

WESSEL ANDERSON (saxo alto) *Ways of Warmdaddy*, Atlantic
ANTONIO HART (saxo alto) *For Cannonball and Woody*, Novus

QUELQUES ACCOMPAGNATEURS

HANK JONES (piano)
A Handful of Keys, Verve

JOE ZAWINUL
(claviers, chef d'orchestre)
Stories of the Danube, Verve

COMPAGNON DE ROUTE

NAT ADDERLEY (cornet), *The Old Country*, Enja

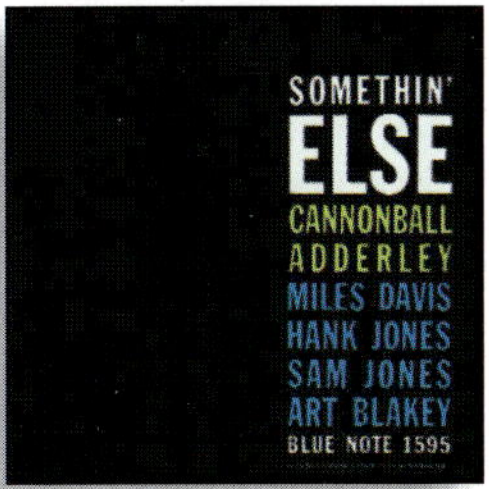

SOMETHIN' ELSE (1958) Blue Note 746338-2
Cet enregistrement essentiel dans la discographie de Cannonball Adderley deviendra vite une référence, grâce à la présence de Miles Davis qui accepte pour une fois de ne pas en être le leader. En compagnie d'une très bonne section rythmique, Hank Jones au piano, Art Blakey à la batterie, Sam Jones à la contrebasse et Davis à la trompette, Adderley signe une œuvre tout en douceur et en nuances. Sans trop sortir des sentiers battus avec des classiques comme *Autumn Leaves, Love for Sale* ou la très belle ballade *Dancing in the Dark,* il donne libre cours à son inspiration, tout en faisant ressortir une sonorité chaude et expressive, reconnaissable entre toutes. À noter que la version CD comprend la pièce inédite, *Bangoon.*

KNOW WHAT I MEAN? Riverside OJCCD-105
Peut-être inspiré par la présence du plus romantique des pianistes, Bill Evans, lui aussi incontournable pour qui veut comprendre le jazz à partir des années 60, Cannonball Adderley se montre ici encore un mélodiste d'une rare qualité. Il suffit pour s'en convaincre d'écouter la version de *Goodbye*. Le charme est instantané et les lignes mélodiques toutes simples rendent la pièce encore plus sensuelle. Presque trop discret mais en parfait accompagnateur, Bill Evans devient vite complice tant de Adderley que du contrebassiste Percy Heath et du batteur Connie Kay, deux piliers du Modern Jazz Quartet.

MERCY, MERCY, MERCY! Capitol Jazz 22915
Une vraie musique de danse, et un party mémorable! En 1966, dans les studios de la maison Capitol, à Los Angeles, Cannonball Adderley avait offert à une foule électrisée ce concert exceptionnel, une de ses plus belles performances. Il était alors accompagné de son frère Nat au cornet, du bassiste Victor Gaskin, du batteur Roy McCurdy et du pianiste-claviériste Joe Zawinul. Parmi les pièces qui deviendront des classiques, on retiendra principalement *Mercy, Mercy, Mercy!,* écrite par Zawinul. Même si, pour certains, cet enregistrement «sonne» un peu trop commercial, apprécions-le tout au moins pour ce qu'il est: un pur moment de plaisir (et qui n'a pas beaucoup vieilli)!

ARMSTRONG LOUIS | ÉTATS-UNIS

4 AOÛT 1901 – 6 JUILLET 1971

Il a été et reste le roi du jazz. Comme le disait si bien Miles Davis: «Dès qu'on souffle dans un instrument, on sait qu'on ne pourra rien en sortir que Louis n'ait déjà fait[1].» Louis Armstrong a non seulement été un improvisateur de génie – celui qui donna à la trompette ses lettres de noblesse –, mais aussi un chanteur hors du commun qui a su séduire des publics diversifiés avec des mélodies ayant traversé le siècle allègrement – *Hello Dolly, La vie en rose* ou *What a Wonderful World* –, devenant ainsi le plus grand ambassadeur du jazz.

Il n'est pas aisé de cerner ce qui fascinait le plus chez lui: son audace paisible qui lui fit «inventer» le solo, la sonorité de sa trompette ou sa voix rauque porteuse d'une émotion intense. On se plaît à imaginer que s'il était encore vivant, le groupe U2, Eric Clapton ou les Rolling Stones l'inviterait à chanter... Doté d'une incroyable joie de vivre, aimant profondément son métier de musicien et le contact avec le public (diminué par la maladie, il jouera néanmoins encore jusqu'à son dernier jour), Louis Armstrong a été très tôt une vedette et, pour le reste de sa vie, il a enchanté le monde avec sa musique toujours pleine de chaleur et de swing. Le musicologue Lucien Malson, analysant un de ses solos les plus célèbres, dira: «Les premières mesures du solo d'Armstrong sur *Tight Like This* peuvent éveiller la conscience au sublime. Il y dévoile toute l'hostilité et toute la tristesse du monde avec ce qu'on pourrait appeler une sérénité dramatique, et la phrase s'enveloppe dans le halo, le cerne grandiose, la gloire d'un son incomparable.» Quant au compositeur Gunther Schuller, il écrira: «L'introduction de *West End Blues* ne comprend que deux phrases qui, à elles seules, résument presque entièrement le style de Louis Armstrong. [...] La façon dont il attaque chaque note, sa manière de quitter la note et de calibrer l'infime silence qui la sépare de la suivante présentent en raccourci toutes les caractéristiques essentielles de la plastique jazzistique[2]. »

Louis Armstrong voit le jour à La Nouvelle-Orléans le 4 août 1901. Élevé par sa grand-mère et par sa mère, qui exerce le plus vieux métier du monde, il n'aura pas une jeunesse facile. Le jour de ses 12 ans il est arrêté par la police pour avoir tiré des coups de feu et prend la direction de la maison de correction. C'est là qu'il apprendra les rudiments du cornet et, à sa sortie, il commencera à jouer dans les cabarets. En 1918, il entre pour un temps dans le groupe du joueur de trombone Kid Ory, puis il fait la tournée des bateaux à aubes sur le Mississippi et rejoint enfin la formation du trompettiste King Oliver qui deviendra en quelque sorte son mentor. En 1924, il est engagé dans le prestigieux orchestre de Fletcher Henderson. En 1925, en vue d'enregistrer ses propres disques en tant que leader, il forme le Hot Five avec sa compagne, la pianiste Lil Armstrong, le clarinettiste Johnny Dodds, le trombone Kid Ory et le banjoïste John St-Cyr. C'est avec cet ensemble et avec le Hot Seven formé en 1927 qu'il gravera ses œuvres les plus belles, celles qui lui assureront la célébrité. Par la suite, Armstrong partira en tournée partout aux États-Unis ainsi qu'en Europe, tout en trouvant le temps de tourner plusieurs films dont *Pennies From Heaven, Artists And Models, Cabin In The Sky...* En 1947, il forme les All Stars, groupe qui comprendra au fil des ans Jack Teagarden et Trummy Yung (trombone), Barney Bigard et Edmond Hall (clarinette), Earl Hines et Billy Kyle (piano), Zutty Singleton et Danny Barcelona (batterie), ainsi que Velma Middleton (chanteuse) avec qui il parcourra la planète jusqu'à la fin de sa vie où presque. En plus de ses tournées et invitations, il sera en vedette dans les films *Paris Blues* et *Hello Dolly,* et trouvera même le temps d'enregistrer de superbes disques en compagnie de Duke Ellington, Oscar Peterson et Ella Fitzgerald.

LOUIS ARMSTRONG: THE COMPLETE HOT FIVE AND HOT SEVEN RECORDINGS Columbia / Legacy 527-2, 4 CD
Il aura fallu attendre l'année 2000 pour voir (un peu comme pour l'œuvre de ses grands maîtres) ce coffret qui comprend tous les enregistrements réalisés entre 1925 et 1929 à la tête du Hot Five et du Hot Seven. Le livret d'accompagnement de 84 pages, qui vaut bien des ouvrages écrits sur le musicien, raconte magnifiquement l'histoire de cette grande époque de sa vie durant laquelle il composa la plupart de ses chefs-d'œuvre : *Potato Head Blues, Tight Like This, Mahogany Hall Stomp, Muskrat Ramble,* ou l'émouvant *I Can't Give You Anything But Love*. Il n'y a rien à ajouter. Tout est devant vous ! Ces quatre disques sont également vendus séparément, mais sans le merveilleux livret d'accompagnement !

LOUIS ARMSTRONG: THE COMPLETE RCA VICTOR RECORDINGS
BMG /RCA Victor 682-2, 4 CD
Ayant quitté la firme Columbia, Louis Armstrong enregistrera à deux reprises pour la firme RCA Victor, de 1932 à 1933 et de 1946 à 1947. Ces quatre disques présentent en un coffret toutes les œuvres qu'il a interprétées en grand orchestre, en petites formations ou avec ses All Stars, comptant dans ses rangs le fabuleux trombone texan Jack Teagarden. Soulignons au passage les pièces *You Don't Learn That In School, Ain't Misbehavin', Rockin' Chair* (en duo avec Jack Teagarden), le très beau *Mahogany Hall Stomp,* de même que sa participation au Esquire All American 1946 Award Winners, où il se mesure avec Duke Ellington, Johnny Hodges, Don Byas...

SATCHMO AT SYMPHONY HALL: LOUIS ARMSTRONG Decca / MCA 661

C'est l'enregistrement, au Symphony Hall de Boston en 1947, d'un des premiers concerts des All Stars: Jack Teagarden au trombone, Barney Bigard à la clarinette, Dick Cary au piano, Arvell Shaw à la contrebasse, Sidney Catlett à la batterie, et la chanteuse Velma Middleton. Cette session a ceci de particulier que Armstrong y fait surtout chanter sa trompette: puissance, richesse du vibrato, longues notes dans l'aigu pour un très beau *Mahogany Hall Stomp* en ouverture. Ceux qui ne connaissent pas bien l'œuvre du trompettiste découvriront avec bonheur ses classiques, *Body and Soul, Royal Garden Blues, High Society, Stars Fell on Alabama.*

LOUIS ARMSTRONG PLAYS W. C. HANDY Columbia / Legacy 925

W. C. Handy est l'auteur de quelques-uns des grands classiques qui caractérisent le jazz de La Nouvelle-Orléans, dont le fameux *St. Louis Blues*. Qui d'autre que Louis Armstrong, fils spirituel de cette ville, pouvait les interpréter? Avec les All Stars (1954), il rend hommage à ce grand compositeur, et c'est avec nostalgie que l'on écoutera *St. Louis Blues,* mais aussi *Make Me One Pallet On Your Floor, Sing 'Em Low (Chantez-Les Bas)* et *The Memphis Blues (Or Mister Crump).*

LOUIS AND THE GOOD BOOK MCAD 1300

Ce disque de 1958, dont plusieurs des 12 pièces nous ramènent à la source du jazz – le gospel – fut à coup sûr un des très grands succès de Louis Armstrong (plus de 500 000 copies vendues). Accompagné de ses musiciens et d'un chœur mixte, Armstrong chante *La Bible*: *Nobody Knows the Trouble I've Seen, Rock My Soul (In The Bosom of Abraham),* mais aussi de superbes ballades dont *Sometimes I Feel Like a Motherless Child,* de sa voix rocailleuse qui sied si bien quand vient le temps de «parler aux anges».

ART ENSEMBLE OF CHICAGO | ÉTATS-UNIS

FONDÉ EN 1967

Le Art Ensemble of Chicago est un groupe phare du jazz moderne, et certainement le plus important à être issu de l'AACM (Association for the Advancement of Creative Musicians) mise sur pied en 1965 par le pianiste et humaniste «Muhal» Richard Abrams. L'ensemble sera fondé en 1967 par le bassiste Malachi Favors, le trompettiste Lester Bowie et les saxophonistes Roscoe Mitchell et Joseph Jarman, quatre musiciens qui partagent le même idéal, c'est-à-dire l'épanouissement de la *Great Black Music* ainsi que l'avancement du jazz sous toutes ses formes. Se joindra à eux pour un temps le batteur Robert Crowder. À son départ, au début des années 70, il sera remplacé par le batteur et percussionniste «Famoudou» Don Moye qui, lui, restera.

La raison d'être du Art Ensemble of Chicago, c'est, comme le résume si bien l'écrivain et homme de jazz Francis Marmande, d'«explorer la *Great Black Music,* son histoire et son actualité». L'accoutrement scénique de ces musiciens pour le moins désopilants, Lester Bowie en blouse de pharmacien et Malachi Favors avec ses tatouages de guerre, a de quoi dépayser le quidam. Mais au-delà de ces artifices, l'Ensemble présente un tour du monde et du jazz on ne peut plus fascinant. Au nom d'une certaine démystification, ces promoteurs-artisans racontent en de riches mélodies ce que fut l'histoire des Noirs, la vie du jazz (dans ce qu'il eut de pire et de meilleur) et la source de cette musique intense, l'Afrique.

C'est sur une note triste que se conclut, pour l'instant, l'histoire du Art Ensemble of Chicago, puisque le 8 novembre 1999, Lester Bowie s'en est allé rejoindre Duke Ellington, Count Basie et Eric Dolphy au paradis des jazzmen. On ne sait encore si le groupe lui survivra...

Bouche à oreille

Quelques membres passés et présents

LESTER BOWIE (trompette) *My way,* DIW
JULIUS HEMPHILL (saxophone alto) *Fat Man and the Hard Blues,* Elektra
JOSEPH JARMAN (saxophone, flûte, clarinette) *Earth Passage/Density,* Delmark
OLIVER LAKE (saxophone alto) *Kinda'up,* Justin Time

URBAN BUSHMEN ECM 1211/1212, 2 CD

Comme le laisse entendre le titre, voilà 90 minutes de musique tonitruante, d'exclamations, de sonorités auxquelles n'est pas très habitué l'amateur de jazz : cloches à vache, sifflets, hautbois et *tutti quanti* en guise d'exploration du sens musical et de son expression, d'où qu'elle vienne. Pour une initiation en douceur au Art Ensemble of Chicago, il vaut mieux choisir autre chose… Mais si vous aimez sauter dans le train pendant qu'il est en marche, celui-ci file à pleine vapeur ! Parmi les plus belles plages, on vous recommande fortement *New York is Full of Lonely People,* une certaine idée de la nature humaine, parce que dans l'AEC, les préoccupations sociales étaient de mise.

ART ENSEMBLE OF CHICAGO: COMING HOME JAMAÏCA Atlantic 149-2

Certainement moins tapageur que le précédent, ce retour aux sources, plus particulièrement vers la Jamaïque, s'accomplit dans la joie et sans la moindre nostalgie. Retenons de cette petite expédition dansante *Strawberry Mango* et la très belle ballade de Roscoe Mitchell, *Odwalla Theme.*

13 JUILLET 1936 – 25 (?) NOVEMBRE 1970

Une ascension fulgurante, une carrière trop courte et une fin tragique ; on retrouvera son corps dans l'East River. Albert Ayler, comme son œuvre, fut un grand incompris, un artiste maudit comme il en existe peu dans l'histoire de la musique. Chaque fois que vient le temps de parler de ce musicien, le doute s'installe, non quant à la qualité de sa contribution au free jazz (peut-être plus importante encore que celle de John Coltrane), mais à cause de l'étonnement que suscitent ses interprétations d'une dureté inouïe, d'une rare violence. Il faut en effet plusieurs écoutes pour se familiariser un tant soi peu avec ce « volcan en éruption ».

Après avoir étudié la musique pendant quelques années, Albert Ayler joint comme altiste une fanfare où son père est saxophoniste. À 16 ans, il part en tournée avec le groupe de blues du saxophoniste Lloyd Person. Au tournant de la vingtaine, il entreprend son service militaire et joue dans différents orchestres de l'armée, ce qui l'amènera en France, puis en Suède et au Danemark, pays qui deviendront pour lui terre de refuge. Démobilisé en 1961, il fait un bref retour aux États-Unis et repart aussitôt pour les pays scandinaves où il enregistre *My Name Is Albert Ayler* en compagnie du contrebassiste Niels-Henning Ørsted Pedersen, du pianiste Niels Bronsted et du batteur Ronnie Gardiner. Un nouveau séjour dans son pays natal le convaincra que sa musique n'y est toujours pas admise, malgré la qualité des musiciens qui l'accompagnent, dont le joueur de cornet Don Cherry, le saxophoniste Charles Tyler, ainsi que le trompettiste Don Ayler. Il gravera malgré tout pour le label engagé ESP un superbe disque, *Freedom,* avec Don Cherry, le contrebassiste Gary Peacock et le batteur Sunny Murray. Grâce à l'amitié du saxophoniste John Coltrane, qui avait pour lui une profonde admiration, il enregistrera pour la firme Impulse ! un disque qui résume sa façon de penser : *Love Cry*.

Bouche à oreille

A influencé

S. AKOSH (saxophone ténor) *Imafa,* Barclay/Polygram
JOHN COLTRANE (saxophone ténor) *Crescent,* Impulse!
DAVID MURRAY (saxophone ténor) *Flowers for Albert,* India Navigation
DAVID S. WARE (saxophone ténor) *Surrendered,* Columbia

QUELQUES ACCOMPAGNATEURS

SUNNY MURRAY (batteur) *Sunny Murray,* ESP
NIELS-HENNING ØRSTED PEDERSEN (contrebasse) *Those Who Were,* Verve

MY NAME IS ALBERT AYLER Black Lion 760211

Enregistré en 1963 en compagnie de musiciens danois, dont le tout jeune contrebassiste Niels-Henning Ørsted Pedersen (plus connu sous le nom de NHOP), ce disque est quelque peu surprenant puisque Ayler n'y invoque pas trop les esprits ! Au menu, des standards du bop comme *Bye Bye Blackbird, Billie's Bounce* ou *Summertime*. La rage n'y éclate pas encore mais *CT*, seule composition originale de cet enregistrement, laisse entrevoir les bouleversements à venir.

LIVE IN GREENWICH VILLAGE THE COMPLETE IMPULSE RECORDINGS

IMPD 2 273, 2 CD

Le free jazz à un point tournant. Entre 1965 et 1967, le saxophoniste Albert Ayler se produit dans différentes boîtes du mythique Greenwich Village. Tous ces disques ont été publiés à l'origine sous le titre de *The New Wave in Jazz, Albert Ayler in Greenwich Village* et *Albert Ayler: The Village Concerts.* Si vous pensiez que John Coltrane avait atteint les limites de la déconstruction sonore, Albert Ayler vous réserve encore quelques surprises ! Bruit et fureur envahissent *Holy Ghost, Our Prayer* et *Spirits Rejoice*, tandis que calme et splendeur apaisent dans *Angels*...

L'autre versant de ce disque double s'ouvre sur un hommage solennel à son ami John Coltrane, *For John Coltrane,* et se poursuit sur des modes qui vont d'un retour aux premiers *marching bands* avec *Infinite Spirit,* à un collage de musique folklorique dont *Change Has Come.*

23 DÉCEMBRE 1929 – 13 MAI 1988

Plus que celui de tout autre musicien, le nom du trompettiste et chanteur Chet Baker est synonyme de tendresse, de douceur et de mélancolie. C'est pourquoi il n'est pas exagéré de dire qu'il est un des favoris des non-amateurs de jazz: chacune de ses notes tombe juste, jamais il ne brusque l'oreille.

Contrairement à d'autres trompettistes, il se dégage assez rapidement de l'influence que Miles Davis exerce sur ses contemporains. Il se révèle également un superbe chanteur au timbre doux, ce qui fait son charme et retient l'attention. En dehors de sa vie de musicien, Chet Baker connaîtra plus de bas que de hauts. Il suffit pour s'en convaincre de comparer ses photos des années 50 (une vraie gueule de star) avec celles des années 80; la différence est frappante! Usage de drogues et séjours en prison, rarement aura-t-on traversé tant de dérives et d'errances... Il fera un retour sur scène au milieu des années 70 grâce au soutien de quelques musiciens dont Dizzy Gillespie.

Parce que Chet Baker jouit d'une grande popularité auprès d'un public qui n'écoute pas nécessairement du jazz, certaines compagnies de disques en ont profité pour imprimer une quantité industrielle de Chet, mais de qualité souvent douteuse. Alors suivez le guide!

Bouche à oreille

A influencé

PAOLO FRESU (trompette) *Angel*, BMG
TOM HARREL (trompette) *Labyrinth*, RCA
KENNY WHEELER (trompette) *Angel Song*, ECM

QUELQUES ACCOMPAGNATEURS

JIMMY GIUFFRE (clarinette, saxophone ténor) *Free Fall*, Columbia

RUSS FREEMAN (piano) *Trio*, Pacific Jazz

PIERRE MICHELOT (contrebasse) *Bass and Bosses*, Emarcy

YOUNG CHET: CHET BAKER Pacific Jazz / Blue Note 36194 2 9

Enregistré deux ans après sa collaboration avec le saxophoniste baryton Gerry Mulligan, aux côtés duquel il connaîtra la gloire avec *My Funny Valentine* qui deviendra par la suite une de ses pièces fétiches, ce *Young Chet* est sorti en même temps qu'un très beau livre du photographe de jazz William Claxton, à qui l'on doit les magnifiques photos de Baker prises au début des années 50. Plus qu'un chanteur, Chet était d'abord et avant tout un trompettiste (on semble parfois l'oublier) au timbre tout à fait particulier, empreint de douceur, et qui savait éviter les rivages un peu éclatés du be-bop.

En compagnie de quelques musiciens très représentatifs du style west coast, Bill Perkins (saxophone ténor), Russ Freeman (piano) ou l'inclassable clarinettiste Jimmy Giuffre, il grave quelques pièces qui, bien qu'il n'en soit pas l'auteur, sont une bonne introduction à son univers pas encore trop tourmenté à l'époque. Des petits bonheurs comme le très court *My Funny Valentine*, en version musicale, ou le classique *But Not For Me*.

CHET BAKER IN PARIS A SELECTION FROM THE LEGENDARY BARCLAY SESSIONS 1955-1956 Universal 547-2

Quand Baker débarque à Paris en 1955, il est un inconnu. Quelques passionnés l'ont découvert au temps de sa collaboration avec Gerry Mulligan pour son interprétation de *My Funny Valentine*, mais pas beaucoup plus. Il faut dire qu'en 1955, c'est le be-bop qui est à la mode et non le jazz cool. Or, comme le signale Alain Tercinet dans les notes du livret qui accompagne cette réédition, Chet est avant tout « une sorte de petit maître romantique », et il va le prouver. Ces sessions pour Barclay ont fait l'objet de quatre disques, dont celui-ci est un condensé. Difficile d'être plus cool.

La sélection s'ouvre donc sur un *Alone Together* rendu très finement, avec un jeu de balai impressionnant et tout en nuances du batteur Jean-Louis Viale. Parmi les autres mélodies, soulignons *Not Too Slow*, avec grand orchestre, *Just Duo*, avec le pianiste Dick Twardzick, disparu tragiquement durant l'enregistrement, *These Foolish Things (Remind Me of You)* et *Everything Happens to Me* en version chantée. Ce disque est aussi l'occasion de découvrir certains excellents musiciens français comme les pianistes Raymond Fol et Gérard Gustin ou le contrebassiste et arrangeur Pierre Michelot.

THE LAST CONCERT: VOLUME I AND II Enja 6074, 2 CD

Avec ce concert, c'est presque un testament que nous laisse le plus romantique des trompettistes, et un de ses derniers enregistrements. Soutenu par un grand orchestre qui comprend aussi des cordes (ce qui lui donne plus d'ampleur), Baker livre une version émouvante de *My Funny Valentine*, ainsi que quelques bons crus comme *All Blues*, *In Your Own Sweet Way*, et *Summertime*. Absolument incontournable.

28 NOVEMBRE 1934 –

Pourquoi, après avoir fait de si beaux disques, après avoir pris part à quelques-unes des plus grandes expériences du jazz, cet Argentin flamboyant (chapeau mou à larges bords, écharpe blanche, jeu scénique époustouflant), se commet-il dans des enregistrements bas de gamme, par trop faciles ? Mystère... Cela dit, on se souviendra de Gato Barbieri surtout pour ce son langoureux qui le caractérise entre tous et de ses longues mélopées envoûtantes qui ont, en leur temps, séduit un large public, plus particulièrement avec la trame musicale de *Le dernier tango à Paris*.

Ayant d'abord suivi des cours de clarinette, c'est, semble-t-il, en entendant le saxophoniste alto Charlie Parker que le jeune Barbieri découvre l'instrument qu'il adoptera bientôt. Il commence sa carrière en 1953 dans le grand orchestre du compositeur Lalo Schifrin *(Mission Impossible),* lui aussi Argentin, puis quitte son pays pour l'Italie. Très vite, il se lie avec quelques grands du jazz moderne, dont le joueur de trompette Don Cherry avec qui il enregistre deux disques : *Complete Communion* et *Symphony For Improvisers*. Puis il travaille avec la compositrice Carla Bley dans *A Genuine Tong Funeral* et *Escalator Over the Hill,* tout en faisant partie du Liberation Music Orchestra, du contrebassiste Charlie Haden. De la fin des années 60 jusqu'au milieu des années 70, Gato Barbieri enregistre des œuvres majeures marquées par une rare énergie où il développe ce son majestueux de ténor souvent vociférant pour raconter l'histoire et les déboires du peuple sud-américain. Par quatre disques intitulés *Chapter One, Two, Three, Four,* c'est tout un univers qu'il dessine, soutenu par des musiciens qui proviennent des horizons les plus divers. La consécration viendra avec *Le dernier tango à Paris* dont il signera la bande sonore. Profondément marqué par la mort de sa femme, puis contrarié par une maladie du cœur, ce musicien pourtant si talentueux et si combatif n'a plus produit quoi que ce soit de marquant... hélas !

CHAPTER ONE: LATIN AMERICA (1973) Impulse ! / MCAD 39124

Avec ce disque puissant où, dès la première plage, *Encuentros,* résonnent des clameurs de guerre, Barbieri établit tout de suite sa marque de commerce : des cris stridents qui se mêlent à l'accompagnement. Flûtes, tambourins et flûtes de pan font écho au saxophone qui exprime l'âme et la douleur d'un continent et d'un peuple. Un rien free, certes, mais souvent émouvant.

CHAPTER THREE: VIVA EMILIANO ZAPATA (1974) Impulse ! / GRD 111

Pour ce troisième chapitre, le saxophoniste argentin a fait appel au grand arrangeur cubain Chico O'Farrill, aux musiciens américains Howard Johnson (tuba), Ron Carter (contrebasse), Randy Brecker (trompette), ainsi qu'aux redoutables percussionnistes Luis Mangual, Ray Mantilla et Ray Armando. Une section en or, pour un Barbieri au sommet de sa forme qui excelle tout autant dans les ballades tristes – *Milonga Triste* – que dans des pièces puissantes et musclées taillées sur mesure – *Lluvia Azul* et *El Sublime*. On ne saurait passer sous silence ce qui deviendra un de ses très grands succès, un classique de la pop, ou presque, *Cuando Vuelva a Tu Lado (What A Difference A Day Makes),* chanson fétiche de la chanteuse Dinah Washington, disparue trop tôt.

LAST TANGO IN PARIS Ryko / United Artits / RCD 10724

Absente depuis longtemps des étalages des disquaires, la firme américaine Ryko a eu la bonne idée de se lancer depuis quelques années dans la réimpression de bandes originales de films, dont l'une des plus célèbres est sans contredit celle du film *Le dernier tango à Paris*. Une musique langoureuse à souhait, sensuelle, un vrai plaisir pour l'oreille. Et puis il y a Gato, dans une forme resplendissante, qui a si bien su exacerber le jeu des acteurs (Maria Schneider et Marlon Brando), ce qui avait fait scandale à une certaine époque...

9 JUIN 1943 –

Ce merveilleux pianiste aura mis du temps à se faire une place parmi les grands, et ce n'est pas faute de les avoir fréquentés. Mais il existe comme ça des énigmes dans le monde de la musique, de même que dans celui des « connaisseurs » qui attendent de voir si… Pourtant, Kenny Barron a, au cours de sa longue carrière (qu'il poursuit toujours), travaillé avec les maîtres du jazz, et souvent très longtemps.

Il a environ 12 ans quand il commence à jouer du piano ; bientôt, il est engagé dans l'orchestre où son frère Bill est saxophoniste. Dès 1960, il commence à côtoyer les vedettes de l'heure, notamment en travaillant avec les saxophonistes James Moody et Lou Donaldson, ainsi qu'avec le batteur Philly Joe Jones.

Il entreprend une longue série d'associations, d'abord avec le trompettiste Dizzy Gillespie (1962-1966), avec le trompettiste Freddie Hubbard (1966-1970), puis avec le « très spatial » flûtiste et saxophoniste Yusef Lateef (1970-1975) et le contrebassiste Ron Carter (1976-1980). Barron décide alors de voler de ses propres ailes et fonde, en compagnie du saxophoniste Charlie Rouse, le groupe Sphere en hommage au grand pianiste Thelonious Monk. Dissout en 1988, le groupe semble avoir repris de la vigueur quelques années plus tard avec, comme remplaçant de Rouse, le saxophoniste Gary Bartz. En 1991, Kenny Barron donne la réplique au saxophoniste Stan Getz dans un disque extraordinaire, *People Time,* qui le propulse au sommet mais qui sera hélas ! le dernier pour Stan Getz, déjà atteint d'un cancer avant cet enregistrement.

Bouche à oreille

Influences

ELMO HOPE (piano) *Hope-Full,* Original Jazz Classics
WYNTON KELLY (piano) *Kelly at Midnight,* Vee-Jay Records

QUELQUES COMPAGNONS DE ROUTE

GARY BARTZ (saxophone ténor) *Another Earth,* Milestone

RON CARTER (contrebasse) *Jazz, My Romance,* Blue Note

DIZZY GILLESPIE (trompette) *Swing Low, Sweet Cadillac,* Impulse!

YUSEF LATEEF (saxophone ténor, flûte) *Into Something,* Original Jazz Classics

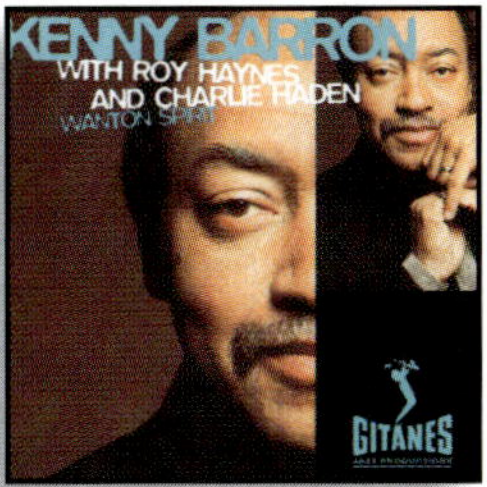

WANTON SPIRIT Polygram / Gitanes Jazz 364-2
L'œuvre entière se situe dans la plus pure lignée des pièces marquantes du be-bop, ce qui n'est pas peu dire, ce champ étant plutôt vaste! Mais Kenny Barron, pianiste accompli et raffiné, n'en est pas à ses premières armes, lui qui a côtoyé Dizzy Gillespie, un des pères fondateurs du genre. Par des thèmes somme toute assez classiques, *Take the Coltrane* (composé par Duke Ellington pour John Coltrane), *Passion Flower* (une très belle ballade) ou *Madman,* composition assez tonique du pianiste qui met en valeur les talents d'accompagnateur du batteur Roy Haynes, nos trois compères s'en donnent à cœur joie, le troisième étant le contrebassiste Charlie Haden! Un Kenny Barron en pleine forme.

THINGS UNSEEN Polygram / Gitanes Jazz 315-2
De «ces choses» que l'on devine, Kenny Barron a fait un très beau disque plein de mystères. La première pièce, *Marie Laveau,* écrite en hommage à ces jeunes surréalistes parisiens du Bateau-Lavoir des années 20, rappelle la belle époque de Miles Davis; c'est le trompettiste Eddie Henderson qui amorce tout doucement ce long «roman» (13 min. 17 sec.). *Christopher's Dance* est un dialogue à quatre instruments qui commence sur un rythme honky-tonk, où Kenny Barron se déchaîne en compagnie de l'éblouissant percussionniste Mino Cinelu, du guitariste John Scofield et de la trop méconnue violoniste Naoko Terai. On retrouve cette dernière en tête-à-tête avec le maître des lieux dans *Rose Noire,* une tendre ballade colorée à la Stéphane Grappelli (qui n'avait pas quitté ce monde à l'époque de l'enregistrement, en 1997).

PEOPLE TIME: STAN GETZ & KENNY BARRON Polygram / Gitanes Jazz 823-2
Durant ce qui devait être sa dernière apparition en public, le saxophone ténor Stan Getz, «The Sound» comme l'appelait familièrement la confrérie du jazz, livrait un dur combat contre le cancer. En dépit, ou peut-être à cause de ce drame, il est plus émouvant que jamais, comme en témoigne entre autres *First Song (for Ruth).* À ses côtés, le pianiste Kenny Barron est toujours aussi méthodique et attentif; jamais une note plus haute que l'autre, le discours de la simplicité. Magique!

21 AOÛT 1904 – 26 AVRIL 1984

Voilà un géant qu'on ne se lasse pas d'écouter parce que son grand orchestre fut l'un des plus importants de toute l'histoire du swing. Une machine rodée au quart de tour (le mot n'est pas assez fort) et qui démarre à fond de train après les premières notes économes du patron, notes qui deviendront au fil du temps sa marque de commerce ainsi que celle de son grand orchestre.

William Basie voit le jour à Red Bank, dans le New Jersey ; il y fera une partie de ses classes, avant de joindre Kansas City et les grands orchestres de Bennie Moten et du contrebassiste Walter Page avec ses Blue Devils, dont il deviendra tour à tour le pianiste attitré. À la mort de Bennie Moten en 1935, Count Basie se jette à l'eau et forme son premier orchestre, le Basie Band of Rhythm, en compagnie, entre autres, des saxophonistes Buster Smith et Herschel Evans.

De 1936 à 1940, son orchestre compte parmi les grandes formations de cette époque dorée que fut celle du swing. En compagnie d'une équipe assez stable de musiciens redoutables, les trompettistes Buck Clayton et Harry Edison, ainsi que les saxophonistes Chu Berry, Herschel Evans, Buddy Tate et surtout le grand Lester Young – un des 10 géants du jazz – il gravera quelques classiques du genre : *Jumpin' At The Woodside, One O'Clock Jump* et *Good Morning Blues*... Il avait aussi réuni une section rythmique hors pair baptisée à juste titre la All American Rhythm Section, composée du très loyal guitariste Freddie Green, qui restera dans l'orchestre jusqu'à sa mort, soit près de 50 ans, de Walter Page à la contrebasse et de Jo Jones à la batterie. À la suite du départ, pour diverses raisons, de Lester Young et de quelques autres musiciens, Count Basie dissout son orchestre en 1950 mais en reforme un autre dès 1952 avec de nouveaux musiciens, tous aussi épris de swing que les précédents. On découvre alors les trompettistes Thad Jones et Joe Newman, les saxophonistes Eddie «Lockjaw» Davis et Frank Foster, le chanteur Joe Williams qui prend le relais du très puissant «Blues Shouter», Jimmy Rushing, ainsi que quelques arrangeurs qui donneront un nouveau souffle au Count : Neal Hefti *(The Atomic Basie)*, Johnny Mandel, Sy Oliver...

Jusqu'à sa mort en 1984, Count Basie multipliera les apparitions et les tournées en compagnie de Tony Bennett, Bing Crosby et Sarah Vaughan, et en petites formations avec les trompettistes Dizzy Gillespie et Roy Eldridge, le pianiste Oscar Peterson, le saxophoniste Zoot Sims. Bref, un monument du jazz qui a su donner sa vraie couleur au swing dans sa version la plus joyeuse et la plus intelligente.

COUNT BASIE: THE COMPLETE DECCA RECORDINGS Decca / GNP GRD 3 611, 3 CD
En trois disques et à prix modique (30 dollars), on trouve là à peu près tout ce que le grand orchestre de Count Basie a réalisé pour la firme Decca. Plus qu'un monument, c'est l'essence même du swing que tout bon amateur de jazz se doit d'avoir dans sa discothèque: 63 pièces qui s'échelonnent de 1937 à 1939 et qui sont autant de bijoux, tant pour la qualité des solistes, Lester Young et Herschel Evans au saxophone ténor, Buck Clayton et Harry Edison à la trompette, Dicky Wells au trombone, que pour celle des chanteurs et chanteuses, Jimmy Rushing, Billie Holiday et Helen Humes. Cette collection est indispensable non seulement parce qu'elle regroupe des classiques comme *One O'Clock Jump*, *Sent For You Yesterday, Red Wagon* ou *Texas Shuffle*, mais aussi parce qu'on y entend la All American Rhythm Section, de même que l'immense Lester Young qui a marqué une foule de saxophonistes d'après-guerre.

APRIL IN PARIS Verve / Master Edition 314-521 402-2
On découvrira dans *April in Paris* un des plus célèbres enregistrements de l'orchestre de Basie – deuxième version –, un Count tout souriant en compagnie de nouveaux musiciens comme les trompettistes Joe Newman et Thad Jones, le saxophoniste alto Marshall Royal, et l'increvable et fidèle guitariste Freddie Green. Exemple même du swing parfait et du phrasé d'ensemble, ce disque ne devrait pas déplaire à ceux et celles qui aiment les grands ensembles solides. La ligne de saxophone ronfle comme un vieux poêle bien fourni, les trompettes jouent à l'unisson, et le Count invente quelques notes subtiles pour lier le tout. On retiendra au rayon des classiques ce *April in Paris* qui contient le fameux «*One more-once...*» où l'orchestre reprend deux fois la finale, sans oublier un *Shiny Stockings* pas piqué des vers.

THE COMPLETE ATOMIC BASIE Roulette Jazz CDP 7243 8 28635 2 6
Le titre se veut un clin d'œil à la force tranquille de l'orchestre du Count que mettent au défi les arrangements tout neufs du compositeur Neal Hefti, à qui l'on doit entre autres le célèbre thème de *Batman*. Si vous doutez encore de ce que peut faire Basie au piano, c'est que vous ne connaissez pas *The Kid From Red Bank*, dans lequel le maître ne cesse de nous éblouir malgré une économie d'effets. Parmi les autres merveilles, signalons *Splanky*, un inoubliable échange entre trompette et saxophone, et surtout *Li'l Darlin'*, un petit chef-d'œuvre rebaptisé *Sur un air de Count Basie* par le pétillant Henri Salvador. Ce disque, remarquable de bout en bout, constitue de plus une très belle carte de visite pour le puissant ténor Eddie «Lockjaw» Davis.

14 MAI 1897 (ou 1891) – 14 MAI 1959

Tout comme Louis Armstrong, le saxophoniste et clarinettiste Sidney Bechet n'a plus besoin de présentation… Mondialement connu, ne serait-ce que grâce à *Petite Fleur* ou à *Dans les rues d'Antibes,* le plus français des Américains aura connu ses heures de gloire non pas dans son pays natal, mais en France, qui l'accueillit à bras ouverts et en fit le porte-étendard du jazz nouvelle-orléans. Pour bien se rendre compte de «l'effet Bechet», il suffit de lire les carnets de Boris Vian ou les commentaires de Hughes Panassié, ennemi juré des adeptes du be-bop, où l'on voit à quel point Bechet était au centre de bien des controverses.

Au-delà de ces considérations musicales et sociologiques, on oublie parfois que Sidney Bechet fut le premier grand interprète au saxophone soprano, instrument auquel il donna ses lettres de noblesse, avec un son tout à fait unique gorgé de blues et de swing. Jamais, dans l'histoire du jazz, il n'a été possible de retrouver une sonorité pareille, empreinte de cette émotion que lui confère un très large vibrato. Comme Louis Armstrong, Bechet aura largement contribué à la diffusion du jazz auprès du grand public et à sa promotion au rang de véritable «musique populaire» (ce qui est loin d'être péjoratif).

Bouche à oreille

A influencé

ALIX COMBELLE (saxophone ténor) *The Chronological Alix Combelle 1942-1943,* Classics
JOHNNY HODGES (saxophone alto) *Hodges Podge,* Columbia
ROLAND KIRK (saxophones, flûte) *Bright Moments,* Rhino
STEVE LACY (saxophone soprano) *Vespers,* Soul Note

QUELQUES INSTRUMENTISTES

JANE IRA BLOOM
Mighty Lights, Enja

JANE BUNNETT
Chamalongo, Blue Note

DAVE LIEBMAN
The Tree, Soul Note

WAYNE SHORTER
High Life, Verve

MASTER TAKES 1932-43: THE VICTOR SESSIONS RCA / Bluebird 2402, 3 CD

Grâce aux chefs-d'œuvre qui y sont réunis, ces trois disques témoignent à la fois du talent inégalé du maître et de la valeur de son instrument. En compagnie, notamment, du trompettiste Tommy Ladnier avec qui il formera le New Orleans Feetwarmers, Bechet interprète les standards du style: *I've Found a New Baby, Shag, Maple Leaf Rag,* mais aussi les coups de cœur qui ne vieillissent pas: *Blues In Thirds* à la clarinette, *Old Man Blues* et *Wild Man Blues,* de même que cette étonnante version de *The Sheik of Araby,* une des premières expériences de *re-recording*.

SIDNEY BECHET: ESSENTIAL MASTERS OF JAZZ EMCD 10

Sur ce petit CD réalisé par la compagnie Masters of Jazz, qui se spécialise dans les grands classiques, sont regroupées 20 pièces, non pas choisies au hasard, mais plutôt dans ce que Bechet a fait de meilleur et de plus swinguant entre 1938 et 1945. Parmi ces pièces qui sont aussi une bonne introduction à l'œuvre de cet incomparable musicien, on retiendra en tête de liste *When The Sun Sets Down,* un très long blues, *Old Man Blues,* qu'il interprète avec ses Feetwarmers (mais sans Tommy Ladnier), une autre version tragique de *Strange Fruit,* de la grande Billie Holiday, où Bechet est accompagné par l'un des maîtres du piano stride, Willie « The Lion » Smith, et enfin *Bugle Call Rag* que les soldats américains écoutaient sur les champs de bataille grâce aux V Disc (disques de la victoire) que leur envoyait l'armée.

SIDNEY BECHET: SÉRIE NOIRE ET AUTRES MUSIQUES DE FILMS Vogue 54652

Pourquoi « et autres musiques de films » ? Au milieu des années 50, Sidney Bechet est en France, au sommet de sa popularité. Sans négliger aucun de ses engagements, le roi de Saint-Germain-des-Prés fait aussi du cinéma, à la fois comme acteur et comme compositeur. En 1955, il côtoie dans *Série Noire* des comédiens aussi prestigieux que Eric Von Stroheim, Henri Vidal et Robert Hossein. La même année, dans *L'inspecteur connaît la musique,* il a pour partenaires Viviane Romance et le clarinettiste Claude Luther.

Même s'il s'agit d'une trame sonore, d'une commande donc, l'esprit nouvelle-orléans n'est jamais bien loin. *À moi de payer* rythme sur un blues cadencé le moment où le héros doit rendre des comptes; *South Rampart Street Parade* nous emmène aussi bien en plein cœur de Nice que de La Nouvelle-Orléans; et *Un ange comme ça* célèbre un thème universel... Tiens, une suggestion: éteignez les lumières et faites-vous votre cinéma! (Un disque malheureusement introuvable autrement qu'en importation.)

11 OCTOBRE 1919 – 16 OCTOBRE 1990

Non content d'être un phénomène de la batterie, Art Blakey fut un formidable professeur qui, en 35 ans avec ses Jazz Messengers, donnera la chance à une foule de jeunes musiciens de s'exprimer, voire de devenir des vedettes. Parmi eux: Wynton Marsalis, Lee Morgan, Terence Blanchard (trompettes), Jackie McLean, Benny Golson, Wayne Shorter, Branford Marsalis (saxophones), Bobby Timmons, Mulgrew Miller, Keith Jarrett (pianos)... C'est maintenant le hard bop qui a la faveur, un autre mouvement dans cette grande histoire du jazz qui, sans être fondamentalement différent du be-bop, insiste sur l'origine afro-américaine du jazz et prône un retour aux sources, c'est-à-dire au blues et au negro-spiritual. Sans négliger ce discours essentiel des Jazz Messengers, il faut avant tout les écouter et se laisser transporter par cet ensemble envoûtant qui a produit quelques grands classiques comme *Blues March, Moanin', Whisper Not*.

Avant de réunir son orchestre, ce qui s'était concrétisé par un spectaculaire concert au Birdland en 1954, Art Blakey avait commencé sa carrière comme pianiste; mais il devient vite batteur, d'abord au sein du grand orchestre de Fletcher Henderson (1939), puis dans celui du chanteur Billy Eckstine, de 1944 à 1947. Happé par le be-bop dont il deviendra l'un des principaux artisans, il jouera avec le pianiste Thelonious Monk ainsi qu'avec les trompettistes Miles Davis et Fats Navarro. La suite, vous la connaissez, et jusqu'à sa mort il restera le leader incontesté de cette formation légendaire qu'étaient les Jazz Messengers.

Bouche à oreille

Influences

KENNY CLARKE (batteur) *Meets the Detroit Jazzmen*, Savoy
CHICK WEBB (batteur) *Chick Webb (1935-1938)*, Classics

A influencé

CARL ALLEN (batteur) *Pursuer*, Atlantic
JEFF «TAIN» WATTS (batteur) *Megawatts*, Sunnyside

QUELQUES COMPAGNONS DE ROUTE

BENNY GOLSON
(saxophone ténor) *Domingo*, Dreyfus

HANK MOBLEY
(saxophone ténor) *Workout*, Blue Note

LEE MORGAN
The Sidewinder, Blue Note

MOANIN': ART BLAKEY AND THE JAZZ MESSENGERS Blue Note CDP 516 2
L'année 1958 est une période faste pour les Jazz Messengers, non seulement parce qu'ils gravent alors leurs meilleurs tubes, mais aussi pour la qualité exceptionnelle des solistes et des compositeurs qui se joignent à eux. Le saxophoniste Benny Golson, qui en est le directeur musical, compose *Blues March* et *Along Came Betty*; le fascinant pianiste Bobby Timmons écrit *Moanin'* ; Lee Morgan est à la trompette et Jymie Merritt, à la contrebasse... ce qui donnera un disque flamboyant, un modèle de synchronisation, sur un rythme enlevant qui suscite une furieuse envie de taper du pied. À noter que cet enregistrement offre une version inédite de *Moanin' (Alternate Take).*

ART BLAKEY: THIS IS JAZZ Columbia / Legacy CK 044
Pour cette édition grand public, qui constitue une introduction facile et peu coûteuse à l'univers de Art Blakey et de ses Jazz Messengers, Columbia a puisé dans ses coffres. L'ouverture est majestueuse avec le classique *Moanin',* brillant et enlevé, version concert à l'Olympia de Paris (plus de 13 min.) dans laquelle Blakey laisse une large part à ses solistes: le trompettiste Lee Morgan et le pianiste Bobby Timmons. Parmi les autres merveilles, citons *Nica's Dream,* de Horace Silver, *Little Melonae* et le superbe *I Remember Clifford.*

PARIS JAM SESSION Fontana 692-2 ou Emarcy 692-2 (Jazz in Paris)
Il y avait du beau monde au Théâtre des Champs-Élysées ce soir de l'année 1959. Art Blakey et ses Jazz Messengers étaient de passage et Bud Powell, sur demande du batteur, vint se joindre à eux! Douze minutes pour *Dance of the infidels* et 11 pour *Bouncing with Bud,* et cet immense pianiste saucissonne la fine équipe. Un très grand disque pour sa présence, mais aussi celle de Lee Morgan (trompette), Wayne Shorter (saxophone ténor) et Barney Wilen (saxophone alto).

BLEY CARLA | ÉTATS-UNIS

11 MAI 1938 –

Carla Borg, qui épousera le pianiste Paul Bley, est certainement une des grandes dames du jazz, au même titre qu'Ella Fitzgerald ou Billie Holiday, mais dans un tout autre ordre d'idées, car elle est non seulement compositrice mais aussi chef d'orchestre, et dieu sait qu'elles sont rares dans le joli monde du jazz.

Jamais musique n'aura été aussi mouvante, spontanée, intuitive. Un peu comme Miles Davis, Carla Bley a pris le pouls de son temps pour composer, en fonction des périodes musicales qu'elle a traversées, des pièces fort diverses et toujours fortes et étoffées *(Escalator Over The Hill, Social Studies, Musique mécanique...).*

C'est son père, professeur de piano, qui la pousse à jouer et à chanter dès son plus jeune âge. Depuis lors, toute sa vie est intimement liée à la musique. Encore très jeune, elle abandonne ses études et part à l'aventure ; elle travaille un temps dans une boutique de partitions musicales, puis elle réussit à décrocher des engagements dans des pianos-bars. En 1957, elle rencontre le pianiste canadien Paul Bley (autre grande figure du jazz moderne) qu'elle épousera bientôt ; elle se consacrera alors entièrement à la musique et à la composition. C'est à partir de 1964 qu'elle commence à travailler avec différents musiciens, tous partisans d'un jazz engagé, dont les saxophonistes Steve Lacy et Pharoah Sanders, de même qu'avec le batteur Aldo Romano. En compagnie du contrebassiste Charlie Haden, elle mettra sur pied un des orchestres les plus marquants des années 70, le Liberation Music Orchestra. Parmi ses très grandes compositions, on se doit de mentionner *Escalator Over The Hill,* un opéra baroque et surréaliste, ainsi que *A Genuine Tong Funeral,* à l'intention du vibraphoniste Gary Burton. Au début des années 80, elle part en tournée avec son Europamerican Big Band et, depuis, elle se produit soit avec celui-ci, soit en petites formations.

SOCIAL STUDIES Watt-ECM 831-2
L'atmosphère est ici assez éloignée de celle du puissant *Escalator Over The Hill* – on ne répète pas souvent une expérience comme celle-là. Pour ces «études», Carla Bley a fait appel à neuf musiciens, presque de fidèles compagnons: Mike Mantler à la trompette, Roswell Rudd au trombone, Steve Swallow à la basse électrique, qui planchent tantôt sur un tango ou un bop pur et dur, tantôt sur un Kurt Weil et autres schémas dissonants. Un disque de climats comme elle seule peut les créer.

THE CARLA BLEY BIG BAND GOES TO CHURCH Watt-ECM 127-2
En 1996, le puissant *big band* de la pianiste et compositrice Carla Bley se produisait en Italie devant public. Une occasion unique d'entendre cette merveilleuse machine (17 musiciens) qui, si elle a choisi la carte du recueillement, se veut tout sauf sombre. *Setting Calvin's Waltz* (23 min.) est de loin la pièce la plus fascinante du disque avec les solistes Andy Sheppard (saxophone ténor), Lew Soloff (trompette), Gary Valente (trombone) et autres. On s'arrêtera aussi sur la très belle ballade *Permanent Wave* ainsi que sur *Who will rescue you,* qui met en vedette le trombone Gary Valente.

10 NOVEMBRE 1932 –

Le Québécois Paul Bley, qui vit depuis des lunes aux États-Unis, est sans contredit un des pianistes les plus importants de ces 40 dernières années. Mais par un étrange hasard, il n'a pas été reconnu comme tel. Est-ce à cause de sa discrétion légendaire, de la veine free jazz dans laquelle il s'est installé depuis le début des années 50 tout en touchant à bien d'autres genres, ou alors par suite de ce « comble de l'intériorité » qu'on lui attribue souvent ? Un peu de tout cela, dirions-nous, mais ce n'est pas une raison pour le reléguer aux oubliettes. Car passer à côté de cet immense pianiste, c'est rater un pan très important du jazz, même si son approche n'est pas toujours facile.

Pianiste prodige, c'est en 1945 que Paul Bley fonde à Montréal son premier quartette. En 1949, lorsque son idole Oscar Peterson, repêché par le producteur Norman Granz, part faire carrière aux États-Unis, il prend sa place dans le cœur du public. Mais un an plus tard, il quitte à son tour et, après un séjour à la Juilliard School de New York, où il s'initie à la composition et à la direction d'orchestre, il choisit de demeurer dans cette ville pour y exercer son art. Il grave son premier disque, *Introducing Paul Bley,* en 1953, en compagnie du contrebassiste Charles Mingus et du batteur Art Blakey. Dès lors, sa carrière prend son envol et il fréquente le gotha du jazz : Chet Baker, le compositeur George Russell, le contrebassiste Charlie Haden, le batteur Billy Higgins, le sax alto Ornette Coleman, le trompettiste Don Cherry... Il aura aussi la chance de côtoyer le grand Sonny Rollins et de participer ainsi à la réunion historique entre ce dernier et Coleman Hawkins – le père de bien des saxophonistes. Poursuivant toujours ses contacts avec d'autres musiciens ainsi que ses différentes recherches, Paul Bley formera un trio assez inhabituel avec le contrebassiste Steve Swallow et le clarinettiste Jimmy Giuffre. Sa passion pour les formes musicales inédites l'incitera à recourir à des instruments nouveaux comme le synthétiseur, puis, à la suite de sa rencontre avec la pianiste et compositrice Carla Borg, qu'il épousera, il explorera plus profondément les harmonies musicales et orchestrales. Au fil de cette longue carrière, Paul Bley travaillera aussi avec les batteurs Paul Motian et Billy Hart, et avec le contrebassiste Dave Holland.

Ce pianiste fulgurant, malgré toute la réserve qu'on lui connaît, est encore et toujours un infatigable chercheur, passionné par la découverte et la recherche de toute aventure musicale, ce qui fait de lui l'un des grands de la profession, mais qui est malheureusement sous-estimé.

NOT TWO, NOT ONE ECM 447-2

Quand trois copains se rencontrent, ils se racontent généralement des histoires. Dans ce cas-ci, Paul Bley a plutôt convoqué ses vieux complices, le joueur de basse Gary Peacock et le batteur Paul Motian, pour un moment de recueillement. Chacun y médite à sa façon, mais sans jamais oublier qu'ils sont trois. Un trio, l'essence du jazz, en quelque sorte...

BASICS: PAUL BLEY Justin Time 154-2

Le pianiste Paul Bley, qui a rencontré au cours de sa longue carrière les plus grands musiciens de jazz de l'après-guerre, poursuit en solo son petit bonhomme de chemin. *Basics,* un autre de ses chefs-d'œuvre est celui de la force tranquille : 10 compositions originales marquées du sceau de ses rencontres avec le trompettiste Chet Baker, *Chet* et *Lucky,* de ses souvenirs de scène avec Charlie Parker, *Basics,* ou de son apprentissage des rudiments du piano, *Monk's Mood,* qui s'adresse assurément au plus lunaire des pianistes de jazz.

27 MAI 1950 –

Grande favorite des organisateurs du Festival international de jazz de Montréal, Dee Dee est aussi une des chanteuses les plus appréciées du public montréalais. Américaine de naissance, elle décide un jour de partir pour la France où elle séjournera plus de 10 ans. Elle revient chez elle en 1999, mais elle garde un pied-à-terre dans ce pays qui lui aura permis de connaître le succès et même d'acquérir une reconnaissance internationale.

Digne émule d'Ella Fitzgerald, Dee Dee Bridgewater est une chanteuse de swing dans l'âme, mais ayant plus d'une corde à son arc, elle n'a jamais hésité à se lancer dans des entreprises, toujours reliées au jazz ou à son histoire, où elle pouvait exercer notamment ses talents de comédienne : *Sophisticated Ladies, The Wiz, Lady Day*. C'est au début des années 70 qu'elle entreprend sa carrière comme choriste pour les grands orchestres de Thad Jones et de Mel Lewis, puis suivra une longue période où elle travaillera avec les plus grands, dont le trompettiste Dizzy Gillespie, le saxophoniste Pharoah Sanders, le guitariste Stanley Clarke ou encore le batteur Max Roach, avec qui elle participera à la re-création de *Freedom Now Suite* (1973). Son retour aux États-Unis entraînera-t-il un renouveau dans sa carrière ? Difficile à dire, mais espérons que nos amis américains sauront reconnaître en elle une grande artiste, héritière de cette tradition du jazz qui va de Billie Holiday à Ella Fitzgerald, sans oublier Carmen McRae et Dinah Washington.

Bouche à oreille

Influences

ELLA FITZGERALD (chanteuse) *Ella in Berlin*, Verve
LENA HORNE (chanteuse) *An Evening with Lena Horne*, Blue Note
CARMEN McRAE (chanteuse) *Carmen Sings Monk*, Novus

Même registre

DIANNE REEVES : *The Grand Encounter*, Blue Note

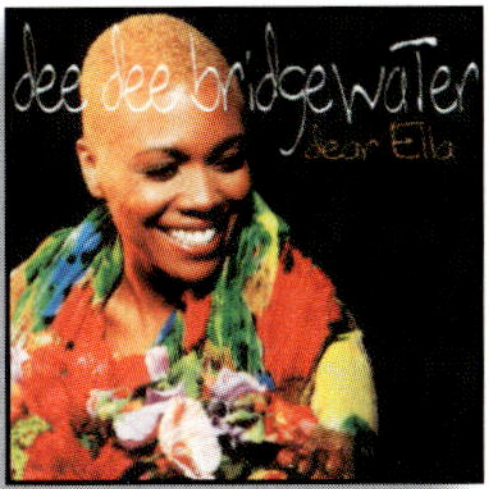

DEE DEE BRIDGEWATER: DEAR ELLA Verve / Polygram 896-2

Pour cet hommage à la grande dame du jazz, Dee Dee n'a pas fait les choses à moitié! L'orchestre qui accompagne la plupart des pièces est composé de 15 musiciens, et pas les moindres: Antonio Hart au saxophone alto, Lou Levy au piano, Grady Tate à la batterie, Benny Powell au trombone... Par ailleurs, pour trois ballades et un swing qu'elle voulait interpréter de façon plus intimiste, elle a convié le pianiste Lou Levy, le batteur André Ceccarelli et le contrebassiste Ray Brown, ancien mari d'Ella, à former un trio. Ce disque simple et empreint de bonheur est un magnifique coup de chapeau à celle qui a fait l'admiration aussi bien de Louis Armstrong que de Duke Ellington, et le bonheur des amoureux du jazz pendant plus de 50 ans.

LOVE AND PEACE: A TRIBUTE TO HORACE SILVER Verve / Polygram 470-2

Cette fois, c'est une fête somptueuse que Dee Dee offre au grand pianiste de jazz funky, Horace Silver, en interprétant 13 de ses pièces dont *Song for my Father, The Jody Grind* ou *Nica's Dream*. Autour de cet homme légendaire, qui accompagne la chanteuse pour deux titres, se regroupent les jeunes et bouillants Lionel et Stéphane Belmondo, respectivement saxophone ténor et trompette, le batteur André Ceccarelli et un autre monstre sacré, l'organiste Jimmy Smith. Un disque plutôt funky très précieux.

DEE DEE BRIDGEWATER LIVE AT YOSHI'S Verve / Universal 354-2

Le disque du retour puisque, après plus de 10 ans en France, la chanteuse quitte son pays d'adoption pour un retour dans son pays natal. Cet enregistrement, pas très différent des autres, est un petit bijou de swing enregistré en public et qui ne contient que des grands classiques: *Undecided, (I'd Like to Get You on a) Slow Boat To China, Love for Sale* et une étonnante version de *Sex Machine* sur un mode très humoristique, avec la participation d'un auditoire visiblement conquis!

30 OCTOBRE 1930 – 26 JUIN 1956

Clifford Brown fait partie de ces génies du jazz qui n'ont pas eu le temps d'exprimer leur potentiel. Pourtant, en l'espace de huit ans – de ses 18 ans jusqu'à son décès à 26 ans dans un accident d'automobile –, il ne se sera fait que des amis parmi ses pairs et aura obtenu de leur part la reconnaissance presque immédiate de son immense talent. « Brownie » était un musicien généreux, attentionné, entièrement dévoué à son art. Subissant à la fois l'influence de Miles Davis et celle de Dizzy Gillespie, a-t-il voulu à tout prix (comme on le disait du trompettiste Roy Eldridge à propos de Louis Armstrong et de Dizzy Gillespie) se démarquer de ces deux géants quant à son interprétation ? Question vaine, à mon avis, et qui n'intéresse que les spécialistes. Ce qui importe, c'est qu'on ne saurait rester insensible à ces attaques incisives, à cette sonorité puissante qui fonctionnaient aussi bien en quartette qu'en duo avec des chanteuses comme Sarah Vaughan ou encore Helen Merrill : *Helen Merrill With Clifford Brown* (Emarcy).

Il débute sa carrière en 1949 sous les auspices du trompettiste Dizzy Gillespie, et dès 1953, il rencontre le saxophoniste alto Lou Donaldson qui lui offre son véritable premier contrat. Par la suite, il travaillera avec le pianiste Tadd Dameron, puis avec le grand orchestre de Lionel Hampton. Mais ce qui marque le véritable tournant dans sa carrière, si courte fut-elle, c'est son association avec celui qui allait devenir un des géants de la batterie moderne, Max Roach. En sa compagnie, il gravera quelques-uns des plus beaux morceaux du hard bop, comme *Daahoud* ou *Joy Spring*.

Bouche à oreille

Influences

ROY ELDRIDGE (trompette) *Little Jazz*, Columbia

DIZZY GILLESPIE (trompette) *Diz and Bird*, Verve

A influencé

RANDY BRECKER (trompette) *The Brecker Brothers – Out of the Loop*, GRP

QUELQUES COMPAGNONS DE ROUTE

TADD DAMERON (piano) *Fontainebleau*, Original Jazz Classics

LOU DONALDSON (saxophone alto) *Midnight Creeper*, Blue Note

LIONEL HAMPTON (vibraphone) *Hampton and Getz*, Verve

CLIFFORD BROWN – MAX ROACH Emarcy / Verve 306-2
Avec ce merveilleux quintette, le talent du jeune trompettiste éclate littéralement grâce à des innovations remarquables et à ses deux grands classiques, qui deviendront des standards pour tous les musiciens de jazz: *Daahoud* et *Joy Spring*. (La version CD comprend deux enregistrements différents de ces pièces, des prises alternatives.) Notes ciselées, thèmes inédits, reprise de *Parisian Thoroughfare,* du pianiste Bud Powell, avec un Max Roach fouettant sa batterie et, par tempos décalés, donnant la réplique au trompettiste... rien ne manque pour faire de ce disque une œuvre unique. On craquera aussi pour un magnifique *The Blues Walk* sur tempo rapide, où s'entrecroisent batterie, trompette et saxophone dans une course folle. Inoubliable!

CLIFFORD BROWN WITH STRINGS Emarcy / Verve / Master Edition 078-2
En principe, les cordes et le jazz n'ont pas fait bon ménage. Il faudrait plutôt dire les jazzmen et les cordes. Chaque fois, ou presque, que ces derniers ont tenté de les utiliser, quelques spécialistes les ont accusés de se livrer à un «commercialisme» de bas étage. Une opinion en vaut une autre, mais restons avec un cœur d'enfant et soupirons de plaisir à écouter cet ensemble majestueux et sobre qui sait si bien accompagner un Clifford Brown au meilleur de son art. Tous les grands classiques y passent: de *Yesterdays* à *Laura* (morceau fétiche du grand Charlie Parker), en passant par l'inévitable *Willow Weep For Me*... et, bien sûr, *Smoke Gets in Your Eyes*.

BROWNIE: THE COMPLETE EMARCY RECORDINGS OF CLIFFORD BROWN
Emarcy 838-306, 10 CD
Dix CD pour plus de 100 dollars... mais l'investissement en vaut la peine parce que le travail, considérable, est fort soigné. La collection comprend quatre disques avec le batteur Max Roach, où se trouvent plusieurs *alternate takes,* suivis de la plupart des enregistrements de Clifford Brown avec les chanteuses Dinah Washington, Helen Merrill et Sarah Vaughan. Pour les amateurs de trésors, cachés ou non.

6 DÉCEMBRE 1920 –

Voilà un musicien qui a largement dépassé les cadres du jazz et qui est devenu, au fil du temps, prisonnier de ses succès comme *Blue Rondo A La Turk, Take Five* ou *Three To Get Ready,* si joliment adapté par Claude Nougaro sous le titre *Le jazz et la java*. Il y a effectivement un mystère Brubeck. Pour les puristes, il n'est pas un véritable jazzman, mais la reconnaissance du public à ce sujet fut quasi immédiate (douloureux chemin de l'artiste qui n'a certainement pas voulu cette dualité). Il faut dire que Dave Brubeck avait d'abord fait des études classiques avec Schoenberg, puis plus longuement avec Darius Milhaud. C'est au début des années 50, après avoir formé un quartette avec le saxophoniste alto Paul Desmond (qui en est de loin la vedette), qu'il commencera à développer des formules musicales originales basées sur des rythmes non coutumiers au jazz (fugue, rondo et polyphonies diverses). Dès lors, c'est le succès, puisqu'en 1954, il fait la couverture du magazine *Time* et que, cinq ans plus tard, il vend plus d'un million de disques grâce à des compositions comme *Take Five* ou *Blue Rondo A La Turk*. En 1956 et 1958, le batteur Joe Morello et le contrebassiste Eugene Wright se joindront définitivement au tandem Brubeck-Desmond. Ce seront là leurs grandes années parce que, après le départ de son saxophoniste, Brubeck aura beaucoup de mal à recréer le son et l'unité qui l'avaient rendu si célèbre. À 80 ans bien sonnés, il n'en continue pas moins de surprendre, toujours en quartette, avec son fils et autres jeunes lions comme le sax ténor Joshua Redman, le trompettiste Roy Hargrove et le contrebassiste Christian McBride.

Bouche à oreille

Même registre

MODERN JAZZ QUARTET (ensemble) *Django*, Prestige
PRESTIGE JAZZ QUARTET (ensemble) *The Prestige Jazz Quartet*, Prestige

TIME OUT Columbia CK 65122

Voilà un monument, un des grands classiques du jazz, tout à fait extraordinaire avec ses rythmes syncopés inattendus: le délirant *Take Five, Blue Rondo A La Turk, Three To Get Ready*... Et puis, cœur de ce quartette, le discret saxophoniste Paul Desmond nous envoûte avec un son tellement pur, plus encore que celui de Johnny Hodges, le saxo du Duke. Il y a de la tendresse chez Desmond, et une sensibilité qui nous touche à tout coup.

DAVE BRUBECK: LOVE SONGS Columbia CK 66029

Ce petit florilège de ballades et d'histoires d'amour, sorti tout spécialement pour la Saint-Valentin, laisse au saxophoniste Paul Desmond tout le loisir d'exprimer ce lyrisme qu'il porte en lui. Plus qu'une œuvre de circonstance, c'est une occasion en or d'entendre un maître en la matière.

BRUBECK & RUSHING: THE DAVE BRUBECK QUARTET FEATURING JIMMY RUSHING Columbia CK 65727

Quand un musicien associé au jazz cool rencontre un des plus puissants chanteurs de blues qui fut par ailleurs l'un des piliers de l'orchestre de Count Basie, avouez que cela a de quoi surprendre. Et le résultat est tout aussi étonnant: à croire que Brubeck et Rushing ont joué ensemble toute leur vie! Au fil de quelques grands classiques – *My Melancholy Baby, All By Myself* ou *You Can Depend On Me* –, on a l'impression que Brubeck perd son flegme habituel et redécouvre les vertus si «curatives» du blues. Ça swingue de bout en bout!

BURTON GARY | ÉTATS-UNIS

23 JANVIER 1943 –

Gary Burton est un des grands vibraphonistes de l'ère du jazz moderne, qui a su se détacher complètement de l'emprise de ses prédécesseurs, dont le plus représentatif fut sans contredit le bouillant Lionel Hampton. Doté d'une technique remarquable (utilisation de quatre mailloches, voire de six), il s'était d'abord initié au piano et au marimba, pour finalement choisir le vibraphone. Il fait ses débuts professionnels en 1960 auprès de guitaristes country dont le célèbre Chet Atkins. L'année suivante, il grave son premier album pour la firme RCA, puis joint le quartette de l'inclassable pianiste George Shearing. De 1964 à 1966, il accompagnera le saxophoniste Stan Getz (une fort bonne école!), et un an plus tard, il formera son propre quartette avec le guitariste Larry Coryell, le contrebassiste Steve Swallow et l'impétueux batteur Roy Haynes – un vétéran qui avait fait ses débuts, ou presque, avec Charlie Parker.

S'étant lié d'amitié avec la compositrice Carla Bley, il lui demande de composer un opéra « sans paroles »; ce sera *A Genuine Tong Funeral,* une œuvre d'art exceptionnelle dans l'histoire du jazz. À partir des années 70, il collabore tour à tour avec le pianiste Chick Corea, le violoniste Stéphane Grappelli et le guitariste John Scofield tout en poursuivant son travail en quartette. Récemment, il rendait hommage à quatre grands vibraphonistes : Lionel Hampton, Milt Jackson, Red Norvo et Cal Tjader avec *For Hamp, Red, Bags, and Cal* (Concord). Car ce grand virtuose en impose non seulement par la richesse de ses complexités harmoniques, mais aussi par son constant désir de perfection et la sérénité qui émane de son travail toujours impeccable.

Bouche à oreille

Influences

MILT JACKSON (vibraphone) *Bags and Trane,* Atlantic

A influencé

JOE LOCKE (vibraphone) *Joe Locke & Kenny Barron – But Beautiful,* Steeple Chase

DAVE SAMUELS (vibraphone, marimba) *Del Sol,* GRP

QUELQUES COMPAGNONS DE ROUTE

CHICK COREA (piano)
Now he Sings, Now he Sobs, Blue Note

LARRY CORYELL (guitare)
Shining Hour, Muse

ROY HAYNES (batteur)
Te-Vou, Dreyfus

CRYSTAL SILENCE: GARY BURTON / CHICK COREA ECM 331-2
Est-ce là l'imaginaire du pianiste Chick Corea ou celui du vibraphoniste Gary Burton ? Peu importe à qui revient la palme, cette ode au silence est une pure merveille. Dans un duo, l'erreur ne pardonne pas, parce que chaque note est comptée, parce qu'il faut tenir le rythme et, au besoin, pressentir les intentions de l'autre... *Crystal Silence* nous conduit véritablement vers ce monde qu'évoque son titre, avec ces neuf compositions qui font appel tant au cœur qu'à l'esprit. Parmi les plus belles, on retiendra *Señor Mouse, What Game Shall We Play Today, Crystal Silence* et *I'm Your Pal.*

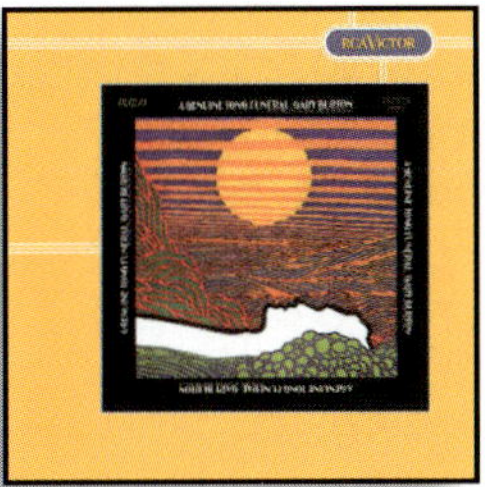

A GENUINE TONG FUNERAL / GARY BURTON RCA 748-2
Œuvre maîtresse de Carla Bley, cet opéra sans paroles en surprendra plus d'un. Mais le jazz, c'est aussi le dépaysement ! Un opéra noir s'il en fut, pour lequel Gary Burton est entouré d'une très solide équipe de musiciens adeptes des expérimentations sonores : le saxophoniste soprano Steve Lacy, le ténor Gato Barbieri, le joueur de tuba Howard Johnson et la pianiste Carla Bley. C'est difficile à saisir, fortement impressionniste, et sans aucun doute impossible à classer.

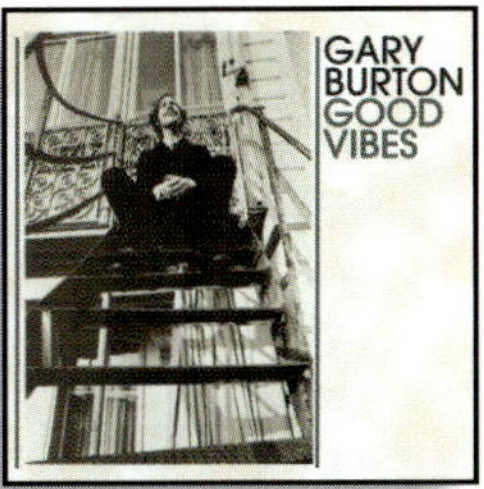

GARY BURTON: GOOD VIBES Atlantic / Koch 8515
C'est une très belle initiative de la compagnie Koch que d'avoir réédité ce superbe disque aux accents électriques qui n'a pas trop mal vieilli. Deux guitares, deux basses électriques et deux batteries pendant que nous y sommes, voilà que Gary Burton s'est lancé dans une aventure qui ne rappelle en rien son duo avec Chick Corea. À découvrir pour son petit côté psychédélique et planant.

8 NOVEMBRE 1958 –

Don Byron est un de ces petits génies apparus sur la scène du jazz au début des années 90. Depuis, il décoiffe tout autant par son inventivité et une technique redoutable que par l'étendue des styles qu'il pratique avec bonheur, klezmer, post-bop, free jazz, musique latine... et auxquels il se permet à l'occasion d'intégrer le rap. C'est grâce à ses parents, père contrebassiste dans un groupe de calypso et mère pianiste, que le jeune Don commence à goûter à la musique. Il étudiera d'abord la clarinette classique avant de verser dans le jazz et la musique cubaine. Ses premières expériences professionnelles remontent au début des années 80, alors qu'il rencontre les saxophonistes Donald Harrison et Steve Coleman (qui fondera le controversé mouvement M-Base); puis, au fil des ans, il aura la chance de fréquenter la crème des musiciens: le saxophoniste David Murray, le pianiste Uri Caine, la chanteuse Cassandra Wilson, le guitariste Marc Ribot... Par ailleurs, il se découvrira bientôt un penchant particulier pour la musique klezmer dans laquelle il excelle, comme en témoigne son disque *Plays The Music of Michael Katz*. Il bouge plus vite que son ombre et ne manque pas de cordes à son arc. Un musicien à surveiller!

Bouche à oreille

Influences

ANTHONY BRAXTON (saxophones) *What's New in Tradition*, Steeple Chase
BUDDY DEFRANCO (clarinette) *Mr. Lucky*, Original Jazz Classics
ERIC DOLPHY (saxophone alto, clarinette basse) *Out to Lunch*, Blue Note

QUELQUES COMPAGNONS DE ROUTE

URI CAINE (piano) *Toys*, JMT/Verve

MARC RIBOT (guitare) *Muy Divertido*, Atlantic

B

BUG MUSIC Nonesuch / Warner 79438-2

Byron rend ici un hommage magnifique à tous ces grands musiciens et chefs d'orchestre qui ont fait du swing un certain art de vivre, sinon leur vie même. Pour cet enregistrement haut de gamme, il est allé tirer du répertoire de Duke Ellington et de Billy Strayhorn, son alter ego, *SNIBOR, Cotton Club Stomp, The Dicty Glide,* de celui de W.C. Handy, *St. Louis Blues,* ou d'autres moins connus, comme Raymond Scott, *Siberian Sleighride*, *Powerhouse* ou *Tobacco Auctioneer*. C'était toute une gageure que d'oser réinterpréter ces grands thèmes tellement marqués par leurs auteurs. C'est pourquoi Byron a fait appel à des musiciens chevronnés comme le pianiste Uri Caine, le batteur Joey Baron et les saxophonistes Steve Wilson et Robert De Bellis, grâce auxquels on redécouvre combien la période swing fut faste et enrichissante.

DON BYRON: MUSIC FOR SIX MUSICIANS Nonesuch / Warner 354-2

Sur fond de revendications sociales, Don Byron explore l'histoire des Noirs vue par les Blancs, le Mois des Noirs, le rôle de la presse et son implication dans le procès Rodney King, quand il n'envoie pas quelques flèches bien acérées au très conservateur et ex-candidat à la Maison Blanche, Ross Perrot. N'ayez crainte, ce n'est pas austère! C'est avec inventivité et une émotion à fleur de peau que Don Byron exprime ses préoccupations, comme le faisait en son temps le grand contrebassiste Charles Mingus avec son *O Lord, Don't Let Drop the Atomic Bomb,* par exemple. Troublant et intelligent.

DON BYRON AND EXISTENTIAL DRED NU BLAXPLOITATION EMI / Blue Note 711 2

S'étant acoquiné avec le poète Sadig ainsi qu'avec le groupe Domino Posse, Don Byron fait flèche de tout bois, et dans des genres aussi différents que le lyrisme, le funk et le house. Il suffit pour s'en convaincre d'écouter la quatrième plage, *Morning 97 (Dodi),* une des plus délirantes inventions de ce mordu de la clarinette! Parmi les musiciens invités, on retrouve avec plaisir le trompettiste James Zollar et le percussionniste Johnny Almendra.

8 AOÛT 1907 –

Même s'il appartient depuis longtemps à la légende du jazz, Benny Carter continue, à plus de 93 ans, de nous enchanter. Jusqu'à l'arrivée de Charlie Parker, Johnny Hodges et lui étaient considérés comme les maîtres du saxophone, titre qu'ils durent désormais partager.

Résumer la carrière de cet immense musicien, c'est en quelque sorte résumer l'histoire du jazz, puisque Benny Carter a fondé son premier ensemble en 1928, à une époque où cette nouvelle musique se dégageait des ornières de ses origines, folkloriques et autres, et où ses grands orchestres commençaient à s'imposer sur les scènes de New York et de Chicago. Carter a travaillé entre autres avec Earl Hines, Duke Ellington et Fletcher Henderson, avant d'accueillir dans son propre groupe quelques-uns des musiciens qui feront un jour les belles années du be-bop, Miles Davis, Dizzy Gillespie, Max Roach et bien d'autres. Il a par ailleurs souvent prêté son concours en tant que compositeur et arrangeur à d'autres grands tels que Count Basie pour *Kansas City Suite,* ou encore Fletcher Henderson pour *Keep A Song In Your Soul.*

Si aujourd'hui Benny Carter fait encore autorité, c'est pour la finesse et la simplicité de ses harmonies qu'il savait si bien agencer. Comme quoi le swing n'a pas nécessairement besoin d'être tapageur pour être lui-même...

Bouche à oreille

Quelques rencontres

LAWRENCE BROWN (trombone) *Inspired Abandon,* Impulse !

JOE PASS (guitare) *Virtuoso,* Pablo

Quelques arrangeurs

NEAL HEFTI pour Count Basie

« SLIDE » HAMPTON pour Maynard Ferguson

FURTHER DEFINITIONS Impulse ! / IMPD-229

C'est là un des plus beaux disques de Benny Carter, qui met en valeur aussi bien ses talents de saxophoniste que l'originalité de ses arrangements. Pour cet enregistrement haut de gamme, il a fait appel à quelques grandes pointures : Coleman Hawkins, le « père » du saxophone ténor, et deux saxophonistes de l'ère bop, le ténor Charlie Rouse et l'altiste Phil Woods, l'émule de Charlie Parker. Autour de quelques grands standards légèrement remaniés – *Body and Soul, Crazy Rhythm, Honeysuckle Rose* –, il laisse libre cours à son imagination… et à celle de ses turbulents partenaires ! Un morceau de choix pour ceux et celles qui aiment le swing et le travail d'ensemble patiné comme un vieux meuble. Modernité oblige, la version CD est enrichie de *Additions To Further Definitions*.

BENNY CARTER AND THE JAZZ GIANTS Pablo 60-029

Une compilation honnête réalisée avec beaucoup de goût à partir des multiples collaborations de Benny Carter et de son immense discographie. Tout le gotha du jazz y est ! Classique certes, mais on ne va pas cracher dans la soupe quand Carter croise le fer avec son ami Johnny Hodges, le saxophone étoile de Duke Ellington, ou alors qu'il se fait le fidèle accompagnateur de Art Tatum, un des pianistes les plus importants de l'histoire du jazz.

JOURNEY TO NEXT / BENNY CARTER, DIZZY GILLESPIE, QUINCY JONES

Lightyear Entertainment 68-2

Une autre facette dans la vie de Benny Carter : un jour il reçoit un coup de téléphone de John Hubley, créateur avec sa femme Faith d'une vingtaine de films d'animation pour enfants, petits et grands, qui lui propose d'écrire la musique de cinq de ces films – *Urbanissimo, The Cosmic Eye, Harlem Wednesday…* On est tout de suite conquis par ces charmantes petites pièces (qui font de 1 à 10 minutes) rendues avec bonheur par des solistes de tous horizons : la chanteuse Dee Dee Bridgewater, Lawrence Brown au trombone, Hank Jones au piano et Lionel Hampton au vibraphone. Les autres pièces sont signées par Dizzy Gillespie et Quincy Jones.

3 JANVIER 1969 –

« La Ferrari des années 90 », comme l'a gentiment surnommé un chroniqueur de jazz qui ne manque pas d'humour. Le moins qu'on puisse dire, c'est que ce multi-instrumentiste de 32 ans, qui ne laisse personne indifférent, est loin de faire l'unanimité, que ce soit chez les critiques ou chez les amateurs. On s'entend néanmoins sur le fait que Carter est un musicien remarquable, tant par sa technique magistrale, comme s'il avait assimilé l'expérience de ses prédécesseurs (Coleman Hawkins, Chu Berry, Ben Webster et John Coltrane) que par son souffle puissant et ravageur qui le sert aussi bien dans les ballades que dans des pièces à caractère free. Même s'il ne dédaigne pas les échos du passé, James Carter est résolument de son temps, un des grands de l'heure qui ne s'en laisse imposer par personne...

Ayant commencé à jouer du saxophone ténor dès l'âge de 11 ans, il se fait remarquer très vite, notamment par le trompettiste Wynton Marsalis qui le prend sous son aile en 1985. En 1988, c'est Lester Bowie, un des fondateurs du Art Ensemble of Chicago, qui l'incorpore dans sa nouvelle formation, le New Organ Ensemble. Tout en travaillant avec ce dernier, Carter collabore aussi avec le Lincoln Jazz Orchestra, le Mingus Big Band et le sextette du saxophoniste très engagé Julius Hemphill (fondateur du World Saxophone Quartet). En 1993, il enregistre son premier disque – *J. C. On The Set.* Il en a maintenant sept à son actif.

Bouche à oreille

Influences

GENE AMMONS (saxophone ténor) *The Chase,* Prestige
DON BYAS (saxophone ténor) *A Night in Tunisia,* Black Lion
BUDDY TATE (saxophone ténor) *Hard Blowin',* Muse

QUELQUES COMPAGNONS DE ROUTE

LESTER BOWIE (trompette) *All the Magic ! The One and Only,* ECM

REGINA CARTER (violon) *Regina Carter,* Atlantic

JULIUS HEMPHILL (saxophone alto) *Fat Man and the Hard Blues,* Black Saint

J. C. ON THE SET DIW / Columbia 66149

Cet enregistrement marque l'entrée fracassante, dans un monde pourtant difficile à conquérir, du jeune saxophoniste qui, d'une plage à l'autre, passe allègrement du saxophone alto au ténor, puis au baryton, ce qui n'est pas donné à tout le monde! En compagnie de ses complices Craig Taborn au piano, Jaribu Shahid à la contrebasse et Tani Tabbal à la batterie, il revisite quelques classiques, notamment *Caravan* de Ellington/Tizol), mais aborde aussi des pièces d'avant-garde comme *Hour Of Parting,* de Sun Ra, ou *Worried And Blue,* de Don Byas, et cela, de manière pour le moins originale, parfois même déconcertante. Ce qui se dégage en premier lieu de cet enregistrement, c'est son ébouriffante maîtrise des instruments et son désir constant de jeter un pont entre le passé et le présent, comme en fait foi l'hommage qu'il rend au saxophoniste baryton Harry Carney, compagnon du Duke, au très lumineux Sun Ra ou au trop méconnu Don Byas.

THE REAL QUIETSTORM Atlantic / Warner 742-2

Après le bruit et la tempête, le calme. Voici un très beau disque composé de sept ballades et de quelques pièces au tempo plus rapide et où James Carter fait preuve d'une maîtrise absolue, tant au sax baryton, ténor ou soprano qu'à la flûte ou à la clarinette basse, comme dans *Deep Throat Blues* ou encore *'Round Midnight,* un magnifique standard qu'il nous offre ici en ouverture.

CHASIN' THE GYPSY Atlantic / Warner 83304

Changeant de rythme, Carter part à la recherche de l'univers des Gitans. Il est assez étonnant (encore que…) de voir ce musicien rompu aux rythmes saccadés explorer l'univers de Django Reinhardt en compagnie, entre autres, de la violoniste Regina Carter (qui y va d'un clin d'œil à Stéphane Grappelli) et du merveilleux accordéoniste Charlie Giordano. *Nuages,* la pièce fétiche de Reinhardt, est interprétée au baryton sur fond de castagnettes, tandis que *Manoir de mes rêves* revêt le charme d'une ballade.

18 NOVEMBRE 1936 – 19 OCTOBRE 1995

Un des musiciens les plus énigmatiques de ces 30 dernières années, cet infatigable découvreur a notamment parcouru la planète pour s'initier à l'expression musicale des autres peuples, japonais, indien, africains de diverses cultures... Comme le dit si bien Jean Wagner dans son guide du jazz, « ... il rêvait d'une musique universelle », et nous pourrions ajouter, bien avant tout le monde ! Pour peu que l'on suive l'évolution du jazz depuis les années 60, il est impossible de ne pas croiser Don Cherry. De mère amérindienne et de père noir, il commence à apprendre la trompette vers l'âge de 12 ans et fonde son premier groupe à peine deux ans plus tard. À 15 ans, il entreprend sa carrière professionnelle en travaillant avec le contrebassiste Red Mitchell et les saxophonistes ténors Wardell Gray et Dexter Gordon. C'est cependant sa rencontre avec Ornette Coleman qui sera déterminante, car il enregistrera avec ce dernier quatre disques très importants qui sont autant de manifestes sur l'avenir du jazz : *Something Else, Tomorrow Is The Question, The Shape of Jazz to Come* et *Free Jazz.* Il collaborera par la suite avec les saxophonistes Steve Lacy et Sonny Rollins, puis avec le compositeur George Russell et ses vieux complices : Ed Blackwell, Charlie Haden, Dewey Redman et James Clay. Et ce n'est là qu'un petit aperçu de la riche existence de Cherry, un homme généreux toujours avide d'improbables rendez-vous, comme avec le saxophoniste Manu Dibango ou le chanteur Lou Reed. On aimerait qu'il s'en trouve plus souvent pour suivre sa trace...

Bouche à oreille

A influencé

GRAHAM HAYNES (cornet) *Transition,* Antilles

LAWRENCE « BUTCH » MORRIS (cornet) *Dust to Dust,* New World

QUELQUES COMPAGNONS DE ROUTE

ED BLACKWELL (batterie) *Ed Blackwell Project,* Enja

BILLY HIGGINS (batterie) *Billy Higgins Quintet,* Evidence

THE MONTREAL TAPES / CHARLIE HADEN WITH DON CHERRY AND ED BLACKWELL Verve 260-2

C'était en juillet 1989, et le Festival international de jazz de Montréal avait donné carte blanche à l'un de ses favoris, le contrebassiste Charlie Haden, qui en avait profité pour recevoir tous ses amis, dont le trompettiste Don Cherry et le batteur Ed Blackwell. Soirée mémorable, notamment pour ceux qui, trop jeunes pour avoir assisté aux concerts de Cherry dans les années 60, avaient enfin devant eux ce mystérieux personnage. Avec une joie manifeste, mais sans passéisme aucun, Haden et ses invités recréent d'abord l'univers d'Ornette Coleman, au fil de ses pièces les plus importantes – *The Sphinx, The Blessing* ou *Lonely Woman* –, puis ils glissent dans celui de Don Cherry avec *Mopti* et *Art Deco,* qui mettent en valeur toute la richesse de son harmonie, de même que l'étendue de son bagage musical glané aux quatre coins du monde. Écoutez *Mopti*... c'est à faire craquer !

ART DECO A&M 258

Encore une fois, il s'agit d'une réunion de vieux collègues à la feuille de route plutôt bien remplie, Don Cherry, Charlie Haden, le batteur Billy Higgins et le saxophoniste trop peu connu James Clay. Outre le magnifique *Art Deco,* ils réinventent pour nous des classiques d'Ornette Coleman – *The Blessing, Compute* – ainsi que des standards comme *Body And Soul* ou *Bemsha Swing.*

EL CORAZÓN : WITH ED BLACKWELL ECM 1230

Ce disque est en quelque sorte un *happening* où chacun est plus ou moins laissé à lui-même ; on y entend pour la dernière fois le regretté Ed Blackwell, qui savait si bien nous mener hors du temps et de l'espace. Quant à Don Cherry, en plus de sa trompette de poche, il touche cette fois l'orgue et le piano.

29 JUILLET 1916 – 2 MARS 1942

Décidément, les grands jazzmen ont souvent une vie bien trop brève... Charlie Christian, guitariste de génie, fut emporté par la tuberculose à l'âge de 24 ans. Malgré tout, au même titre que John Coltrane, Charlie Parker, Eric Dolphy ou Bix Beiderbecke, un des rares trompettistes blancs des années 20, son influence se fait encore sentir de nos jours; il mérite d'être placé au même rang que le plus célèbre des Gitans du jazz, Django Reinhardt, quoique dans un champ bien différent, celui du bop et de la révolution harmonique. Toute l'œuvre de Charlie Christian, fort mince par la force des choses, tient en huit disques de la collection Masters of Jazz, qui se spécialise dans les anthologies de musiciens, ou chez Columbia, qui détient les droits de Benny Goodman, avec qui le guitariste a passé la majeure partie de sa très courte carrière.

C'est grâce à Mary Lou Williams, pianiste visionnaire et avant-gardiste, ainsi qu'au grand producteur John Hammond, que Christian fit son entrée dans le sextette du clarinettiste et chef d'orchestre Benny Goodman. En l'espace de trois ans, il changera à jamais le rôle de la guitare dite électrique ou amplifiée, car il s'imposera suffisamment pour lui donner ses lettres de noblesse et en faire un instrument de premier plan, un peu comme Coleman Hawkins le fera avec le saxophone ténor. Par ailleurs, ses audaces mélodiques et sa recherche intense de nouvelles harmonies feront de lui un des guitaristes attitrés du Minton Playhouse, incubateur du bebop. Mais la maladie l'emportera avant qu'il ait eu le temps de donner toute sa mesure.

Bouche à oreille

Influences

CHARLIE PARKER (saxophone alto) *Now's the Time*, Verve
LESTER YOUNG (saxophone ténor) *Pres and Teddy*, Verve

A influencé

GEORGE BENSON (guitare) *The New Boss Guitar*, Original Jazz Classics
KESSEL BARNEY (guitare) *Limehouse Blues*, Black Lion

COUP DE POUCE

MARY LOU WILLIAMS (pianiste) *Solo Recital, Montreux Jazz Festival 1978*, Original Jazz Classics

CHARLIE CHRISTIAN Masters of Jazz / Media 7 8004, 2 CD
Voici un album double (pas cher du tout) qui vous fera découvrir et aimer l'œuvre de Charlie Christian. On doit cette jolie petite collection, mise en images par l'illustrateur Cabu, à un producteur absolument fou de jazz, Claude Carrière, qui a puisé dans le fond Columbia pour en extraire 35 tout petits bonheurs, puisque à l'époque, les pièces ne duraient pas plus de trois minutes cinquante. C'est aussi une occasion d'entendre le vibraphoniste Lionel Hampton, un bouillant swingman, le trompettiste Buck Clayton, le pianiste Count Basie et le trompettiste Cootie Williams. Parmi les pièces qui donnent la vedette à Christian, en compagnie de nul autre que le grand saxophoniste Lester Young, on retiendra *I Got Rhythm, Flying Home, Pagin' the Devil* ou encore, réunis sur le deuxième disque, *Solo Flight, A Smooth One,* ainsi que *Blues in B.*

THE GENIUS OF THE ELECTRIC GUITAR Columbia 612-1
Ce disque présente un excellent condensé de ce qu'a fait de mieux le jeune guitariste, qu'on retrouve ici en compagnie de la formation de Benny Goodman et de quelques musiciens de très haut calibre – Jo Jones à la batterie, Cootie Williams à la trompette et Lionel Hampton au vibraphone. Parmi les morceaux de choix, signalons *I Found A New Baby, Blues In B* et *Solo Flight*. Un grand classique à très bon prix.

17 MARS 1917 – 15 FÉVRIER 1965

On semble parfois oublier que Nat «King» Cole fut non seulement le chanteur de charme par excellence, mais aussi un grand pianiste. En fait, il y avait deux Nat «King» Cole: d'une part, celui qui, dès 1939, en compagnie du guitariste Oscar Moore et du contrebassiste Wesley Prince, lance la formule (souvent reprise) du trio soudé, où chacun a sa place et, d'autre part, un chanteur qui, avec *Straighten Up And Fly, Route 66* ou *Sweet Lorraine,* deviendra le parfait crooner, favori de ces dames bien avant Frank Sinatra. C'est peut-être cette incursion dans le monde de la chanson populaire qui, au fil du temps, élèvera une barrière entre lui et les amateurs de jazz.

Pourtant, Cole est un merveilleux pianiste de swing, influencé au départ par deux grandes figures, Earl Hines et Teddy Wilson. Avec son trio, il produit de petites merveilles qui auront une répercussion certaine sur le jeu d'Oscar Peterson, de Ahmad Jamal, sinon sur celui de Bud Powell ou encore de Bill Evans qui marquera aussi, à sa manière, l'art du trio.

On aura donc plaisir à réentendre ou à découvrir le pianiste Cole, son swing nerveux et son jeu riche en complexités harmoniques et mélodiques.

Bouche à oreille

Influences

EARL HINES (piano) *Live in Orange,* Black and Blue
TEDDY WILSON (piano) *And Then They Wrote,* Columbia

A influencé

CYRUS CHESNUT (piano) *The Dark Before the Dawn,* Atlantic
DIANA KRALL (piano, voix) *Stepping Out,* Justin Time

JAZZ AT THE PHILHARMONIC / THE FIRST CONCERT Verve 646-2

Les concerts Jazz at the Philharmonic ont donné lieu à des réunions magiques entre des musiciens de courants très divers: Dizzy Gillespie, Lester Young, Illinois Jacquet, Roy Eldridge, Charles Mingus… et Nat «King» Cole. Si on a choisi le premier de ces concerts, présenté en 1944 à l'Auditorium de Los Angeles, c'est parce que Cole y vole presque la vedette grâce à un dynamisme, une énergie contagieuse qui rendra cette soirée inoubliable. Entouré de Illinois Jacquet et Jack McVea au saxophone, de Les Paul à la guitare, de J.J. Johnson au trombone, de Johnny Miller à la contrebasse et de Lee Young à la batterie, le pianiste fait montre d'un savoir-faire et d'un swing redoutables. Dans *Blues,* une des plus longues pièces de l'enregistrement (10 min. 24 sec.), Cole ne cesse de nous éblouir tandis que Les Paul, qui se révèle un joyeux luron, y va d'enthousiastes «One more time, Nat!» C'est un véritable bonheur d'entendre Cole amorcer la pièce, puis soutenir généreusement les solistes avec des tempos simples, qui tombent juste chaque fois, et cela, malgré la turbulence de ses musiciens! Une session unique.

THE GREATEST HITS OF NAT «KING» COLE Capitol / EMI 687-26

C'est maintenant un Nat «King» Cole dans toute sa splendeur et en pleine maîtrise de son métier de chanteur qui interprète pendant plus d'une heure vingt de ses plus grands succès; une façon agréable et peu coûteuse de se remémorer le grand crooner qui, après avoir délaissé les rivages du jazz, s'était lancé dans la chanson, atteignant ainsi un public beaucoup plus large. On est étonné du nombre de classiques qu'il aura chanté entre 1944 et 1963: *Mona Lisa, Walkin' My Baby Back Home, Nature Boy, (I Love You) For Sentimental Reasons* et l'inusable *Unforgettable,* dont sa fille Natalie fera, presque 40 ans plus tard, un surprenant *remake* en joignant sa voix à celle de son père dans un duo «post-mortem» très… commercial. Que voulez-vous!

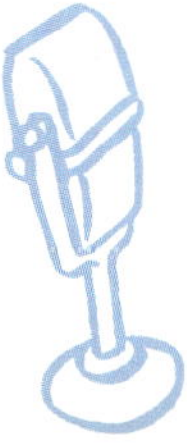

9 MARS 1930 -

Une carrière marquée sous le signe de l'incompréhension, et cela jusqu'à très tard. Il faut dire que le saxophoniste et compositeur Ornette Coleman a, en l'espace de deux ans, bouleversé considérablement les codes du jazz avec quelques disques controversés – *Change of the Century, The Shape of Jazz to Come* et, le plus célèbre, *Free Jazz*. Comme ses prédécesseurs Charlie Parker, Dizzy Gillespie ou Thelonious Monk, il aura subi les quolibets de ses confrères et, *a contrario*, il recevra quelques soutiens admiratifs comme celui du pianiste John Lewis (fondateur du Modern Jazz Quartet) qui déclarait: «Ce que fait Ornette Coleman est la chose la plus importante qui soit arrivée depuis les innovations de Parker et Gillespie au milieu des années 40.»

Ornette Coleman n'a jamais voulu jouer un jazz si différent des autres. Il a tout simplement essayé de traduire en d'autres termes ses conceptions musicales – plus particulièrement l'Harmolodie – qui refusent toute structure musicale et qui s'insèrent dans plusieurs lignes mélodiques, un peu comme un écheveau de laine.

Après ses six albums qui annonçaient la couleur du free jazz, avec entre autres Don Cherry (cornet), Charlie Haden, Jimmy Garrison, Scott LaFaro (contrebasse), Billy Higgins et Ed Blackwell (batterie), il forme un nouveau trio et se lance aussi dans de grandes compositions, dont *Chappaqua Suite* et *Skies of America* avec orchestre symphonique. Sans jamais perdre de vue ses recherches harmoniques, il fonde au milieu des années 70 le groupe *Prime Time* qui se veut plus électrique et funk. Une autre façon de mettre ou de remettre ses idées à la mode. Une chose est certaine: Ornette Coleman poursuit depuis ses débuts plusieurs recherches qui devraient encore nous suprendre, malgré le temps qui passe.

Bouche à oreille

A influencé

ANTHONY BRAXTON (saxophones) *Eight Compositions*, Music & Art

DEWEY REDMAN (saxophone ténor) *Living on the Edge*, Black Saint

JAMES «BLOOD» ULMER (guitare) *Odyssey*, Columbia

QUELQUES COMPAGNONS DE ROUTE

ED BLACKWELL (batterie) *Walls-Bridges*, Black Lion

DON CHERRY (trompette de poche) *Complete Communion*, Blue Note

THE SHAPE OF JAZZ TO COME *(1959-1960)* Atlantic 339-2
FREE JAZZ (1960) Atlantic 347-2

Entre «la forme du jazz à venir» et le free jazz, il n'y a qu'un pas à franchir ainsi qu'une suite logique dans les idées musicales en développement. Entre ces deux disques, un an s'est écoulé et il est possible, après quelques écoutes attentives, d'entendre cette évolution/révolution en marche. *Lonely Woman* est un très long et beau blues joué de façon assez classique, si ce n'est de la batterie qui «semble» augmenter chaque fois le tempo et qui se rétracte au dernier moment. Si chacun improvise sur une structure assez définie, il y a aussi cet espace temps où le musicien semble improviser en dehors de celle-ci. *Chronology* est traité sur le mode hard bop sans que cela ne dérange l'oreille, ce qui n'est pas le cas de *Eventually* où une certaine déconstruction règne.
Free Jazz est autrement plus musclé et libertaire puisque Ornette Coleman a fait appel à deux trompettistes – Don Cherry et Freddie Hubbard –, deux contrebassistes – Scott LaFaro et Charlie Haden –, deux batteurs – Ed Blackwell et Billy Higgins – et le génial Eric Dolphy à la clarinette basse pour lui donner la réplique. C'est un document essentiel de l'histoire du jazz moderne au même titre que le *Love Supreme* de John Coltrane. Idées cohérentes malgré l'improvisation soutenue, fusion/cohésion, et l'occasion d'entendre deux musiciens qui vont avoir une influence considérable sur les générations à venir : Eric Dolphy et Scott LaFaro, qui disparaîtront avant la quarantaine.

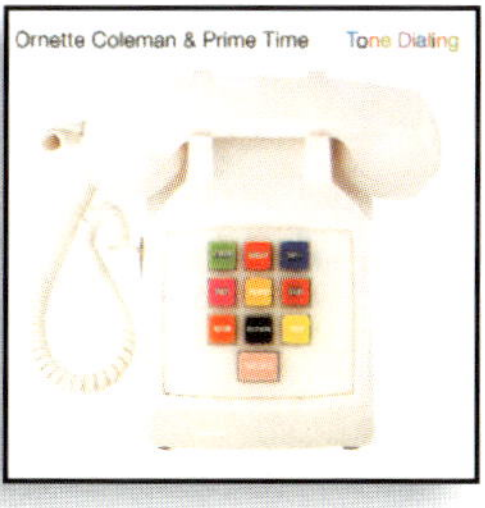

ORNETTE COLEMAN & PRIME TIME TONE DIALING Verve 483-2

Changement d'univers complet, encore que... La sonorité d'Ornette Coleman est identifiable entre mille et les rappeurs se mêlent au saxophoniste qui, en retrait, donne un complément aux revendications sociales et politiques. Disque funk et dansant où se côtoient le merengue et le *Bach Prelude* sur fond électronique !

20 SEPTEMBRE 1956 –

« C'est quelqu'un d'étrange et de mystérieux. On ne le comprendra vraiment que d'ici une vingtaine d'années. Ce qu'il fait est tellement riche, tellement pensé, tellement complexe… C'est trop fort pour la plupart des gens, c'est pour ça qu'on le saisit difficilement à l'heure actuelle. Et il a une sonorité magnifique ; personne ne possède un timbre pareil dans sa génération. » Voilà ce que déclarait en substance la chanteuse Cassandra Wilson, qui a longtemps appartenu au M-Base (Macro Basic Array of Structured Extemporisation), mouvement collectif fondé par le saxophoniste Steve Coleman au milieu des années 80, en réaction à cette façon que certains (surtout les Blancs) ont d'enfermer le jazz dans des structures bien définies. « Ce sont des gens unis par le même univers social et musical, et qui ne sont pas obsédés par l'histoire du jazz », explique Steve Coleman. Cette affirmation jouera contre lui, car il est depuis boudé par l'establishment du jazz et il ne figure jamais au palmarès des meilleurs musiciens de l'année établi par la revue *Down Beat*. Une vengeance enfantine, certainement, parce que, au-delà de ses déclarations à l'emporte-pièce, Coleman est un musicien engagé soucieux d'apporter sa contribution au grand courant de la Great Black Music dans la tradition du Art Ensemble of Chicago, de Ornette Coleman, de Archie Shepp et du génial Charlie Parker.

Dès son plus jeune âge d'ailleurs, Steve Coleman aura été gavé de Charlie Parker, parce que son père en était fou ! Il suivra par la suite une voie relativement classique en travaillant avec l'orchestre de Thad Jones et Mel Lewis, puis avec quelques personnages importants du jazz moderne : les saxophonistes David Murray et Sam Rivers, le pianiste Cecil Taylor ou le joueur de trombone Bob Brookmeyer. Mais c'est surtout avec son propre groupe Five Elements, qui réunissait au début la chanteuse Cassandra Wilson, le pianiste Geri Allen et le trombone Robin Eubanks, qu'il trouve sa voie. Il s'impose depuis (surtout en Europe) en tant qu'artisan d'un jazz novateur qui mélange le rap, le funk et le free jazz, sans jamais imiter personne.

STEVE COLEMAN AND FIVE ELEMENTS / THE TAO OF MAD PHAT BMG / Novus 160-2

Disque exploratoire plein de vigueur enregistré en studio mais devant un public, en mai 1993. À la sonorité sèche de Coleman se mêlent les rythmes funk du pianiste Andy Milne et du guitariste David Gilmore, la frappe cassante du batteur Oliver Gene Lake et les incantations dansantes du joueur de basse électrique Reggie Washington. Une musique cyclique qui, partant du point A, fera quelques détours pour arriver au point B. C'est joyeux, dansant et intelligent.

STEVE COLEMAN AND FIVE ELEMENTS : CURVES OF LIFE BMG 693-2

STEVE COLEMAN AND THE MYSTIC RHYTHM SOCIETY : MYTHS, MODES AND MEANS BMG 692-2

STEVE COLEMAN AND METRICS : THE WAY OF THE CIPHER BMG 690-2

Trois disques enregistrés devant public au Hot Brass de Paris en mars 1995 ; trois univers différents mais qui ont un seul but, la découverte musicale et le mélange des genres, et que Coleman compose avec les Five Elements et ses invités, le sax ténor David Murray, divers percussionnistes ou des rappeurs poètes comme Black Indian, Sub-Zéro et Kokayi. Coleman décloisonne pour mieux nous faire comprendre que la musique est un tout. Le prix de ces trois disques (qui sont aussi présentés en coffret) est malheureusement élevé parce qu'on ne les trouve qu'en importations.

STEVE COLEMAN AND THE MYSTIC RHYTHM SOCIETY IN COLLABORATION WITH AFROCUBA DE MATANZAS : THE SIGN AND THE SEAL BMG 727-2

Marchant sur les traces de ces jazzmen qui, au début des années 40, ont voulu faire le pont avec la musique cubaine, Steve Coleman explore celle-ci à son tour, surtout dans sa forme folklorique. Il part aussi en quête de quelques rythmes anciens, souvent réservés aux initiés, que des peuples riverains du Niger avaient importés à Cuba au temps de l'esclavage. *The Sign and the Seal* est donc une recherche musicale, jamais austère cependant, en même temps qu'une tentative plus que louable de comprendre comment les musiques, de même que les émotions qui les sous-tendent, s'enchaînent les unes aux autres.

23 SEPTEMBRE 1926 – 17 JUILLET 1967

Parce qu'il a poussé le jazz jusqu'à son extrême limite, et parce qu'il est mort prématurément à 41 ans sans avoir pu livrer tout son message, le saxophoniste John Coltrane est entré dans la légende auprès des plus grands. Plus de trois décennies après sa mort, son ombre plane encore, et ce n'est pas pour rien que le romancier et critique de jazz Alain Gerber a parlé du «cas Coltrane». Car ce musicien s'est consacré corps et âme à la musique, tentant sans relâche d'améliorer sa technique jusqu'à travailler ses accords plus de huit heures par jour, un peu comme un sportif de haut niveau. Entre 1961 et 1965, ayant mis sur pied son célèbre quartette avec McCoy Tyner au piano, Elvin Jones à la batterie et Jimmy Garrison à la contrebasse, l'exploration musicale deviendra son unique raison de vivre.

John Coltrane entreprend sa carrière dans les grands orchestres du trompettiste Dizzy Gillespie et du saxophoniste Johnny Hodges où il reste assez discret. En 1955, le trompettiste Miles Davis, toujours à l'affût de jeunes talents, lui fait une place dans son quintette aux côtés du pianiste Red Garland, du contrebassiste Paul Chambers et du redoutable batteur Philly Joe Jones. Jusqu'en 1961, il se joindra à eux de façon intermittente, tout en étant partenaire du pianiste Thelonious Monk, au Five Spot (on en fera d'ailleurs un enregistrement mémorable). Il commencera aussi à enregistrer sous son propre nom. De la période Miles Davis/John Coltrane, on retiendra surtout l'enregistrement de *Kind of Blue,* l'un des plus fameux dans l'histoire du jazz, vendu à plus de deux millions d'exemplaires.

Mais c'est avec son propre quartette qu'il enregistrera la majorité de son œuvre, toujours empreinte d'une sonorité puissante et toute personnelle. À la dissolution de celui-ci, il se tournera de plus en plus vers un jazz exploratoire plus free que jamais, en compagnie de sa femme Alice au piano, des saxophonistes Pharoah Sanders, Archie Shepp et Eric Dolphy, et du batteur Rashied Ali. Il sera emporté en 1967 par un cancer du foie... La meilleure façon de saisir l'univers de ce musicien est encore de suivre sa discographie pas à pas.

BLUE TRAIN / THE ULTIMATE Blue Note 428 0 6

Ce très grand classique de la première période Coltrane (1957), avant le free jazz, réédité maintes et maintes fois et qualifié ici de « version ultime », s'augmente de deux pièces qui n'avaient pas été retenues lors de l'enregistrement original. Il s'accompagne d'un CD qui comprend des extraits de la session d'enregistrement et des commentaires de divers musiciens à propos de Coltrane et de son style si particulier, ainsi que sur la création de ce bijou musical. Les arrangements, plus que soignés, sont interprétés par des musiciens de choix : Curtis Fuller au trombone, Lee Morgan à la trompette, Paul Chambers à la contrebasse, Philly Joe Jones à la batterie et Kenny Drew au piano. C'est un disque essentiel dans une discothèque de jazz pour qui veut découvrir le son Coltrane : de longues envolées sonores, un vibrato en douceur et un très grand sens du lyrisme, à goûter tout spécialement dans le grand classique *I'm Old Fashioned.*

SOULTRANE Prestige 142-2

Un des multiples disques que John Coltrane aura enregistrés pour l'étiquette Prestige et que cette dernière a eu la bonne idée de ressortir pour son cinquantième anniversaire. Entouré de très solides musiciens, Art Taylor à la batterie, Red Garland au piano et Paul Chambers à la contrebasse, John Coltrane revisite, sans trop les bouleverser, quelques grands standards comme *Good Bait, Theme For Ernie* ou *Russian Lullaby.* Une autre approche de Coltrane, mais toujours avec des solistes qu'il est essentiel de connaître.

JOHN COLTRANE, THE PRESTIGE RECORDINGS Prestige 4405, 16 CD

Ces 16 CD qui contiennent absolument tout ce qu'a enregistré John Coltrane entre 1956 et 1958 pour l'étiquette Prestige, en tant que leader ou accompagnateur, donnent rapidement le vertige... en particulier aux fans du saxophoniste qui ne dédaigneraient pas ce très beau cadeau...

THE COMPLETE COLUMBIA RECORDINGS OF MILES DAVIS AND JOHN COLTRANE (1955-1961) COLUMBIA 833, 6 CD

Si on veut suivre Coltrane au temps de son association avec Miles Davis, ces enregistrements sont indispensables. Aux 58 morceaux de la version originale, on a adjoint un certain nombre de *alternate takes* (prises non retenues) ou de faux départs et des discussions de studio. Les six disques, tous offerts séparément, ont pour titre: *Jazz At The Plaza, Miles At Newport, 'Round About Midnight, Someday My Prince Will Come, Milestones* et le plus grand de tous, celui qu'il faudrait apporter sur une île déserte, *Kind of Blue*. Tant pour l'éclairage qu'il jette sur le jazz modal que pour la qualité des musiciens – Bill Evans, Wynton Kelly, John Coltrane, Cannonball Adderley, Paul Chambers –, l'investissement en vaut vraiment la peine, sans compter que le livret d'accompagnement est une œuvre d'art.

GIANT STEPS Atlantic 337-2

Giant Steps est un des disques majeurs de John Coltrane, un de ceux que l'on doit écouter plusieurs fois pour comprendre à quel point le saxophoniste avait progressé dans sa recherche musicale et ses préoccupations harmoniques. Coltrane avait d'ailleurs mis beaucoup de soin à recruter des partenaires désireux de le suivre dans ses audaces musicales: Tommy Flanagan, Wynton Kelly et Cedar Walton au piano, Jimmy Cobb, Lex Humphries et Art Taylor à la batterie, et Paul Chambers à la contrebasse. Enregistré en 1959 pendant que Coltrane est toujours membre du célèbre quintette de Miles Davis, ce disque, qui n'a en rien perdu de son actualité, comprend deux pièces fétiches, *Giant Steps* et *Naima,* ainsi que *Mr. P. C.,* écrite à l'intention du contrebassiste Paul Chambers. En prime, cinq prises alternatives...

MY FAVORITE THINGS (1960) Atlantic 346-2

Voici un autre très grand classique de Coltrane, et qui préfigure la formation définitive de son quartette, avec McCoy Tyner au piano, Elvin Jones à la batterie et Steve Davis à la contrebasse (qui sera bientôt remplacé par Jimmy Garrison). À bien des égards, *My Favorite Things* (une valse extraite d'une comédie musicale du compositeur Richard Rodgers) est plus important encore que *Giant Steps,* puisque Coltrane y utilise pour la première fois le saxophone soprano qui deviendra un de ses instruments de prédilection. C'est un disque étonnamment simple, mais d'une importance capitale parce qu'on sent véritablement que le saxophoniste s'est engagé dans une nouvelle voie, où l'abandon du contraignant système d'accords comme base de son improvisation lui permet de plus en plus de liberté. *My Favorite Things* illustre parfaitement ce phrasé musical, ces longues mélopées envoûtantes uniques à John Coltrane.

COLTRANE : THE CLASSIC QUARTET - COMPLETE IMPULSE ! STUDIO RECORDINGS Impulse! 8-280, 8 CD

Ces huit disques, tous essentiels, pour la première fois réunis en un somptueux coffret (bien qu'ils soient aussi vendus séparément), renferment l'intégralité de ce que John Coltrane a enregistré en studio avec son quartette. Au rayon des incontournables : *A Love Supreme,* une prière en quatre strophes d'une rare intensité, *Ballads, Crescent,* ou encore *Bessie's Blues*. On ne pourra que se féliciter de cet achat qui garantit des heures de bonheur grâce à l'un des plus grands musiciens du XXe siècle, toutes catégories confondues.

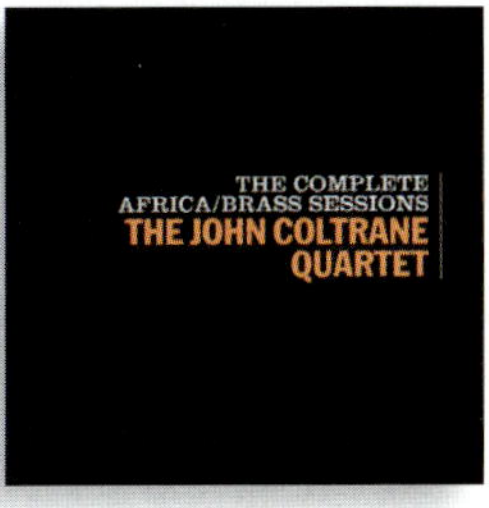

THE COMPLETE AFRICA/BRASS SESSIONS Impulse! 2-168, 2 CD

On est ici convié à la visite d'une Afrique imaginaire en compagnie du quartette habituel de John Coltrane auquel se joint le talentueux et énigmatique saxophoniste-flûtiste Eric Dolphy. Coltrane n'a sûrement pas lésiné sur les moyens (15 musiciens) ni sur le temps*: Africa* fait 14 minutes en version finale et 16 minutes en prise originale. Au détour, vous découvrirez un étonnant *Greensleeves* et un *Blues Minor* pas piqué des vers. Superbe de bout en bout, et impressionnant.

12 JUIN 1941 –

Du même âge ou presque que le pianiste et claviériste Herbie Hancock, avec qui il a enregistré le très beau disque *Homecoming,* Chick Corea est un grand mélodiste (surtout au piano solo) chez qui on reconnaît bien sûr l'influence de Bill Evans, de Thelonious Monk et de Bud Powell auxquels aucun pianiste ne saurait échapper, à ses débuts tout au moins. Son jeu pianistique est fait de phrases concises très lyriques empreintes d'une vivacité toute latino-américaine.

Dès 1971, il forme un premier groupe, Return to Forever, avec le saxophoniste et flûtiste Joe Farrell, le puissant bassiste Stanley Clarke, le percussionniste Airto Moreira, la chanteuse Flora Purim, auxquels se joindront, au fil des remaniements, le guitariste Al Di Meola ainsi que le batteur Lenny White. En 1985, il met sur pied le Elektric Band avec des musiciens qui, comme lui, s'intéressent aux possibilités infinies de l'électronique, recherches qu'il poursuit encore aujourd'hui avec le groupe Origin. Cet éclectisme chez Chick Corea n'est pas récent puisqu'il avait commencé sa carrière dans des orchestres afro-cubains comme ceux des percussionnistes Mongo Santamaria et Willie Bobo. Il avait ensuite accompagné un temps le saxophoniste Stan Getz, avant de débarquer dans l'équipe de Miles Davis, qui venait de se lancer dans le jazz fusion. Il enregistra avec lui quatre disques qui devaient faire époque : *In a Silent Way, Bitches Brew, Live & Evil* et *Big Fun,* ce qui sera pour lui un tremplin extraordinaire. Chick Corea fut aussi un grand fervent d'un certain jazz-rock dont il fit des interprétations pas toujours de qualité, mais qui lui permirent de se faire connaître d'un plus large public. Notons par ailleurs qu'il a enregistré le *Concerto pour deux pianos,* de Mozart, et qu'il a même composé un *Concerto pour piano et orchestre en trois mouvements.*

Bouche à oreille

Influences

BUD POWELL (piano) *The Genius of Bud Powell,* Verve
McCOY TYNER (piano) *The Real McCoy,* Blue Note

QUELQUES COMPAGNONS DE ROUTE

ROY HAYNES (batterie) *My Shining Hour,* Storyville
JEAN-LUC PONTY (violon) *Live at Chene Park,* Atlantic

TRIO MUSIC LIVE IN EUROPE ECM 769-2

Rien ne vaut un concert devant public pour dynamiser les musiciens. En 1984, trois ans après le très beau *Trio Music* (enregistré en studio), le pianiste Chick Corea, le contrebassiste Miroslav Vitous et le batteur Roy Haynes sont à nouveau réunis pour une session haut de gamme qui s'ouvre sur une composition de Corea, *The Loop,* suivie du classique *I Hear A Rhapsody,* pour lequel Corea laisse toute la place à ses compagnons, prouvant une fois de plus son immense générosité envers les autres musiciens. On savourera au passage l'audacieux amalgame que fait Corea de son *Mock Up* avec le *Prelude N⁰ 2* de Scriabine.

CHICK COREA : MY SPANISH HEART Verve / Master Edition 303-2

Une pochette dangereusement kitsch ! Avec cette musique fusion des années 70 qui n'hésite pas à marier castagnettes et claviers sur rythme de boléro, Corea nous rappelle à sa manière ses origines sud-américaines de même que ces années où il a travaillé avec les grands du jazz latin. Il est entouré d'une dizaine de solistes, dont le bassiste Stanley Clarke, le violoniste Jean-Luc Ponty, le batteur Steve Gadd et le percussionniste Don Alias, d'une section de cuivres et d'un quatuor de violons. Ça swingue, mais il faut vraiment aimer les synthétiseurs et ce petit côté castagnettes un peu désuet. Seule grande absente de ce medley espagnol, *La Fiesta,* qui fut l'un des grands succès de Chick Corea.

CHICK COREA SOLO PIANO : ORIGINALS Stretch Records 9028-2
CHICK COREA SOLO PIANO : STANDARDS Stretch Records 9029-2

Ces deux disques ont été réalisés à partir d'une dizaine de concerts que le pianiste a donnés pendant l'année 1999. Le premier est composé uniquement de ses créations : *Brasilia, Yellow Nimbus* ou *Armando's Rhumba,* que l'on trouvait pour la première fois sur *My Spanish Heart,* tandis que le second témoigne de son admiration pour quelques grands jazzmen et leurs compositions : *Yesterdays,* de Jerome Kern, *Oblivion,* de Bud Powell... Superbe.

25 MAI 1926 – 28 SEPTEMBRE 1991

Voici l'une des figures les plus importantes et les plus médiatisées du jazz moderne. Homme extraverti et aux multiples facettes, Miles Davis a fasciné le milieu du jazz en entier, et cela, dès ses premiers enregistrements avec Charlie Parker. Il a traversé maintes époques du jazz, sans jamais revenir en arrière. Qu'il se tourne vers le cool, le modal, le hard bop ou le jazz fusion, le prince de la trompette a toujours été un innovateur, voire un maître à penser, tout au moins pour la kyrielle de musiciens talentueux qui l'ont tour à tour accompagné: les guitaristes John McLaughlin, John Scofield et Mike Stern, les saxophonistes Wayne Shorter, Rick Margitza et Kenny Garrett, les pianistes Herbie Hancock et Bill Evans, les batteurs Philly Joe Jones, Tony Williams et Jack DeJohnette, sans oublier les chanteurs Sting et Prince avec qui il a collaboré; ils auront tous profité de l'aura de Davis et de ses découvertes musicales.

Miles Davis s'est rapidement distingué grâce à un son bien différent de celui des virtuoses en vue au début des années 40, qu'il s'agisse de Dizzy Gillespie, sorcier des gammes et des arabesques, de Clifford Brown ou de Fats Navarro. Comme le dira si bien Lucien Malson: «Davis, suivant en cela le saxophoniste ténor Lester Young, rejette toute violence. La sonorité chez lui s'apaise et s'adoucit, mais la voix frémissante et tendre de sa trompette, légèrement voilée, n'exprime en rien l'idéal de l'Académie Juilliard. Progressivement du reste, cette qualité d'expression que renfermait le timbre de Davis se développera, s'épanouira au point de laisser paraître ce dernier comme un disciple des pétrisseurs de sons, façon Ellington.»

Parce que Miles Davis, c'est cela: un son et une manière de le concevoir qui, peu importe les modes ou les courants, resteront sa marque de commerce. Peut-on tout aimer de Davis? Oui et non. On reste envoûté par l'univers plus que sombre de *Ascenseur pour l'échafaud,* ébahi par ce chef-d'œuvre qu'est *Kind of Blue* ainsi que par les inventions de son quintette au Plugged Nickel. Mais il y a cette période de jazz électrique et fusion – *In a Silent Way, Bitches Brew* – qui marque une étape décisive dans sa carrière et qui semble plus difficile à saisir. Mais Miles Davis est un génie qui avance avec son temps et qui amorce les changements et les modes.

Contrairement à plusieurs de ses confrères, Davis vient d'une famille aisée d'un quartier de East St. Louis. Sa mère et sa sœur sont des musiciennes de formation classique, mais qui ne dédaignent pas le jazz, loin de là. Tout jeune, il aura la chance d'avoir Elwood Buchanan comme professeur de trompette, un ancien de l'orchestre de Andy Kirk qui avait fait les beaux jours de Kansas City, puis Clark Terry, qui deviendra en quelque sorte son mentor. Par la suite, il aura la chance de fréquenter la célèbre Juilliard School, à New York, tout en devenant un habitué de la 52e Rue où il rencontrera le plus grand des saxophonistes de l'après-guerre, Charlie Parker. Il n'a que 18 ans lorsqu'il enregistre en compagnie de ce dernier quelques chefs-d'œuvre, dont notamment *Billie's Bounce* et *Now's the Time*. En 1949, à la tête d'une formation de neuf musiciens qui utilisent des instruments inusités comme le cor anglais ou le tuba, Davis grave son premier grand disque, *Birth of the Cool,* qui rend compte de son nouveau style, délicat et très éthéré, en opposition au be-bop qui se veut plus frénétique. La carrière de Miles Davis est lancée, et au cours des 10 années suivantes, il enregistrera plusieurs classiques comme *Miles Ahead, Porgy and Bess* (en compagnie de l'arrangeur Gil Evans) et *Ascenseur pour l'échafaud,* le plus connu de tous.

En 1959, Miles Davis délaisse le cool pour se tourner vers une approche inédite qu'on appellera le jazz modal. S'ensuivra un album que plusieurs qualifient de chef-d'œuvre, *Kind of Blue,* enregistré avec les meilleurs musiciens de l'heure, Cannonball Adderley, John Coltrane, Bill Evans, Wynton Kelly, James Cobb et Paul Chambers. Viendra ensuite l'ère de ses quintettes où s'illustreront le pianiste Herbie Hancock, le batteur Tony Williams, les saxophonistes Wayne Shorter et George Coleman, ainsi que le contrebassiste Ron Carter, comme en font foi les enregistrements publics du Plugged Nickel. À la fin des années 60 commence une nouvelle ère pour Miles Davis, qui électrifie sa trompette et adopte une instrumentation plus rock. C'est la naissance du jazz-rock ou fusion, avec des albums désormais incontournables comme *Bitches Brew, In a Silent Way* ou *Live and Evil.* De 1975 à 1980, il sera forcé à la retraite pour des raisons de santé, mais il reviendra avec de jeunes musiciens dont Mike Stern, Branford Marsalis, Kenny Garret, John Scofield, et un répertoire entièrement rénové. Parmi les découvertes : *A Man with the Horn, We Want Miles, Tutu* et *Doo-Bop.*

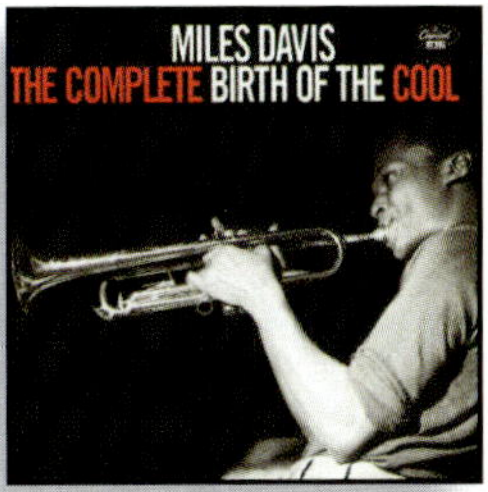

MILES DAVIS : THE COMPLETE BIRTH OF THE COOL (1950) Capitol Jazz 550 2 3

Pierre angulaire du jazz moderne, *Birth of the Cool* est l'un des plus célèbres disques de Miles Davis. Cette œuvre, qui reste étonnamment jeune malgré ses 50 ans, forme un important corpus de 12 pièces remarquables tant par leur interprétation fluide que par les thèmes qui y sont développés. Le jazz cool qui, à l'inverse du be-bop, mise sur la virtuosité des solistes et leur rapidité d'exécution, se veut un mouvement d'ensemble attaché aux couleurs orchestrales ainsi qu'à un langage commun. Difficile de résister à ce disque tout en nuances qui doit beaucoup aux arrangements du saxophoniste Gerry Mulligan, du pianiste John Lewis et de l'arrangeur Gil Evans, que Davis retrouvera quelques années plus tard pour *Miles Ahead* et *Sketches of Spain.* Cette nouvelle version de *Birth of the Cool* (1998) propose en plus les seules sessions en public existantes, enregistrées au célèbre Royal Roost et au cours desquelles on peut entendre *Boplicity, Venus de Milo* et *Darn that Dream.*

MILES DAVIS AND THE MODERN JAZZ GIANTS (1954) Prestige 7150-2

C'est presque une galerie de portraits que ce compte rendu d'une session magistrale où Miles Davis reçoit des géants du jazz: Thelonious Monk au piano, Percy Heath à la contrebasse, Milt Jackson au vibraphone et Kenny Clark à la batterie, auxquels s'ajoutent John Coltrane et Philly Joe Jones pour une nouvelle version de *'Round Midnight*. Une séance exceptionnelle, alors que Monk, le pianiste le plus «lunaire» de l'histoire du jazz mais aussi le plus pénétrant, s'arrête subitement de jouer au milieu du premier chorus de *The Man I Love*; longtemps les spécialistes ont supputé sur une dispute qu'il y aurait eu entre le pianiste et le trompettiste. On sait maintenant qu'il n'en était rien, même si ni Miles ni Monk n'avaient un caractère facile... En dépit de cette anecdote, c'est un des plus magnifiques enregistrements de Miles Davis: mélodie soutenue, musiciens de très haut calibre, et ce souffle! Lumineux, diront certains.

ASCENSEUR POUR L'ÉCHAFAUD (1957) Fontana 305-2

Une des bandes sonores les plus mythiques de l'histoire du jazz et du cinéma! L'atmosphère qui s'en dégage est tout aussi oppressante que l'angoisse même de Julien lorsqu'il reste coincé dans l'ascenseur. Cette version, sortie en 1998, retrace étape par étape la genèse de cette trame sonore, car en plus des 10 plages qu'on entend dans le film, on y trouve 15 prises non retenues, ce qui témoigne du soin avec lequel Davis travaillait. Quant aux musiciens, ils sont une fois de plus exceptionnels: Barney Wilen au saxophone ténor, René Urtreger au piano, Pierre Michelot à la basse et le redoutable Kenny Clarke à la batterie. Essentiel.

MILES DAVIS & GIL EVANS: THE COMPLETE COLUMBIA STUDIO RECORDINGS
(1957-1968) Columbia 397-S1, 6 CD

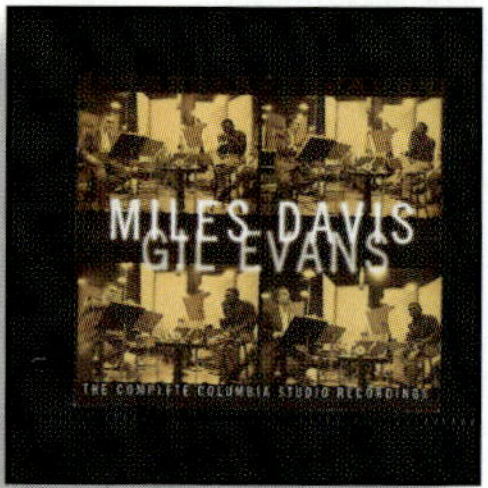

Arrangeur de génie, Gil Evans a enfin trouvé en Miles Davis l'artiste de génie qui lui lance des défis à sa mesure. La collection comprend quatre disques dont la réputation n'est plus à faire: *Miles Ahead, Porgy and Bess, Sketches Of Spain* et *Quiet Nights*; sur les deux autres, en plus des reprises et autres discussions de studio, on découvre une «hypnotisante» version du *Concierto de Aranjuez*, de Rodrigo, qui fait plus de 16 minutes, de même qu'une prise non retenue qui en fait 13. Enfin, un livret admirablement bien conçu raconte les grands moments de cette fructueuse collaboration.

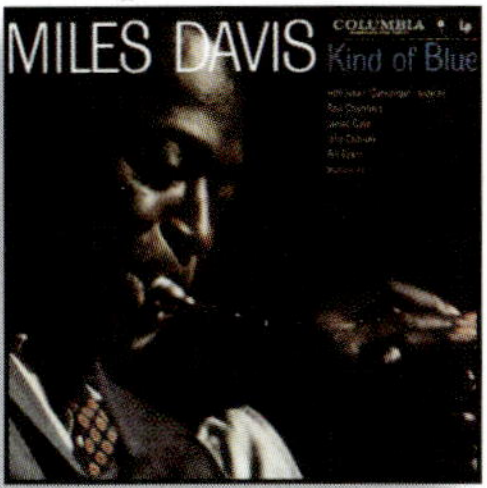

KIND OF BLUE (1959) Columbia 64935
Pour cet enregistrement, salué lui aussi comme un chef-d'œuvre par la plupart des chroniqueurs, Miles Davis avait auprès de lui un des sextettes les plus sensationnels qu'il ait réunis: John Coltrane au saxophone ténor, Cannonball Adderley au saxophone alto, Bill Evans et Wynton Kelly au piano, Paul Chambers à la contrebasse et Jimmy Cobb à la batterie. Presque toutes les pièces de ce disque, coup d'envoi du jazz modal, sont encore aujourd'hui des références majeures: *So What, Blue in Green, Freddie Freeloader* ou *All Blues*. Cette version dite définitive, publiée en 1997, nous fait la surprise d'un morceau de plus, *Flamenco Sketches,* de nouvelles notes au livret et... la bonne vitesse d'enregistrement!

MILES DAVIS QUINTET (1965-1968) Columbia 398-2
Pour ce qui sera son dernier grand quintette avant sa période électrique, Davis, toujours à l'affût de jeunes talents, a fait appel au batteur Tony Williams (17 ans), au saxophoniste Wayne Shorter, au contrebassiste Ron Carter et au pianiste Herbie Hancock. Ils enregistreront six disques, tous aussi importants les uns que les autres: *E.S.P., Miles Smiles, Sorcerer, Nefertiti, Miles in the Sky* et *Filles du Kilimanjaro*. Accordons cependant une mention spéciale à *Nefertiti* et à *The Sorcerer* pour les pièces *Pinocchio* et *Hand Fall,* qui mettent en valeur le compositeur et interprète Wayne Shorter, et pour *Jive,* qui nous fait découvrir le jeune batteur Tony Williams, maître ès polyrythmie.

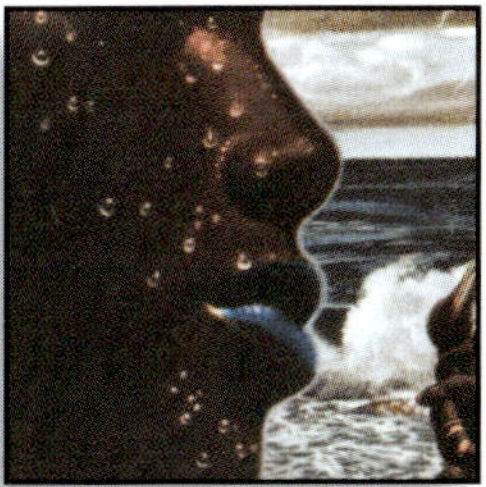

BITCHES BREW: THE COMPLETE MILES DAVIS SESSIONS (1969) Columbia 570-2
Pendant longtemps, les pièces qui illustraient le virage du trompettiste Miles Davis vers le jazz électrique tenaient sur un disque double. Or, la firme Columbia ayant décidé de mettre toute l'œuvre du trompettiste en coffret, voici que nous arrive *Bitches Brew,* accompagné de *Big Fun, Live and Evil* et *Circle in the Round.* Le livret de 148 pages expose la démarche de Miles Davis, de même que son exploration des nouveaux continents sonores. Il faut cependant un moment pour se familiariser avec ce jazz psychédélique, éclaté et hypnotique, et avec le jeu de ces musiciens qui deviendront les stars de demain: le guitariste John McLaughlin, le claviériste Josef Zawinul, le contrebassiste Dave Holland et le batteur Jack DeJohnette.

D

25 NOVEMBRE 1924 – 30 MAI 1977

Associé pendant plus de 12 ans au quartette du pianiste Dave Brubeck, le saxophoniste alto Paul Desmond fut l'une des voix les plus singulières du jazz. On pourrait même dire que parmi les saxophonistes de la vague cool, il tient le premier rang, car il se distingue non seulement par une sonorité légère et aérienne, mais aussi par la qualité et l'originalité de son jeu: jamais de violence, un souffle qui se définit par quelques phrases musicales toujours bien placées et sans aucune fioriture. Mais on devine une grande tristesse chez Desmond, pas toujours perceptible dans le swing, mais qui apparaît clairement quand il interprète une ballade (tout spécialement sur le très beau disque compilation *Brubeck Love Songs*). Son père, pianiste et accompagnateur de films muets, fut son premier professeur de musique, mais c'est d'abord avec la clarinette qu'il aborda le jazz. Puis en 1950 il opte pour le saxophone alto et, l'année suivante, il se joint au quartette du pianiste Dave Brubeck, dont il deviendra l'un des meilleurs solistes, si ce n'est la vedette, jusqu'en 1967. Son plus grand succès sera sans contredit *Take Five,* qui lui apportera une reconnaissance internationale ainsi que des droits d'auteur fort importants qu'il remettra en majeure partie à la Croix-Rouge. C'est aussi pendant sa collaboration avec Brubeck que Desmond enregistrera ses disques les plus marquants, notamment avec le guitariste Jim Hall et le saxophoniste baryton Gerry Mulligan. Les dernières années de sa vie furent assombries par un cancer auquel il succomba en 1974.

Bouche à oreille

Influences

LEE KONITZ (saxophone alto) *Live at the Half Note,* Verve

JOHNNY HODGES (saxophone alto) *Back to Back,* Verve

Même instrument

LENNIE NIEHAUS : *Lennie Niehaus Vol. 4 : The Quintet and Strings,* Original Jazz Classics

QUELQUES COMPAGNONS DE ROUTE

JIM HALL (guitare) *Textures,* Telarc

GERRY MULLIGAN (saxophone baryton) *Dream a Little Dream,* Telarc

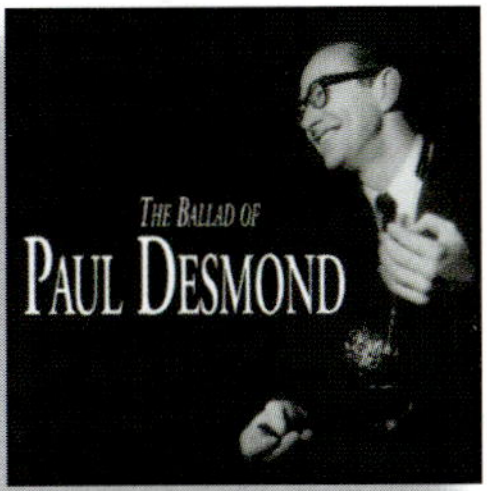

THE BALLAD OF PAUL DESMOND RCA Victor / BMG 9372
Tiré du superbe coffret *The Complete Paul Desmond RCA Victor Recordings (1961-1965)*, ce disque beau, bon, pas cher est un excellent choix pour qui désire s'initier à l'œuvre de ce grand saxophoniste alto au son si pur. « Ce que je recherche musicalement, c'est la clarté, la communication émotionnelle à un niveau qui ne soit pas trop évident, le genre de forme dans un solo qui ne vous frappe pas en pleine figure mais qui est là si vous la cherchez. » S'y trouvent plusieurs pièces à caractère latin : *Samba de Orfeu, Curaçao Doloroso* ou *Theme from « Black Orfeus »*, ainsi que quelques classiques comme *The Night Has a Thousand Eyes, All the Things You Are* et le très beau *Easy Living.*

THE COMPLETE PAUL DESMOND RCA VICTOR RECORDINGS FEATURING JIM HALL
RCA Victor Recordings 687 2, 5 CD
Ces cinq disques – *Desmond Blue, Bossa Antigua, Take Ten, Glad To Be Unhappy* et *Easy Living* – représentent l'essentiel de ce qu'a enregistré le saxophoniste pour la firme RCA en compagnie du guitariste Jim Hall. Un achat important qui vous fera découvrir bien des facettes de ce musicien surdoué qui s'exprime avec tant de volupté, de même que le merveilleux guitariste qu'est Jim Hall. Pour les amateurs de musique douce, cool et sensible.

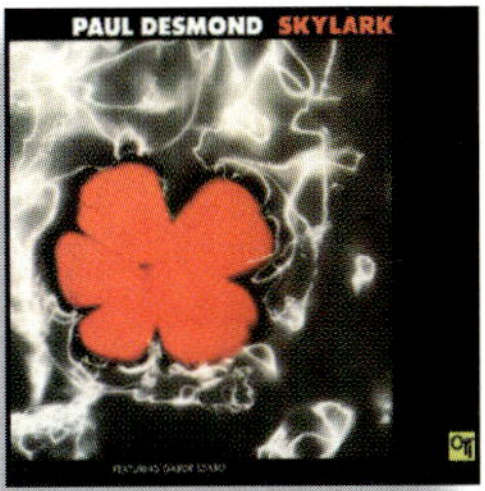

PAUL DESMOND : SKYLARK Columbia / Legacy 65133
En 1997, la compagnie Columbia ressortait de ses voûtes quelques disques réalisés par le producteur Creed Taylor sous étiquette CTI. Parmi eux, se trouvait un excellent disque de Paul Desmond enregistré trois ans avant sa mort, un classique qui comprend entre autres *Take Ten, Indian Summer, Was A Sunny Day* et *Music For A While*. Sensible, comme toujours, et attachant, Desmond est accompagné notamment par un guitariste peu connu, Gabor Szabo.

FONDÉ EN 1977

Plus de 20 ans après sa formation, le Dirty Dozen Brass Band reste le meilleur émule de ces fanfares, ou *marching bands,* qui ont fait les beaux jours du jazz à ses débuts. Cet ensemble, qui a su évoluer selon les courants musicaux, concocte des collages intelligents de pièces qui vont du rhythm and blues à la musique nouvelle-orléans et ses grands classiques, en passant par le funk. Si le Dirty Dozen Brass Band passe par chez vous, courez le voir, et préparez-vous à passer une soirée dansante et festive.

Fondé en 1977 à La Nouvelle-Orléans par le joueur de grosse caisse Benny Jones, le Dirty Dozen Brass Band, qui s'appelait à l'origine le Dirty Kazoo Band, était alors formé de huit musiciens, dans la plus pure tradition des fanfares de la ville. Au fil du temps, ce nombre augmentera à 15 (presque un grand orchestre), avec l'arrivée de Charles Joseph au trombone, de Jenell Marshall au tambour et de Kirk Marshall au sousaphone. Il aura fallu cinq ans avant que cette formation se fasse reconnaître sur les différentes scènes. Prise en main par l'influent producteur américain George Wein, elle est depuis de tous les festivals nord-américains, européens et même japonais.

Bouche à oreille

Même registre

DOCTEUR JOHN (piano, voix) *Going Back to New Orleans,* Atlantic
PRESERVATION HALL BAND (ensemble) *Live,* Sony
WILD MIGNOLAS (ensemble) *They Call Us Wild,* Polygram

D

THE DIRTY DOZEN BRASS BAND Columbia / Legacy 65046

Il s'agit là des meilleurs moments des Dirty Dozen enregistrés sous étiquette Columbia : 14 titres tirés des albums *Louisiana, Jelly, Voodoo, The New Orleans Album, Open Up... Whatcha Gonna Do for the Rest of your Life.* À moins de 15 dollars, c'est une aubaine et une merveilleuse façon de se familiariser avec cet ensemble capable de mettre en joie le plus triste personnage dès la première pièce – *Charlie Dozen* – qui en donne la mesure : forte section de cuivres, rythmes funk et unité de son. Pour la deuxième – *It's All Over Now* – les joyeux drilles ont convié le pianiste et chanteur Docteur John qui, depuis 35 ans, répand la bonne nouvelle du jazz directement de La Nouvelle-Orléans, son siège social en quelque sorte. Parmi les autres petits bijoux, *Don't You Feel My Leg,* du légendaire joueur de banjo Danny Barker, et la reprise de *Moose The Mooche,* du saxophoniste Charlie Parker.

BUCK JUMP THE DIRTY DOZEN BRASS BAND Attic 195-2

Beaucoup moins nouvelle-orléans que leurs productions précédentes, *Buck Jump* est certainement une particularité dans l'univers musical de cet ensemble, qui a cette fois fait appel au redoutable joueur d'orgue (Hammond B-3) John Medeski. Autant dire que ça swingue, et de belle façon. Enregistré en studio tout en donnant l'illusion du direct, ce disque allie avec bonheur rythmes des Caraïbes, salsa latine et esprit de La Nouvelle-Orléans « sauce Medeski ».

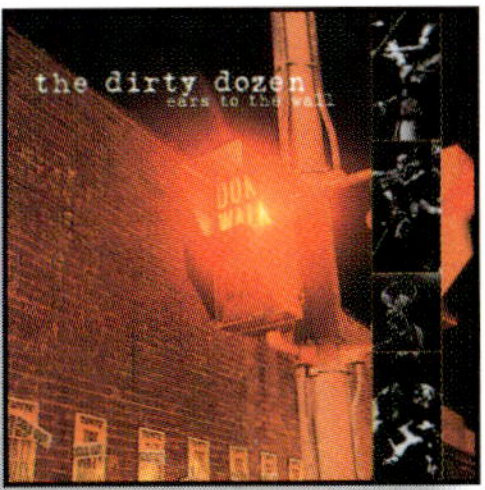

THE DIRTY DOZEN: EARS TO THE WALL Attic 142-2

Ni plus funk, ni moins nouvelle-orléans que les autres, ce disque enregistré en 1996 témoigne de la belle constance du groupe, et cela, malgré l'introduction de claviers qui apporte une petite touche « Earth Wind and Fire ».

DOLPHY ERIC | ÉTATS-UNIS

20 JUIN 1928 – 29 JUIN 1964

L'une des grandes figures du free jazz hélas! disparue trop tôt, le saxophoniste et flûtiste Eric Dolphy brilla comme un météore au firmament du jazz, qui vivait alors des moments exaltants. En l'espace de cinq ans, ce musicien qui refusait tout compromis quant à son style ou à ses improvisations plutôt complexes, collaborera avec les plus grands, leur apportant tout son dynamisme et souvent un souffle nouveau.

Celui qui a remis la flûte à l'honneur et qui a donné ses lettres de noblesse à la clarinette basse fait ses premières armes en 1958 dans l'orchestre du batteur Chico Hamilton. Peu de temps après, il entre dans un des fameux Workshops du contrebassiste Charlie Mingus, et en 1960, il participe à l'enregistrement de l'une des œuvres les plus mémorables du jazz moderne – *Free Jazz* – avec le saxophoniste Ornette Coleman. Sur cette lancée, le jeune saxophoniste sera de tous les enregistrements majeurs qui jalonnent les années 60: *The Blues and the Abstract Truth* avec Oliver Nelson, *Africa Brass* en compagnie de John Coltrane, ou encore les trois sessions avec le trompettiste Booker Little (lui aussi mort très jeune) au Five Spot, bref, pas moins de 26 disques, tous marquants. L'écoute n'en est pas toujours facile, il faut l'admettre, mais il importe de découvrir ce musicien qui a décidé de sauter les barrières et de sortir des sentiers battus avec cris et chuchotements ou grâce à des trouvailles aussi délicieuses qu'impromptues.

Bouche à oreille

Influences

THELONIOUS MONK (piano) *Brillant Corners*, Original Jazz Classics
CHARLIE PARKER (saxophone alto) *Boston 1952*, Uptown

A influencé

JOHN COLTRANE (saxophone ténor et soprano) *A Love Supreme*, Impulse!
YUSEF LATEEF (saxophone ténor, flûte) *Live at Pep's*, Impulse!

QUELQUES COMPAGNONS DE ROUTE

JAKI BYARD (piano)
Live, Prestige

FREDDIE HUBBARD (trompette)
Hub-Tones, Blue Note

OUTWARD BOUND Prestige 236-2

Ce tout premier enregistrement est aussi le plus accessible pour qui veut se faire une idée du personnage et de ses conceptions musicales. Dolphy ne s'éloigne pas encore beaucoup du hard bop, mais il manifeste déjà une façon toute personnelle de penser et de jouer. Par exemple, dans un classique comme *On Green Dolphin Street,* alors que le trompettiste Freddie Hubbard joue le thème principal, Dolphy, faisant plus que le soutenir, intervient presque à contretemps sans toutefois en déstructurer l'harmonie. On s'arrêtera aussi sur *Les,* ainsi que sur le très beau blues *245.* Il faut absolument souligner la qualité des musiciens qui entourent Dolphy : le trompettiste Freddie Hubbard (même si Miles Davis a dit de fort méchantes choses à son sujet), le pianiste Jaki Byard, le contrebassiste George Tucker et l'extraordinaire batteur Roy Haynes.

'OUT TO LUNCH' Blue Note 93 2 4

Enregistré quelques mois avant sa mort, *'Out to Lunch'* est certainement le disque le plus célèbre de la collection Dolphy. Au menu : déconstruction, aventures sonores et un Dolphy en très grande forme qui fait exploser les rythmes avec *Out to Lunch,* revoit le blues dans *Straight Up and Down* et fait frémir tous les amateurs de clarinette basse dans *Something Sweet, Something Tender.*

ERIC DOLPHY : THE ILLINOIS CONCERT Blue Note 26 2 8

En 1999, la compagnie Blue Note, surtout le producteur Michael Cuscuna, mettait la main sur un enregistrement inédit du saxophoniste : un moment de bonheur et un énorme cadeau pour tous les collectionneurs. Pour ce concert de l'Illinois (1963) puissant et explosif à souhait, Dolphy est en compagnie du pianiste Herbie Hancock, du batteur J.C. Moses et du bassiste Eddie Khan, auxquels se joint un grand orchestre pour les deux dernières pièces. Le titre d'une des plages résume assez bien Eric Dolphy dans le rôle de grand architecte : *Iron Man.*

24 MARS 1963 –

À 38 ans, le trompettiste et compositeur Dave Douglas est certainement un des musiciens les plus recherchés de sa génération ; il est aussi un de ceux qui ont reçu les plus grands honneurs puisqu'il fut élu en 1999 à la fois trompettiste et compositeur de l'année. Discret et attachant, il est très actif sur la scène musicale new-yorkaise. En regardant sa discographie de près, on se rend compte à quel point ce jeune homme a fait du chemin (et dans toutes les directions) depuis ses débuts avec l'orchestre du pianiste Horace Silver : 15 disques en tant que leader, une participation intense au sein de Massada, le groupe du saxophoniste John Zorn (10 CD), des collaborations diverses avec le clarinettiste Don Byron pour le très beau disque *Plays the Music of Michael Katz*, le saxophoniste Vincent Herring pour *American Experience* et le pianiste Uri Caine pour *Toys*.

Douglas est un sacré trompettiste, il est inventif et mène de front plusieurs projets avec différents groupes de son cru : The String Group, The Tiny Bell Trio, qu'il décrit comme un patchwork d'improvisation de musiques jazz et balkanique, de même qu'un quartette et un sextette composés d'excellents musiciens, dont le violoniste Mark Feldman, les batteurs Jim Black et Joey Baron, le violoncelliste Erik Friedlander et le contrebassiste Mark Dresser.

Bouche à oreille

Influences

LITTLE BOOKER J^R (trompette) *Out Front*, Candid

WOODY SHAW (trompette) *The Moontrane*, Muse

QUELQUES COMPAGNONS DE ROUTE

DON BYRON (clarinette) *Bug's Music*, Elektra

JOHN ZORN (saxophone alto) *Massada/Het*, DIW

DAVE DOUGLAS : CHARMS OF THE NIGHT SKY Winter & Winter 015-2

Il est difficile de classer ce disque dans la catégorie jazz, tellement il fait appel à d'autres musiques, d'autres temps et d'autres lieux. Le trompettiste, qui puise son inspiration dans les musiques slaves et tsiganes, nous invite aux rêves et aux voyages. On découvre les musiques juives et klezmer grâce à *Charms of the Night Sky,* on revisite l'univers de Fellini et Nino Rotta avec *Bal Masqué,* tandis que *Little One* nous ramène au temps de Stéphane Grappelli, de Django Reinhardt et des accordéonistes qui battaient le pavé parisien. C'est un disque superbe qui s'adresse tant aux amateurs de jazz (eh oui!) qu'à ceux et celles qui aiment le mélange des genres. On ne peut passer sous silence le travail attentif des musiciens de Dave Douglas : Mark Feldman au violon, Greg Cohen à la basse acoustique et le surprenant accordéoniste Guy Klucevsek.

DAVE DOUGLAS : SOUL ON SOUL BMG / RCA Victor 603-2

Un vibrant hommage à la pianiste Mary Lou Williams qui commença sa carrière en 1930 à Kansas City avec le grand orchestre de Andy Kirk et ses Clouds of Joy, et qui fit découvrir le génie de la guitare électrique Charlie Christian au producteur John Hammond. Brillante interprète, elle aura passé toute sa vie à faire de la recherche tout en collaborant avec Thelonious Monk, Bud Powell et le très contesté pianiste Cecil Taylor. Pour ce disque ambitieux et fouillé, le trompettiste Dave Douglas offre neuf pièces de son cru, et quatre seulement de la pianiste – *Aries, Mary's Idea, Waltz Boogie* et *Play it Momma* –, qu'il remodèle avec finesse. Une grande réussite que l'on doit attribuer aussi à ses accompagnateurs : Uri Caine (piano), James Genus (contrebasse), Joey Baron (batterie), Joshua Roseman (trombone), Chris Speed (saxophone/clarinette) et Greg Tardy (saxophone ténor, clarinette et clarinette basse).

30 JANVIER 1911 – 26 FÉVRIER 1989

Trompettiste de premier plan de l'époque swing, Roy Eldridge, surnommé «Little Jazz» à cause de sa petite taille, était un musicien exubérant, un féroce compétiteur qui ne s'en laissait imposer par personne et luttant de pied ferme avec les *boppers* lors de joutes musicales. Il est l'exemple parfait du jazzman chaleureux dont la musique remplie de swing et de prouesses faisait le bonheur d'un public avide de sensations fortes. Il serait toutefois injuste de réduire ce très grand musicien à ses seules performances, car il eut une influence importante sur bon nombre de trompettistes, dont Charlie Shavers, Harry Edison, Ziggy Elman et Dizzy Gillespie qui, tout au long de sa carrière, lui vouera une admiration infinie.

Roy Eldridge est avant tout un styliste qui a très vite trouvé son propre langage fondé sur des effets explosifs qui exigent une grande dextérité et un sens du swing hors du commun. Peu à l'aise dans les grands ensembles, il brillera surtout en petites formations; il avait cependant entrepris sa carrière dans de grands orchestres comme Les McKinney's Cotton Pickers, celui de Freddy Hill, puis celui de Fletcher Henderson, le plus important de l'époque. De 1939 à 1941, il dirigera sa propre formation avant de se joindre à celle du batteur Gene Krupa. On le retrouvera par la suite dans l'orchestre du clarinettiste Artie Shaw (1944-1945) et en tournée avec Benny Goodman (1950). À la fin de ce dernier engagement, il poursuivra sa carrière en *freelance*; il s'associera tour à tour avec la chanteuse Ella Fitzgerald pour une période de deux ans (1963-1965), puis avec le grand orchestre de Count Basie (1966), et enfin pour le Jazz at the Philharmonic avec lequel il fera de multiples tournées.

LITTLE JAZZ Columbia 684-2
Ce disque concept regroupe l'essentiel de l'œuvre de Roy Eldridge pour la période allant de 1935 à 1940. On retrouve le chaleureux trompettiste d'abord au sein du grand orchestre de Teddy Hill pour le morceau devenu célèbre *Christopher Columbus*. Les autres plages sont aussi passionnantes, puisqu'on peut l'entendre avec le pianiste Teddy Wilson ou encore avec Billie Holiday pour *Falling in Love Again*, ainsi qu'au sein de sa propre formation où il interprète quelques-uns de ses plus beaux solos dans *Wabash Stomp* et *Heckler's Stomp*.

DRUMMER MAN : GENE KRUPA BIG BAND FEATURING ANITA O'DAY AND ROY ELDRIDGE Verve 843-2
Enregistré sous le nom de Gene Krupa, batteur spectaculaire qui a fait les beaux jours du grand orchestre de Benny Goodman, ce disque est une très belle carte de visite pour Eldridge, qui y partage la vedette avec la chanteuse Anita O'Day. Dès la première plage, *Let Me Off Uptown*, le trompettiste attaque en mordant comme toujours dans les premières mesures avec un swing d'enfer et des montées époustouflantes dans les aigus. On réentendra avec plaisir sa pièce fétiche *After You've Gone* avant de se laisser éblouir par les prouesses de Gene Krupa dans *Drummin' Man*.

ROY AND DIZ Verve 647-2
On assiste ici à une rencontre magique comme seul le producteur Norman Granz savait en imaginer; Dizzy Gillespie et son idole Roy Eldridge, manifestement ravis de confronter leurs connaissances musicales respectives. Cet enregistrement de choix saura à coup sûr satisfaire tous les collectionneurs. Écoutons un instant *I've Found a New Baby*... c'est renversant! Chacun y va de ses plus belles trouvailles en taquinant l'autre; du grand jazz, des pièces magnifiques qui font chacune au moins neuf minutes.

E

2 NOVEMBRE 1967 –

Dans l'édition de fin d'année 2000 du magazine *Down Beat,* qui couronne chaque année les meilleurs musiciens, chanteurs et chanteuses, Kurt Elling suivait de très près le chanteur Mark Murphy, qui l'avait fortement influencé au début de sa carrière. Depuis quelques années, les jeunes chanteurs de jazz se font très rares et l'arrivée de ce jeune interprète est signe d'un renouveau, espérons-le, d'autant plus qu'il allie fort bien la poésie et le chant dans un climat tout à fait particulier. Il est intéressant de noter que, mis à part Mark Murphy, ce sont plutôt des « oubliés » comme Eddie Jefferson et Jon Hendricks, du célèbre trio Hendricks, Lambert and Ross, qui lui serviront de modèles, et non des stars comme Frank Sinatra ou Jimmy Rushing.

Ce jeune chanteur qui a déjà trois disques à son actif, savait dès son tout jeune âge qu'il monterait un jour sur les planches ; il a cependant pris des chemins bien tortueux pour y arriver, puisqu'il a passé plusieurs années sur les bancs de l'université pour finalement s'arrêter en cours de maîtrise en philosophie. « Ce que je voulais vraiment devenir, dira-t-il, c'est un poète capable de lire de grandes œuvres philosophiques. » Mais à la suite de sa rencontre avec le saxophoniste Von Freeman, il ne tardera pas à changer de voie. Il fera ses débuts dans le métier à Chicago, sa ville natale, à laquelle il rendra cinq ans plus tard, ainsi qu'au club Green Mill qui lui avait donné sa première chance, un très bel hommage avec *Live in Chicago*.

Bouche à oreille

Influences

JON HENDRICKS (chanteur) *Love,* Muse

MARK MURPHY (chanteur) *Rah,* Original Jazz Classics

Coup de pouce

« VON » FREEMAN (saxophone ténor) *Lester Leaps In,* Steeple Chase

KURT ELLING : THE MESSENGER Blue Note 27 2 1

Voilà un disque rempli de surprises. Par exemple, Elling y reprend à son compte une des plus belles ballades du jazz – *Nature Boy* –, à laquelle il ajoute un peu de piquant en l'entonnant sur un rythme très lent qui se transformera peu après en samba. L'opération étant réussie, on est immédiatement conquis. Puis c'est *April in Paris* qui devient entre « ses cordes vocales » une danse aérienne cadencée par la trompette très « Miles » de Robert Davis et les rythmes funk de sa superbe section rythmique, Laurence Hobgood au piano, Eric Hochber à la basse acoustique et Paul Wertico à la batterie. Et vous ne serez pas déçu par son interprétation de *Prelude to a Kiss,* de Duke Ellington, non plus que par *Time of the Season,* que chante Cassandra Wilson.

KURT ELLING : THIS TIME FOR LOVE Blue Note 543-2-6

Comme le titre le laisse entendre, ce sont des ballades que nous offre ici Kurt Elling, mais sur un tempo bien à lui. Par exemple, le très joli *The Best Things Happen While You're Dancing,* chanté en chœur par les membres du groupe, rappelle immédiatement Glenn Miller et les années swing, tandis que *Rosa Morena* a la douceur des sambas brésiliennes.

LIVE IN CHICAGO Blue Note 211 2 7

Le disque de la consécration, qui immortalise deux soirées au cours desquelles Kurt Elling a réuni des amis qui lui sont chers : le chanteur Jon Hendricks et les saxophonistes Eddie Johnson, Ed Petersen et « Von » Freeman. On y est convié à une promenade dans l'univers du chanteur grâce à *Smoke Gets In Your Eyes, (I Love You) For Sentimental Reasons, My Foolish Heart*... Et à partir de la onzième plage, c'est véritablement la fête avec *Goin' to Chicago* en compagnie du chanteur Jon Hendricks.

E

29 AVRIL 1899 – 25 MAI 1974

Tout autant que George Gershwin, Cole Porter ou Irving Berlin, le compositeur et chef d'orchestre Edward Duke Ellington est aujourd'hui reconnu comme une figure marquante de la musique américaine. Il disait lui-même – avec beaucoup de modestie: «Ma musique est au-delà de toutes catégories.» Quoi qu'il en soit, il se place à n'en pas douter au rang des grands compositeurs du xxe siècle, car d'une époque à l'autre, la musique du Duke est toujours aussi originale, colorée et poétique, qu'il s'agisse d'œuvres comme *Black, Brown and Beige,* en hommage au peuple noir, *A Tone Parallel to Harlem,* ou encore toutes les grandes suites qu'il a écrites au fil des ans: *Queen's Suite, Suite Thursday, Goutelas Suite,* et certainement la plus belle de toutes, *The New Orleans Suite.*

Tout l'art de Duke Ellington réside dans cette façon de composer en ayant toujours le public au centre de ses préoccupations, puisque c'est lui qu'il veut toucher, émouvoir ou ravir. Sachant allier à l'invention

orchestrale la richesse de la mélodie et son rythme surtout, son leitmotiv était *It Don't Mean A Thing (If It Ain't Got That Swing),* avant de devenir le titre d'une de ses pièces les plus connues. Il va donc pendant plus de 50 ans parcourir la planète et donner des milliers de concerts sans jamais faire de concessions sur son art ; aujourd'hui, nombre de ses compositions sont vues comme des classiques, sinon des chefs-d'œuvre : *Satin Doll, Take The 'A' Train, Mood Indigo, Ko-Ko, Cotton Tail, Caravan...*

Ce grand chef d'orchestre aura aussi beaucoup écrit, spécialement pour tel ou tel de ses solistes, qui lui sont d'ailleurs pour la plupart restés fidèles toute leur vie. Que l'on songe au saxophoniste Johnny Hodges (1928-1951, 1955-1970), au baryton Harry Carney (1927-1974), au très bouillant ténor Paul Gonsalves (1950-1974) ou au trompettiste Cootie Williams (1929-1940, 1962-1974). Grâce à cette constance, il tirera le meilleur de lui-même et de ses musiciens, qui donneront de ses pièces des bijoux d'interprétation.

THE DUKE : THE ESSENTIAL COLLECTION, 1927-1962 Columbia / Legacy 841, 3 CD
À l'occasion du centième anniversaire de Duke Ellington, en 1999, la compagnie Columbia, qui détient une bonne partie de ses enregistrements, a demandé au pianiste et spécialiste du jazz Henri Renaud de concevoir un coffret qui serait un miroir de l'œuvre de ce magicien qui, d'un coup de baguette magique, faisait des sons un véritable feu d'artifice. En trois périodes bien distinctes, 1927-1940, 1947-1952 et 1956-1962, le profane découvrira le célèbre style jungle des débuts avec *Black and Tan Fantasy, The Mooche* ou *East St. Louis Toodle-oo,* de même que les merveilleux musiciens que furent Buber Miley (trompette), Tricky Sam Nanton (trombone), Cootie Williams (trompette), Barney Bigard (clarinette) et Johnny Hodges (saxophone alto). Tout aussi essentiels sont les grands classiques de cette époque : *Caravan, In a Sentimental Mood, It Don't Mean A Thing (If It Ain't Got That Swing)* et le très langoureux *Prelude to a Kiss*. Au fil des années, le style jungle s'atténuera un peu et l'on découvrira *The Star-Crossed Lovers* et *Satin Doll.* Une magnifique initiation à bon prix.

THE BLANTON WEBSTER BAND RCA / Bluebird 659-2, 3 CD
Chacun de ces enregistrements témoigne d'un moment pivot dans la vie du Duke. Le premier donne la vedette à Jimmy Blanton, un jeune contrebassiste que Ellington vient de faire entrer dans son orchestre et qui, durant sa trop brève carrière (il mourra à 23 ans), saura donner à la contrebasse un rôle de premier plan, notamment dans l'improvisation mélodique. Sur le deuxième, c'est le saxophoniste ténor Ben Webster qui a le beau rôle ; il fera de *Cotton Tail* une pièce de référence. Et enfin, le trompettiste Cootie Williams interprète le *Concerto for Cootie,* écrit pour lui par Ellington et que le compositeur et musicologue André Hodeir qualifiera de chef-d'œuvre.

THE DUKE ELLINGTON CENTENNIAL EDITION (1927-1973) RCA Victor / BGM 386-2, 24 CD
Voici réuni en six étapes tout ce que Duke Ellington a enregistré pour le label RCA Victor. Certes, c'est un investissement considérable, mais qui vaut son pesant de délices. On ne peut que saluer le travail des Dan Morgensten, Stanley Crouch, Stanley Dance et Orrin Keepnews qui ont constitué un catalogue raisonné de l'œuvre du Duke aussi fascinant qu'un beau livre sur Braque ou Picasso. Rien n'y manque : des premiers enregistrements au Cotton Club à l'hommage à Billy Strayhorn – *And his Mother Called him Bill* –, des trois concerts sacrés aux multiples tournées partout dans le monde *(The Far East Suite, The Latin American Suite)*. Tout l'art d'un homme de génie que beaucoup considèrent comme l'un des plus grands compositeurs américains.

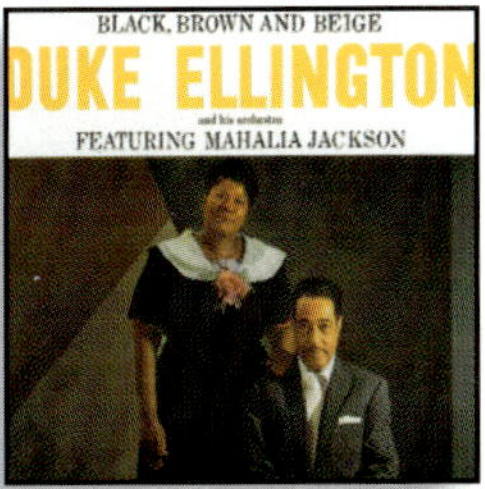

BLACK, BROWN AND BEIGE: DUKE ELLINGTON AND HIS ORCHESTRA FEATURING MAHALIA JACKSON Columbia / Legacy 566

Black, Brown and Beige est certainement l'œuvre la plus ambitieuse du compositeur. Présentée pour la première fois en 1943 au somptueux Carnegie Hall, elle se veut un portrait de la société noire américaine, mais aussi du peuple noir en son entier. Autant dire qu'il fallait une certaine audace compte tenu du contexte politique et social de l'époque. En 1958, Duke Ellington fait appel, pour l'enregistrement de ce manifeste, à la grande chanteuse gospel Mahalia Jackson, certainement celle qui connaît alors le mieux toutes les subtilités de ces chants magnifiques et poignants. Plus qu'une rencontre artistique, c'est la démarche courageuse de deux apôtres qui n'hésitent pas à mettre leur art au service de la cause qu'ils défendent. Cette nouvelle version parue en 1999 nous fait entendre, entre autres moments de recueillement, Mahalia Jackson *a cappella* dans l'émouvant *Come Sunday*. Juste pour cette pièce, on achète.

COMPLETE ELLINGTON AT NEWPORT Columbia / Legacy 932

L'année 1956 marque un renouveau pour le grand orchestre de Duke Ellington, qui avait vu entre 1950 et 1955 quelques-uns de ses meilleurs éléments partir à leur propre compte, le plus connu étant le saxophoniste alto Johnny Hodges. Invité en dernière partie du fabuleux festival, Ellington avait pour l'occasion préparé une suite – *Part 1 – Festival Junction* –, ainsi que quelques grands classiques dont *Sophisticated Lady, Black And Tan Fantasy*... Mais c'est le très ancien *Diminuendo in Blue and Crescendo in Blue* (1938), qui rendra ce concert à jamais mémorable ; s'en étant vu confier l'intervalle, le saxophoniste Paul Gonsalves attaque le premier chorus pour enchaîner sans reprendre son souffle jusqu'au vingt-septième, ce qui aura pour effet de survolter la foule tout autant que l'orchestre ! C'est là une pièce d'anthologie, un monument de swing digne des plus beaux concerts rock, qu'on doit aussi en grande partie au batteur Sam Woodyard. Cette nouvelle version de *Ellington at Newport* est augmentée de quelques morceaux réalisés en studio avec de faux applaudissements. Essentiel.

DUKE ELLINGTON... AND HIS MOTHER CALLED HIM BILL RCA / Bluebird 2-87-2 RB

Magnifique au revoir du Duke à un ami très cher et compagnon de longue date qui fut pendant 40 ans son alter ego. Billy Strayhorn avait composé le thème de l'orchestre, *Take the 'A' Train*, de même que *Day-dream, Blood Count, Lotus Blossom* ou *Smada*. Ses vieux copains lui rendent donc hommage : Johnny Hodges donne une de ses meilleures interprétations de *Day-dream*, tandis que le saxophoniste baryton Harry Carney évoque avec sobriété et émotion, dans *Lotus Blossom*, celui qui fut un frère plein d'attention et un créateur de tous les instants.

E

16 AOÛT 1929 – 15 SEPTEMBRE 1980

Bill Evans est, avec Bud Powell, un des plus grands pianistes du jazz moderne et dont on a dit qu'il « était le plus romantique des pianistes ». Son existence fut marquée par différents drames (plusieurs décès dans sa famille), de même que par des problèmes de drogues qui auront finalement le dessus sur une santé fragile. Toute la musique de cet être d'exception sensible et replié sur lui-même reflète donc ces hauts et ces bas de la vie, un peu comme dans le cas de Charlie Parker ou du pianiste classique Glenn Gould avec lequel le rapprochement est inévitable. Il n'est pas nécessaire de l'écouter longtemps pour tomber sous le charme de ce musicien qui, penché sur son piano, sourd aux événements extérieurs, travaillait ses harmonies avec une touche toute personnelle faite de nuances, de *feelings,* d'émotions à fleur de peau.

Bill Evans commence à étudier le piano dès l'âge de six ans, apprentissage qu'il poursuivra jusqu'à l'université Southeastern, en Louisiane. En 1956, il grave son premier disque *New Jazz Conceptions,* et en 1958, Miles Davis le recrute au sein de son sextette. Un an plus tard, ils enregistrent ce qui deviendra

l'un des plus célèbres disques de tous les temps, *Kind of Blue,* un chef-d'œuvre absolu qui lui doit beaucoup et qui lui vaudra cet hommage de Davis : « Il avait cette flamme tranquille que j'adorais au piano. Sa sonorité, c'était comme des notes de cristal ou une eau scintillante qui dégringole d'une cascade limpide[3]. »

Dès lors, Evans entreprend une grande carrière. Il forme un trio, certainement son meilleur, avec le batteur Paul Motian et le contrebassiste Scott LaFaro, en compagnie desquels, mettant en pratique ses conceptions stylistiques, il gravera trois disques, dont *Sunday at the Village Vanguard.* Après la mort accidentelle de LaFaro (qui l'ébranlera), il continuera malgré tout à enregistrer avec d'autres contrebassistes tout en collaborant avec le guitariste Jim Hall, le saxophoniste Stan Getz ou l'arrangeur Oliver Nelson. Il formera deux autres trios avec les contrebassistes Eddie Gomez et Marc Johnson, et les batteurs Elliott Zigmund et Joe La Barbera.

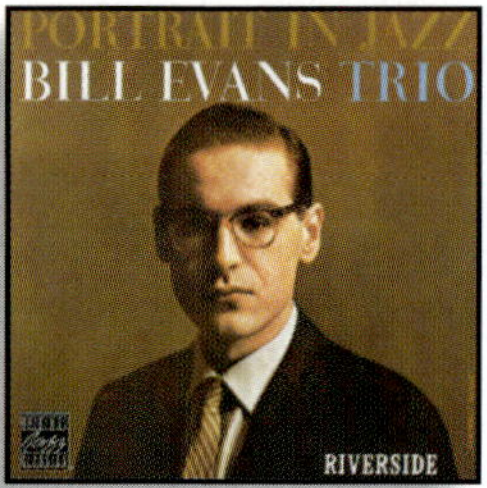

PORTRAIT IN JAZZ Riverside 903
EXPLORATIONS Riverside 904
SUNDAY AT THE VILLAGE VANGUARD Riverside 998
Voici trois disques à prix modique à écouter en rafale pour qui veut entrer dans l'univers de ce musicien au lyrisme encore inégalé. *Portrait in Jazz,* le premier enregistrement du trio Evans/Motian/LaFaro, comprend des classiques comme *Autumn Leaves* ou *Come Rain or Come Shine* qui se démarqueront par l'interprétation qu'en donnent ces merveilleux solistes et qui provoquera tout un remous dans le monde du jazz: intériorisation, sensibilité, superbes lignes mélodiques du bassiste Scott LaFaro, bref, 45 ans après, pas une pièce n'a pris une ride. Sur *Explorations,* qui prolonge le travail du trio, on redécouvre deux autres monuments, *Israel* et *Nardis.*

Quant à *Sunday At The Village Vanguard,* il illustre au plus haut point cet éternel souci qu'il avait d'une unité sans faille entre les membres de son trio. Ce disque tire aussi son importance du fait que le bassiste disparaîtra peu de temps après.

THE COMPLETE BILL EVANS ON VERVE (1957-1970) Polygram / Verve 532-8, 18 CD
L'équipe de Verve a accompli un travail magistral en réunissant l'intégralité des enregistrements connus et inconnus du pianiste pour une période de 13 ans. Seul hic, le prix qui dépasse les 200 dollars représente un investissement assez onéreux pour le simple amateur. Mais les compagnies de disques ont plus d'un tour dans leur sac; aussi Polygram a mis sur le marché un condensé de ces enregistrements, uniquement des *Live* cependant, tels que *The Best of Bill Evans, Live on Verve,* ce qui est un peu limitatif. (Tout en recommandant le coffret, on ne saurait passer sous silence le fait que, présenté dans une boîte de métal qui rouille, il est très laid et plus que salissant!)

Parmi les chefs-d'œuvre ainsi présentés (et qui sont tous vendus à l'unité), on retiendra *Conversations With Myself* et *Further Conversations With Myself.* Soulignons aussi *Trio 64,* avec le contrebassiste Gary Peacock et le batteur Paul Motian, *At The Montreux Jazz Festival* et *California, Here I Come,* pour ce merveilleux batteur que fut Philly Joe Jones. Et que dire de *Bill Evans Trio With Symphony Orchestra, Monica Zetterlund and Bill Evans* ou *Waltz for Debby*? Unique!

BILL EVANS : THE COMPLETE RIVERSIDE RECORDINGS 1959-1963 Riverside 018, 12 CD

Les inconditionnels de Bill Evans trouveront dans ce coffret, le premier de quatre, tous les enregistrements de la période Riverside, dont les grandes soirées au Village Vanguard, les sessions avec Miles Davis, sa rencontre avec le saxophoniste Cannonball Adderley, le trompettiste Freddie Hubbard... Un moment indispensable, pour les fans tout au moins, dans le fascinant cheminement de ce grand styliste.

YOU MUST BELIEVE IN SPRING Warner 3504-2

Le disque du calme et de la volupté marqué d'une infinie tristesse. Toujours avec ses complices Gomez et Zigmund, il se souvient de son frère – *We Will Meet Again (For Harry)* – et de son ex-femme – *B Minor Waltz (For Ellaine)* –, tous deux disparus tragiquement.

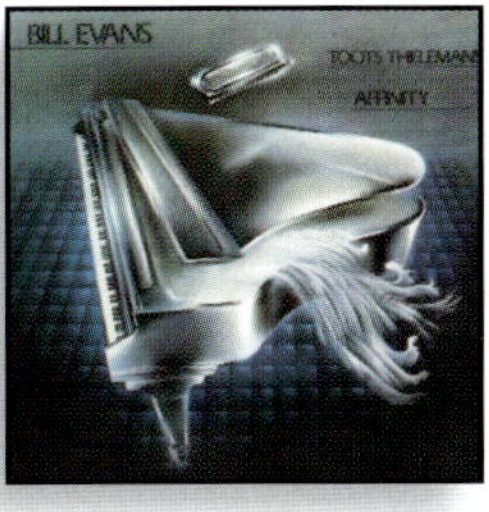

AFFINITY Warner 7387-2

On ne saurait mieux décrire l'atmosphère dans laquelle Evans et l'harmoniciste Toots Thielemans nous offrent en toute connivence des pièces comme *The Days Of Wine And Roses, I Do It For Your Love,* de Paul Simon, ou encore le classique *Body & Soul.* Lyrisme, dites-vous ? Plus que cela ... de la tendresse.

13 MAI 1912 - 20 MARS 1988

Ernest Gilmore Green, tout autodidacte qu'il fut, est considéré comme l'arrangeur le plus génial du jazz moderne. Il n'est pas difficile de réaliser combien il a «forcé» l'évolution du jazz, tant par son invention d'harmonies nouvelles que par l'importance qu'il accordait aux solistes. *Birth of the Cool,* sa première collaboration avec Miles Davis, marque la naissance du mouvement cool, tandis que ses arrangements de *Sketches of Spain, Quiet Nights, Porgy and Bess, Live at the Carnegie Hall* transforment du tout au tout la direction orchestrale. Toujours à la recherche de sonorités inédites et jamais à court d'idées, il s'intéresse très tôt aux synthétiseurs de même qu'à la musique rock, ce qui débouchera sur le puissant *Svengali* ainsi que sur *Plays Jimi Hendrix.*

Son association avec Miles Davis lui ayant apporté la notoriété, il signera sous son propre nom, entre 1957 et 1959, quatre grands disques: *Plus Ten, New Bottle, Old Wine, Great Jazz Standards* et le plus important de tous, *Out of the Cool.* Il y fait déjà montre de sa maîtrise des textures instrumentales et des harmonies, tout autant que de la richesse de ses coloris impressionnistes, qualités rares qui se confirmeront avec *Individualism of Gil Evans*. Après avoir collaboré avec le guitariste Kenny Burrel aux arrangements d'un disque sombre et étrange, *Guitar Forms,* il se retire quelque peu de la scène afin de poursuivre ses recherches, ne se produisant que de temps en temps avec diverses formations. En 1973, il revient à la tête d'un *big band* électrique composé de jeunes musiciens comme le saxophoniste David Sanborn et les trompettistes Lew Soloff, Jon Faddis et Hannibal Marvin Peterson. Jusqu'à sa mort, il continuera d'explorer l'univers des sons avec le Big Band Lumière de Laurent Cugny ou tous les lundis au Sweet Basil de New York, sans oublier ce magnifique disque enregistré quelques mois avant avec le saxophoniste Steve Lacy: *Paris Blues* (Owl). «Dans la lignée de Duke Ellington – écrira Laurent Cugny –, Gil Evans restera comme l'inventeur d'un langage pour le jazz orchestral, où l'accent est mis sur la diversité des couleurs sonores et des sources d'inspiration[4].»

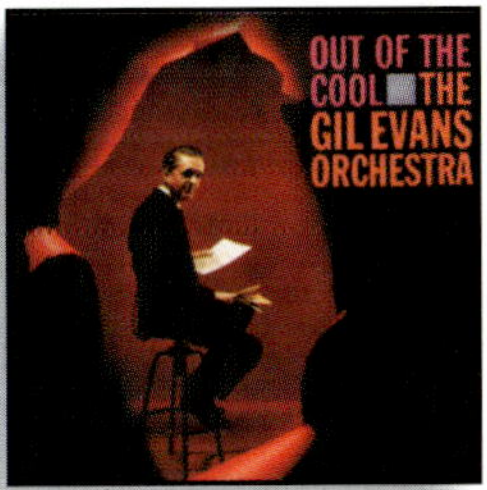

OUT OF THE COOL : THE GIL EVANS ORCHESTRA Impulse! 186

Les grands thèmes qui préoccupent alors le compositeur et arrangeur se dégagent de ce disque qui, comme l'annonce son titre, veut sortir des ornières du jazz cool. Evans dirige un *big band* de 14 musiciens qui comprend entre autres deux batteurs, Charli Persip et Elvin Jones, ainsi qu'un flûtiste, un bassoniste et un joueur de piccolo. Le matériel est complexe et les arrangements, subtils. Dès la première écoute, on accroche au très long *La Nevada* (15 min. 33 sec.) et à l'inquiétant *Where Flamingos Fly* qui s'ouvre sur un long solo *bluesy* du trombone Jimmy Knepper. Plus classique est le *Sister Sadie*, popularisé par le pianiste Horace Silver et qui, entre les mains de Gil Evans, retrouve d'autres couleurs dépeintes en toute liberté par chacun des musiciens.

NEW BOTTLE OLD WINE Pacific Jazz 855 2

Que des standards du jazz, et pas n'importe lesquels: *St. Louis Blues, King Porter Stomp, Manteca* ou *'Round Midnight*. L'entreprise est difficile mais Gil Evans, qui a choisi de faire du neuf avec du vieux, s'est entouré pour ce faire d'un orchestre puissant composé de solistes de choix: Paul Chambers à la contrebasse, Philly Joe Jones et Art Blakey à la batterie, et le sublime saxophoniste alto Cannonball Adderley qui tient le haut du pavé dans presque toutes les pièces. Une magnifique carte de visite pour ce musicien chaleureux qui explose dès *St. Louis Blues* et se montre digne du grand saxophoniste ténor que fut Lester Young dans *Lester Leaps In*.

GREAT JAZZ STANDARDS Pacific Jazz 856 2

Toujours des standards... *Davenport Blues, Joy Spring, Django...* Les arrangements de Evans sont comme des écrins qui mettent en valeur le talent de tous ces musiciens qui ont décidé de l'accompagner dans cette aventure: Curtis Fuller au trombone, Steve Lacy au saxophone soprano et Elvin Jones à la batterie. Cette relecture ne peut laisser personne indifférent, et pour vous en convaincre, vous n'aurez qu'à écouter *Ballad of the Sad Young Men*. De toute beauté, tout comme le célèbre *Davenport Blues*, composition de l'une des figures les plus tragiques du jazz, le trompettiste Bix Beiderbecke.

25 AVRIL 1917 - 15 JUIN 1996

Dans une bonne discothèque de jazz, il est tout aussi essentiel de voir figurer Ella Fitzgerald que Billie Holiday ou Sarah Vaughan, ne serait-ce que parce qu'il y manquerait cette fraîcheur, ce swing dont on ne se lasse jamais. Qu'elle soit en compagnie de Oscar Peterson, de Count Basie ou de Louis Armstrong, elle est toujours restée cette « First Lady of Song » dotée d'une voix incroyable - son registre s'étendant sur plusieurs octaves - et qui se mêlait si bien aux orchestrations. Capable des improvisations les plus folles comme ce jour, au festival de Juan-les-Pins, où distraite par des cigales en cours d'enregistrement, elle leur fait l'honneur du *Cricket Song,* démontrant une sensibilité à fleur de peau en même temps qu'une rare profondeur quand elle interprète les *Song Books* de Cole Porter ou qu'elle revisite, en compagnie de Louis Armstrong, le magnifique *Porgy and Bess,*

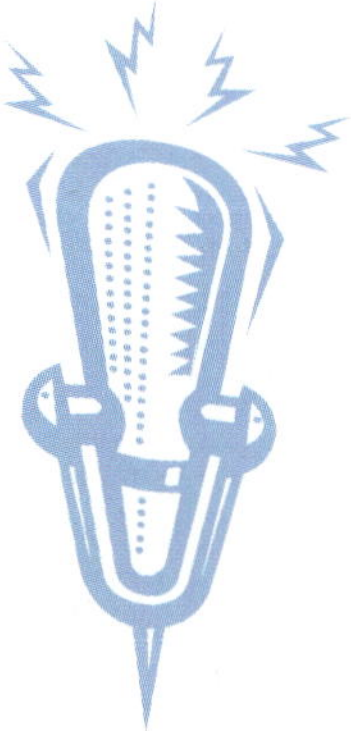

Ella Fitgzerald restera la chanteuse de swing par excellence, et certainement la plus connue du continent jazz.

Sa carrière débute en 1934 quand, âgée de 16 ans, elle remporte à l'Opera House de Harlem un concours d'amateurs. Le batteur Chick Webb, qui avait le flair pour débusquer de nouveaux talents, lui offre alors de devenir la chanteuse attitrée de son orchestre ; à sa mort en 1940, elle en prendra la tête pour deux ans. Puis elle décidera de voler de ses propres ailes, ce qui la conduira pendant plus de 50 ans à chanter et à enregistrer avec les plus grands du jazz, souvent dans le cadre des tournées du Jazz at the Philharmonic, mais aussi accompagnée de trios (ce qu'elle aimait le plus) avec des musiciens aussi prestigieux que Oscar Peterson, Tommy Flanagan, Herb Ellis, Buddy Rich ou Jo Jones.

ELLA IN BERLIN: MACK THE KNIFE Verve 670-2

Parmi tous les disques qu'a enregistrés Ella Fitzgerald au cours de sa très longue carrière, celui-ci est un *must,* ne serait-ce que parce que c'est grâce à lui qu'elle a reçu cette année-là deux Grammy Awards pour la meilleure performance vocale et en tant que meilleure chanteuse de jazz. Ce concert, qu'elle a donné devant 12 000 personnes durant une tournée du Jazz at the Philharmonic, comprend des classiques comme *Gone with the Wind, Too Darn Hot, The Lady is a Tramp,* qu'elle réinvente grâce à un scat[5] éblouissant rendu à sa manière et, bien sûr, l'inévitable *Mack the Knife,* qui commence par des rires. À ses côtés, on notera la présence du merveilleux et subtil guitariste Jim Hall.

ELLA IN THE GROOVE BMG 702-2

Sous un emballage insignifiant et un titre anodin se niche là une petite perle. On pourrait croire qu'il s'agit d'un disque de plus, destiné à tirer profit d'une des chanteuses les plus populaires du jazz, mais détrompez-vous. Cet enregistrement d'une toute jeune Ella à la tête de son grand orchestre fleure bon le swing des années 30, avec au menu *Sing Song Swing,* chanté de façon assez western, et de belles ballades – *The Starlit Hour, Please Tell Me the Truth* –, le tout en compagnie d'un orchestre tout sourire devant sa nouvelle directrice.

THE COMPLETE ELLA FITZGERALD & LOUIS ARMSTRONG Verve 284-2, 3 CD

En l'espace d'un an, les deux monstres sacrés se rencontrent à trois reprises grâce aux bons offices du producteur Norman Granz (qui s'ingénia à promouvoir le jazz). Bien qu'il soit possible de se procurer ces disques à l'unité, et cela depuis longtemps, on sera séduit par l'emballage du coffret et par le livret extrêmement riche qui raconte l'histoire de ces trois enregistrements, quintessence d'un jazz on ne peut plus classique qui ne sera jamais égalé. Pour les amateurs de standards, c'est un vrai régal: *April in Paris, Moonlight in Vermont, A Fine Romance, Stompin' at the Savoy,* sans oublier l'opéra *Porgy and Bess* sous la direction du chef d'orchestre Russell Garcia. La rythmique maison est assurée par Oscar Peterson au piano, Buddy Rich et Louie Bellson à la batterie, Ray Brown à la contrebasse et Herb Ellis à la guitare. Par ailleurs, et c'est une bonne surprise, cinq plages de ce coffret proviennent de concerts donnés en public au Hollywood Bowl, en 1956.

ELLA FITZGERALD SINGS THE IRVING BERLIN SONG BOOK Verve / Master Edition 830-2, 2 CD

THE COMPLETE ELLA FITZGERALD SONG BOOKS Verve 720-2, 16 CD

On ne compte plus les *Song Books* qu'a interprété Ella Fitzgerald au long de sa carrière. Celui de Irving Berlin est particulièrement intéressant parce qu'il est moins connu, mais aussi parce qu'il permet à la chanteuse d'exploiter toutes les facettes de son art. Plutôt taquine dans *Puttin' On the Ritz* et *Alexander's Ragtime Band,* elle se montre pleine d'énergie dans *Blue Skies* et plus que sensuelle dans *How Deep Is the Ocean?* ou *All by Myself.*

Les nostalgiques qui craquent pour ces *Song Books* se réjouiront d'apprendre qu'il y a déjà quelques années, la compagnie Verve en éditait l'intégralité, c'est-à-dire ceux de Rodgers et Hart, Irving Berlin, George et Ira Gershwin, Harold Allen, Jerome Kern, Johnny Mercer et, certainement le plus brillant de tous, celui qu'elle a enregistré avec le grand orchestre de Duke Ellington. Un seul inconvénient, le prix élevé!

ELLA FTZGERALD : THESE ARE THE BLUES Verve 536-2

Officiellement, Ella n'a jamais chanté de blues... Voici donc un enregistrement de prédilection pour le collectionneur (attention, il y a peu de copies en circulation!) sur lequel elle interprète notamment *Jail House Blues,* de l'impératrice du blues Bessie Smith, *See, See Rider, How Long, How Long Blues,* et un très beau *Hear me Talking to Ya,* de Louis Armstrong. On notera la présence de l'organiste Wild Bill Davis, vieux routier du swing, et du trompettiste Roy Eldridge, fort tranquille, pour une fois.

NEWPORT JAZZ FESTIVAL : ELLA FITZGERALD LIVE AT CARNEGIE HALL, JULY 5, 1973 Columbia / Legacy 809, 2 CD

Le disque de la célébration. En clôture du festival de Newport, à New York, Ella Fitzgerald retrouve quelques vieux complices des beaux jours avec l'orchestre de Chick Webb. Tendres moments où elle reprend quelques-uns de ses grands succès, dont *A-Tisket A-Tasket, Stompin' at the Savoy, Indian Summer.* En seconde partie, ce sont des ex-membres du Jazz at the Philharmonic – le trompettiste Roy Eldridge, le trombone Al Grey, le guitariste Joe Pass et le saxophoniste Eddie «Lockjaw» Davis – qui se joignent à la fête.

18 MARS 1951 -

Voici de loin le guitariste le plus étonnant à être apparu sur la scène du jazz au cours des 20 dernières années. Qualifier Bill Frisell de musicien de jazz est un peu restrictif, car ses harmonies sont aussi diverses que les sources auxquelles il puise son inspiration. À l'encontre de Jim Hall (avec qui il a étudié) ou de John Scofield, ce n'est pas grâce à sa technique qu'il impressionne mais bien par un extraordinaire talent de compositeur et une inventivité qui semble sans limites.

Encore enfant, Frisell commencera par apprendre la clarinette avant de décider de se consacrer à la guitare, qu'il ira étudier à l'université du Colorado en même temps que la composition. Puis en 1975, il sera accepté au prestigieux Berklee College of Music de Boston où il suivra des cours d'arrangeur et de compositeur. Côté jazz, ses premiers modèles seront évidemment Wes Montgomery et le très subtil Jim Hall.

En 1981, il a la chance de rencontrer le batteur Paul Motian qui le fait aussitôt entrer dans son quartette, et un an plus tard, il enregistre son premier disque, *In Line*. Tout en poursuivant son travail de guitariste et de compositeur pour son propre compte, il collabore avec le contrebassiste Charlie Haden au sein du Liberation Music Orchestra, avec le saxophoniste Julius Hemphill et son Jah Band, de même qu'avec la compositrice Carla Bley.

Bouche à oreille

Coup de pouce

PAUL MOTIAN (batterie) *One Time Out*, Soul Note

QUELQUES COMPAGNONS DE ROUTE

CARLA BLEY (pianiste, chef d'orchestre) *Musique Mecanique*, Watts/ECM

CHARLIE HADEN (contrebasse) *Quartet West*, Verve

HAVE A LITTLE FAITH Elektra / Nonesuch 316-2
NASHVILLE Elektra / Nonesuch 41-5
Deux disques fort différents mais qui, en un sens, se rejoignent par leur éclectisme aussi bien que par la lecture qu'on peut en faire des motifs et credos de Frisell. Avec *Have a Little Faith* enregistré en 1992, ce dernier évoque certains musiciens qui ont marqué son enfance, comme Muddy Waters, Sonny Rollins ou le compositeur Aaron Copland, mais il est aussi tout à fait actuel avec par exemple une chanson de Madonna, *Live to Tell.* On sera peut-être surpris par un tel bazar musical, mais il illustre fort bien la manière Frisell, qui n'hésite pas à emprunter le meilleur de chaque monde pour exprimer ses vues, ce qu'il fait ici en compagnie d'excellents musiciens : Don Byron à la clarinette, Guy Klucevsek à l'accordéon, Joey Baron à la batterie et Kermit Driscoll à la contrebasse.

De *Nashville,* qui sonne résolument country folk, comme il se doit, on dira sans crainte que c'est certainement l'un de ses meilleurs disques. Si Bill Frisell s'y montre économe dans ses mélodies, c'est pour mieux rendre ce sentiment de solitude qui habite les gens des plaines, tout comme autrefois les cow-boys. Il reprend à la guitare la très belle pièce de Neil Young, *One of These Days,* tandis que la voix de Robin Holcomb, que souligne en douce l'harmonica de Pat Bergson, fait merveille dans *Go Jake.* Une autre façon de découvrir les « jours de plaine » qu'a si bien chantés Daniel Lavoie.

GOOD DOG, HAPPY MAN Elektra / Nonesuch 536-2
Une autre façon d'exprimer ses sentiments à la guitare, puisque cette fois-ci, Bill Frisell a fait appel à un de ses confrères, le talentueux guitariste Ry Cooder, pour nous faire rêver au son de douces ballades. Un disque méditatif et brillant, parce qu'on a affaire à un coloriste qui déploie toute sa palette uniquement pour faire plaisir à ses auditeurs.

F

15 JUIN 1921 – 2 JANVIER 1977

C'est presque devenu un cliché que de dire du pianiste Erroll Garner qu'il avait une mémoire phénoménale. Autodidacte ne lisant pas la musique, celui qu'on nommait l'elfe du piano à cause de sa petite taille et de ses yeux rieurs aura pendant ses 40 ans de carrière fasciné plus d'un musicien, sans parler de son public qui raffolait de ses combinaisons stylistiques. Un peu comme un magicien, ce pianiste qui s'inventa tout seul (sa seule influence directe est celle du pianiste Art Tatum) se faisait un malin plaisir à surprendre ses musiciens par une introduction de son cru chaque fois qu'il attaquait un morceau. Il fut l'un des plus grands improvisateurs du jazz, renouvelant constamment son répertoire par des tonalités et des tempos différents, et surtout à cause du jeu de sa main droite qui accusait constamment un retard voulu sur la main gauche.

La brillante carrière de Garner commence dès son arrivée à New York en 1945, quand il prend la relève du pianiste Art Tatum dans le trio que celui-ci dirigeait jusque-là et qu'il confiera à son contrebassiste, Slam Stewart. C'est avec ce dernier que Garner gravera ses premiers succès, dont *Play, Piano, Play* et *Erroll's Bounce*, et quelques échanges assez mémorables avec le saxophoniste Charlie Parker. Puis il formera son propre trio, la formule qu'il préfère et qu'il fera sienne pour toujours. Il obtiendra bientôt une immense popularité avec *Concert By The Sea*, un enregistrement public de 1958 qui restera longtemps un des disques de jazz les plus vendus, de même qu'avec *Misty*, une musique pour le film de Clint Eastwood *Play Misty For Me*. Jusqu'à sa mort en 1977, ce pianiste espiègle roulera sa bosse un peu partout à travers le monde, sans jamais se prendre trop au sérieux et n'ayant qu'un seul but, rendre le public heureux.

Bouche à oreille

A influencé

AHMAD JAMAL (piano) *Free Flight*, Impulse!
MICHEL PETRUCCIANI (piano) *Conférence de presse Volume 1*, Dreyfus

ERROLL GARNER Masters of Jazz / Media 7 8013, 2 CD
Cette compilation, qui constitue une merveilleuse introduction à l'œuvre de ce pianiste aux mille ressources, suscite un véritable coup de cœur. Tout y est: ses envolées lyriques dans *Laura, Smoke Gets in your Eyes* ou *Stardust,* son tour de force avec *Boogie Woogie Boogie,* ses pointes d'humour avec des reprises de *Harvard Blues* et de *One O'Clock Jump* et sa rencontre avec Charlie Parker dans *Cool Blues* et *Bird's Nest.* Les plages 12 à 18 du deuxième disque nous font entendre le pianiste en solo, notamment dans l'époustouflant *Play, Piano, Play.* De quoi donner des complexes!

ERROLL GARNER: « CONCERT BY THE SEA » Columbia 6052
De loin son disque le plus célèbre. C'est avec celui-là que se révèle au public ce musicien au style inédit et doté d'une imagination débordante, que ce soit avec son très atypique *I'll Remember April* ou avec *Autumn Leaves,* qu'il traite de façon grandiose. Un vrai régal pour l'oreille, assaisonné par l'incessant murmure du pianiste.

MAGICIAN & GERSHWIN AND KERN Telarc 337, 2 CD
Dans ces enregistrements réalisés au début des années 70, force est de constater que le temps n'a pas de prise sur ce redoutable virtuose, ne serait-ce qu'à la manière dont il interprète *Close to You*: changements de rythmes, accélération du tempo sans pourtant jamais perdre de vue la base de la mélodie. Ouf! D'autres surprises nous attendent aussi, comme les très beaux *I Only Have Eyes for You, Mucho Gusto* et *I Got Rhythm.*

2 FÉVRIER 1927 - 6 JUIN 1991

Saxophoniste hors normes, dont le son est reconnaissable entre tous, Stan Getz, que l'on a justement appelé « The Sound », est de tous les ténors de race blanche celui qui aura le plus marqué la sonorité cool. Il fut, comme le diront si bien Pierre de Chocqueuse et Philippe Adler, « un des plus élégants raconteurs d'histoires de la saga jazz ». Car un peu à la façon de Bill Evans, avec qui il a enregistré un très beau *Stan Getz & Bill Evans,* il imprégnait sa musique de lyrisme, d'une sorte de tristesse diffuse qui ne laisse personne indifférent. Fort souple, il savait moduler son jeu aux exigences de tous les styles, encore plus dans les 15 dernières années de sa vie où, enfin pacifié, il avait atteint une maîtrise inégalée de son art. Mais Stan Getz, c'est aussi la bossa-nova qu'il découvrira avec le guitariste Charlie Byrd et qui lui apportera une reconnaissance internationale grâce, entre autres, à *The Girl From Ipanema, Desafinado (Off Key)* ou *Corcovado (Quiet Nights of Quiet Stars).*

C'est dans le grand orchestre de Woody Herman, en 1948, que Stan Getz fait ses premières armes en compagnie des saxophonistes Zoot Sims, Serge Chaloff et Herbie Stewart. Il gravera cette année-là un des plus beaux solos de sa carrière dans *Early Autumn.* Mais il quittera bientôt cette formation et fondera son premier quartette qui comprendra au fil du temps des musiciens aussi prestigieux que les pianistes Al Haig et Horace Silver, le batteur Roy Haynes ou le contrebassiste Tommy Potter. Il n'en faut pas plus pour que le producteur Norman Granz, véritable chercheur de têtes, le recrute dans sa grande écurie du Jazz at the Philharmonic. À partir de 1952, Stan Getz est sur toutes les scènes de jazz, même s'il traverse une période assez perturbée par l'usage de stupéfiants. Après avoir vécu quelque temps en Scandinavie, il réintègre le JATP en 1957 et réalise quelques enregistrements mémorables avec Dizzy Gillespie, Chet Baker, Gerry Mulligan... Les années 60 seront marquées par deux grands disques, *Focus,* pour lequel il est accompagné d'un orchestre à cordes, et *Getz / Gilberto,* entièrement consacré à la bossa-nova. Ces œuvres lui assureront un succès immédiat et planétaire dont il aura beaucoup de mal à se détacher par la suite.

Il faudra attendre la fin des années 60 pour que Getz, en compagnie de jeunes musiciens tels Gary Burton et Chick Corea, ou du trio formé du batteur Bernard Lubat, de l'organiste Eddy Louiss et du guitariste René Thomas, retrouve sa facture distincte. Jusqu'à sa mort en 1991, Stan Getz travaillera beaucoup en petites formations, avec une prédilection pour les pianistes, dont le très fidèle Kenny Barron.

STAN GETZ : ANNIVERSARY Emarcy 769-2

Pour ses 60 ans, Stan Getz revient dans un pays qu'il a bien connu, le Danemark. En compagnie de son complice, le pianiste Kenny Barron, et d'une très bonne section rythmique, Rufus Reid à la contrebasse et Victor Lewis à la batterie, il se produit au Café Montmartre. De grands moments où l'on sent fort bien qu'il est heureux de retrouver un public qui lui fait la fête et auquel il manifeste sa reconnaissance avec un répertoire de choix, dont trois belles ballades – *Blood Count, I Can't Get Started* et *Stella by Starlight,* un blues pour son propre plaisir, *Stan's Blues,* et une nouveauté, *El Cahon.* Rien à redire, si ce n'est que nous aurions bien aimé être présents...

GETZ / GILBERTO Verve / Master Edition 414-2

Ce sera le disque de la consécration, celui du succès mondial. La vogue de la bossa-nova est lancée et Stan Getz s'y jette à corps perdu ! C'est avec ce grand classique qu'on découvre la voix chaude d'Astrud Gilberto, de même que les tubes *The Girl From Ipanema, Desafinado (Off Key)* et *Corcovado (Quiet Nights of Quiet Stars).*

DYNASTY Verve 117-2, 2 CD

Délaissant enfin la bossa-nova, Stan Getz retourne à ses anciennes amours et s'adjoint un trio étonnant formé de l'organiste Eddy Louiss, du batteur gascon Bernard Lubat et du guitariste René Thomas. Ça swingue de plus belle, et nos quatre compères prennent le temps de nous enjôler avec de longues pièces comme *Dum ! Dum ! Dum !* (13 min.), *Song for Martine* (10 min.), *Theme for Emmanuel* (11 min.). Attention, c'est un disque rare !

21 OCTOBRE 1917 - 6 JANVIER 1993

En compagnie du saxophoniste Charlie Parker, du batteur Kenny Clarke et du pianiste Thelonious Monk, John Birks Gillespie forme ce cercle restreint qui a jeté les bases de ce qu'on allait bientôt nommer le be-bop. Technicien hors du commun, trompettiste génial qui savait tracer des arabesques impressionnantes, spécialiste de l'aigu sans pour autant en abuser, ce diable d'homme fut un innovateur tous azimuts, qu'il s'agisse d'harmonie ou de doigté. Doué d'un sens peu commun du showbiz, Gillespie ne se gênait pas pour en mettre plein la vue et les oreilles des spectateurs en passant du be-bop pur et dur *(Birk's Work, Groovin' High)* aux rythmes afro-cubains *(Cubana Be, Cubana Bop, Manteca)* auxquels l'avait initié son ami le trompettiste Mario Bauza. Sa collaboration avec Bauza, de même qu'avec le percussionniste Chano Pozo – le premier à avoir intégré les percussions latines au be-bop –, sera déterminante, car ses harmonies y gagneront beaucoup en couleurs, en rythmes subtils et en complexité. Comme compositeur, on lui doit quelques grandes pièces qui sont devenues des standards: *A Night In Tunisia, Salt Peanuts, Two Bass Hit,* ou encore *Anthropology* avec Charlie Parker.

La carrière de Dizzy Gillespie s'étend sur plus de 50 ans; il volera rapidement de ses propres ailes parce qu'il était peu enclin à faire partie d'un grand orchestre. Il passera malgré tout quelques années à se former auprès de Lucky Millinder et de Teddy Hill, mais c'est grâce au pianiste Earl Hines qu'il fera la rencontre de sa vie... avec le saxophoniste Charlie Parker. Ces deux artistes poursuivront ensemble leurs recherches musicales dans cet incubateur que fut la boîte de jazz Minton's, à New York. En 1945, ils forment un quintette qui reste encore aujourd'hui le point de référence en ce qui concerne l'éclosion du be-bop et son expansion. Mais les ambitions musicales de Gillespie ne s'arrêteront pas là, car il créera un grand orchestre voué à la promotion de ses idées sur le jazz et à celle du mouvement bop, et pour lequel il recrutera des arrangeurs exceptionnels comme Walter Fuller, George Russell et Frank Paparelli. Après la dissolution de son grand ensemble et jusqu'à sa mort, il poursuivra son inlassable travail de communicateur, de musicien fantaisiste et de grand défenseur du bop, toujours avec sa trompette coudée.

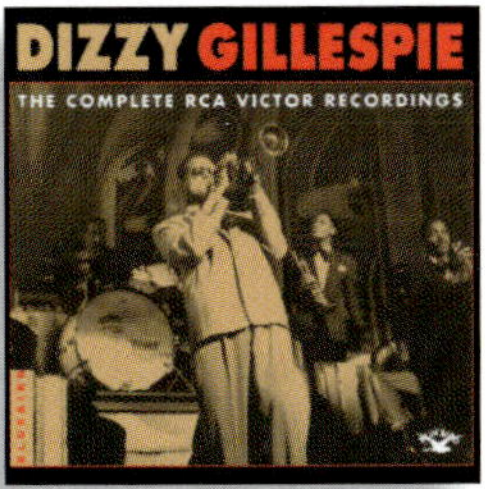

DIZZY GILLESPIE : THE COMPLETE RCA VICTOR RECORDINGS 528-2, 2 CD
Ces deux disques capitaux nous font découvrir l'essence même d'un musicien, grand responsable de l'essor du bop et de la musique afro-cubaine. On pourra regretter que Charlie Parker soit absent (ce n'est que partie remise) mais y brille quand même le fantastique maître des percussions que fut Chano Pozo, avec *Cubana Be, Cubana Bop* et plusieurs des grandes pièces qui ont jalonné la carrière du trompettiste : *Manteca, Groovin' High, Anthropology, Good Bait* et le classique *A Night in Tunisia.* De plus, les concepteurs de cette anthologie ont eu l'intelligence d'inclure quelques morceaux qui illustrent les débuts du trompettiste, d'abord avec le grand orchestre de Teddy Hill, puis avec celui de Lionel Hampton, dont le remarquable *Hot Mallets.* À écouter plusieurs fois pour en saisir toute la substance, de même que la joie de vivre qui s'en dégage.

SWING LOW, SWEET CADILLAC Impulse ! 178
Gillespie se produit ici en petite formation avec un partenaire de choix, le saxophoniste, flûtiste et chanteur James Moody. Le titre du disque est une allusion au chant religieux *Swing Low, Sweet Cadillac.* Enregistrée devant public en 1967, cette session est un petit bijou de swing et d'humour qui ne cède jamais à la facilité : rythmes africains et cubains, bossa-nova... Bref, de la musique du monde avant l'heure, joyeuse et stimulante.

DIZZY GILLESPIE : PLEYEL 53 American Jazz in Paris Vogue 46625
Cinq ans après le concert de 1948, on retrouve Dizzy Gillespie à l'endroit même où il avait bousculé bien des idées reçues sur le jazz, mais cette fois avec une formation plus petite, ce qui ne veut pas dire moins impressionnante. On notera la présence de la toute jeune Sarah Vaughan et du chanteur et humoriste Joe Carroll qui démontre que chanter et accompagner Dizzy n'est pas à la portée de tous. Quand à Gillespie, plus royal que jamais, artificier de génie, il met la salle dans sa poche !

G

GOODMAN BENNY | ÉTATS-UNIS

30 MAI 1909 – 13 JUIN 1986

Sacré roi du swing en 1939 à la suite de sa prestation au Carnegie Hall, ce qui fit grincer les dents de bien des jazzmen, le clarinettiste et chef d'orchestre Benny Goodman est certainement une des figures les plus représentatives, sinon la plus médiatique, de cette époque dorée où les grands orchestres dansants tenaient le haut du pavé. Sa vie durant, Benny Goodman n'eut jamais d'autre but que de faire danser les gens et de les rendre heureux. Qu'il fût à la tête d'un grand orchestre ou de ses quartettes, quintettes ou sextettes, Benny Goodman a toujours privilégié une musique remplie de swing généreux, classique dans sa forme et très structurée, sans toutefois avoir la complexité du be-bop. Clarinettiste et chef d'orchestre accompli, on oublie trop souvent de dire qu'il fut le premier à intégrer des musiciens noirs dans ses formations, et pas des moindres : le pianiste Teddy Wilson, le vibraphoniste Lionel Hampton, le guitariste Charlie Christian, le trompettiste Cootie Williams... Avec eux et grâce à eux, il sut, au cours des années 30, donner à son orchestre une cadence inédite qui fit de celui-ci une puissante machine à swing à laquelle ne pouvait résister un public blanc – souvent très jeune – friand de rythmes nouveaux et d'orchestrations puissantes.

C'est en 1932 que Benny Goodman monte son premier grand orchestre, et très vite il devient une vedette grâce à l'émission de radio *Lets' Dance* diffusée d'un bout à l'autre du pays. Afin d'apporter encore plus de brio à ses orchestrations, il va faire appel aux plus grands arrangeurs de son temps, notamment Fletcher Henderson et Benny Carter. Avec l'aide du producteur John Hammond qui prend sa carrière en main, Benny Goodman aura tout le loisir de gérer ce puissant orchestre et de l'emmener au sommet en compagnie de quelques très grands solistes, les trompettistes Harry James et Ziggy Elman, l'explosif batteur Gene Krupa, le pianiste Jess Stacy, les saxophonistes Bud Freeman et Vido Musso... Jusqu'à la fin de sa vie, Benny Goodman se promènera autour du monde, propageant son swing séduisant et raffiné, ce qui fera de lui le clarinettiste le plus célèbre de tous.

BENNY GOODMAN: THE FAMOUS 1938 CARNEGIE HALL JAZZ CONCERT
Columbia / Legacy 143

Plus qu'un concert, c'est un tournant dans l'histoire du jazz, puisque pour la première fois celui-ci faisait son entrée au Carnegie Hall habituellement réservé à la musique classique. Soixante ans après, rien n'a vieilli de ce concert légendaire où l'excitation est palpable autant chez les musiciens que dans le public. Il faut dire que celui-ci avait de quoi se réjouir puisque pour l'occasion, le chef d'orchestre avait convié quelques grands tels que Johnny Hodges, Cootie Williams, Count Basie et le légendaire Lester Young. Pour cette version dite définitive, la maison d'édition Columbia a fait les choses en grand en restituant chaque minute du concert, avec applaudissements et même les entrées et sorties du chef d'orchestre. Les moments inoubliables ne se comptent plus : *Honeysuckle Rose* devient un *jam session* avec les improvisations du saxophoniste Lester Young, du pianiste Count Basie et du saxophoniste Johnny Hodges ; *Bei Mir Bist du Schoen* prend toute sa couleur hébraïque grâce au trompettiste Ziggy Elman, tandis que les solos de batterie démentiels du batteur Gene Krupa dans *Sing, Sing, Sing* sont un événement en soi. À consommer d'urgence !

BENNY GOODMAN : THIS IS JAZZ Columbia 620

Ce résumé de la carrière de Benny Goodman présenté à prix vraiment abordable permet de se faire une excellente idée du personnage et de sa musique. Qu'il s'agisse de *Flying Home,* en compagnie du génial guitariste Charlie Christian, de *Runnin' Wild,* avec son quartette régulier, ou de *Avalon,* lors du concert au Carnegie Hall, tout y est.

27 FÉVRIER 1923 – 26 AVRIL 1990

Un des très grands ténors de l'ère bop et hard bop, Dexter Gordon aura attendu fort longtemps avant d'être reconnu comme tel. Est-ce parce qu'il a été éclipsé par les flamboyants John Coltrane et Sonny Rollins qui dominaient alors la scène du jazz, ou parce qu'il a délibérément choisi, après quelques problèmes personnels, de s'exiler en Europe ? Allez savoir. Quoi qu'il en soit, c'est lui que le réalisateur Bertrand Tavernier, fin connaisseur de jazz, choisira pour son très beau film *Autour de minuit* qui raconte la vie mouvementée d'un musicien de jazz (mélange du saxophoniste Lester Young et du pianiste Bud Powell). Pas acteur pour un sou, Gordon entrera pourtant tout naturellement dans la peau de ce musicien lunatique qui n'a qu'une passion, la musique.

Saxophoniste chaleureux à la sonorité puissante, Dexter Gordon a su développer un style bien personnel tout en empruntant à Lester Young et à Coleman Hawkins. Dans la cohorte de ténors qui feront leur apparition dès l'après-guerre, il trouve rapidement sa voie et surtout un son distinctif très pur grâce à ce « goût de la note juste ». Pour plusieurs, il est un modèle de simplicité et de rigueur qui, espérons-le, retrouvera sa place parmi les grands.

Dès son jeune âge, il a la chance de rencontrer Duke Ellington et Lionel Hampton, tous deux clients de son père qui est médecin. À 13 ans il décide d'étudier la clarinette, mais deux ans plus tard, il bifurque vers le saxophone ténor. Comme beaucoup de jeunes musiciens, il fera ses classes dans les grands orchestres, dont celui du bouillant vibraphoniste Lionel Hampton. En 1944, il trouve une place dans l'orchestre du pianiste Earl Hines (une pépinière de jeunes *boppers*), puis il fait le saut vers la côte ouest pour jouer avec Miles Davis et Charlie Parker. Dexter Gordon sera de la grande aventure du be-bop en enregistrant avec Dizzy Gillespie, Fats Navarro et Red Norvo, sans oublier les joutes amicales au ténor avec son compère Wardell Gray. De 1953 à 1955, sa carrière est brusquement interrompue par son incarcération pour trafic de stupéfiants ; heureusement, quelques années plus tard, la firme Blue Note l'invitera à enregistrer une série de disques qui comptent parmi les plus beaux de sa discographie. En 1962, Gordon quitte l'Amérique pour s'installer en Europe, plus particulièrement au Danemark où il mènera une carrière fructueuse. Il reviendra aux États-Unis en 1976 et y passera les dernières années de sa vie en gardant toutefois un pied à terre en Europe.

THE COMPLETE BLUE NOTE SIXTIES SESSIONS Blue Note 200 2 5, 6 CD
Voilà les belles années de Dexter Gordon durant lesquelles il enregistrera ses disques les plus connus, dont certains sont à coup sûr des chefs-d'œuvre: *A Swingin' Affair, Our Man in Paris, Go* et *Dexter Calling.* Le saxophoniste, au sommet de sa forme, a su s'entourer de partenaires de marque, notamment pour *Our Man in Paris* où il partage la vedette avec le pianiste Bud Powell, accompagné du contrebassiste Pierre Michelot et du batteur Kenny Clarke. Tout au long de *Scrapple From The Apple* et *A Night in Tunisia,* il brode, s'emballe et fait résonner ce son unique, tandis qu'avec *Like Someone in Love* et *Our Love Is Here To Stay*, il se mérite le titre de maître de la ballade. Quant à *A Swingin' Affair* et à *Go,* ils sont essentiels pour qui veut tout connaître de Dexter Gordon, mais aussi pour découvrir ce merveilleux pianiste accompagnateur que fut Sonny Clark. À noter que tous ces disques sont aussi vendus séparément.

DEXTER GORDON: LIVE AT CARNEGIE HALL Columbia 312
Quelques semaines après son retour aux États-Unis, le grand Dexter Gordon s'offre le Carnegie Hall, le temps d'une soirée merveilleuse de swing et d'humour au cours de laquelle il interprète pour notre plus grand bonheur de longues ballades à faire frémir de plaisir: *Secret Love, The End Of A Love Affair, More Than You Know.* Pour parfaire le tout, on a joint deux joutes de pur swing que Gordon avait échangées avec son collègue saxophoniste Johnny Griffin sur un autre disque, *Great Encounters.*

26 JANVIER 1908 – 1ER DÉCEMBRE 1997

Il est de loin le plus connu des musiciens de jazz français – avec son éternel complice, le guitariste Django Reinhardt. Son élégance, un swing irréprochable et une joie de vivre certaine ont fait de Stéphane Grappelli un des plus grands ambassadeurs du jazz pendant plus de 60 ans. On ne compte plus ses enregistrements et les rencontres avec ses pairs, qu'ils s'appellent Eddie South, Joe Venuti, Jean-Luc Ponty, Didier Lockwood (certainement son plus digne successeur) ou Ray Nance, le bouffon habile de l'orchestre de Duke Ellington. Jusqu'à sa mort, ce grand personnage sera resté en tête du palmarès des violonistes établi chaque année par les critiques et les lecteurs de la prestigieuse revue *Down Beat*. Insensible aux modes et à l'air du temps, il parcourra jusqu'à la fin les festivals et les sessions en tous genres. On lui doit entre autres des enregistrements, pas toujours sous son nom, avec le pianiste Earl Hines, le saxophoniste Coleman Hawkins, le trompettiste Clark Terry, le pianiste Hank Jones et, le plus émouvant de tous, avec le violoniste classique Yehudi Menuhin.

Stéphane Grappelli n'a certes pas eu une jeunesse dorée. Il perd sa mère à l'âge de quatre ans, et après le départ de son père pour la guerre, il est placé dans un orphelinat. Lors de son treizième anniversaire, son père lui offre son premier violon ainsi que des cours de solfège. Très doué, il est rapidement engagé dans des orchestres de cinéma muet et même en tant que pianiste! En 1927, il joint les rangs de Gregor et ses grégoriens comme violoniste et pianiste, et en 1934, c'est la grande rencontre avec le guitariste gitan Django Reinhardt avec qui il va former le plus célèbre quintette des années 30, celui du Hot Club de France. En 1939, quand la guerre éclate, il part pour Londres et il y restera jusqu'à la Libération. De retour en sol français, il reforme le quintette avec Reinhardt pour une assez courte période (1946-1947). Par la suite, Grappelli se produira presque toujours en trio, tout en multipliant les rencontres avec David Grisman (mandoline) ainsi que Martial Solal, Hank Jones et McCoy Tyner (piano).

Bouche à oreille

Même instrument

JOE VENUTI : *Gems*, Concord
DIDIER LOCKWOOD : *Storyboard*, Dreyfus

GRAPPELLI STORY : LES ENREGISTREMENTS HISTORIQUES DE 1938 À 1992
Polygram 807-2, 2 CD

Vu l'imposante discographie du violoniste, l'achat de ces deux disques vous évitera bien des maux de tête ! La compilation dépasse, et de loin, le stade du simple assemblage de pièces. Tout y a été réfléchi et agencé en vue d'offrir un régal avec Stéphane et Django qui interprètent *It Had to Be You* et *Nocturne,* enregistrés en 1938, *Jive Bomber,* un morceau de circonstance enregistré à Londres en 1941, ou encore le très romantique *Nuages,* une œuvre de 1946. Aussi riche est le deuxième disque alors que Grappelli se remémore dans *Django* (1962) ce que fut son amitié avec le guitariste. *Minor Swing, Daphne,* ainsi que sur *Stéphane Grappelli and Friends (1970) : How High The Moon,* et l'archi connue *More.* Indispensable.

STEPHANE GRAPPELLI : SHADES OF DJANGO MPS 955-2

Un tout petit disque perdu dans l'immense discographie du violoniste, où plane l'ombre de son fidèle ami Django Reinhardt. Des classiques certes – *Shine, Sweet Lorraine* et *Lover Man* –, mais aussi une pièce qui vaut à elle seule l'achat du disque : *Souvenir de Villigen,* où Grappelli est à la fois au violon et au piano électrique.

FLAMINGO : STÉPHANE GRAPPELLI & MICHEL PETRUCCIANI Dreyfus 580-2

À l'époque de cet enregistrement, le pianiste Michel Petrucciani avait 32 ans et Stéphane Grappelli, 87 ans. Autant dire qu'un monde – de jazz – les séparait. Et pourtant. Entre le vieux renard et le jeune loup, la communion fut instantanée. Grappelli est plus tendre que jamais et le pianiste, brillant, comme toujours dans ces standards qu'on écoute avec une pointe de nostalgie puisque depuis, les deux musiciens ont disparu, et Petrucciani certainement trop tôt.

G

24 AVRIL 1928 –

Reconnu pendant longtemps comme le plus rapide joueur de saxophone ténor, Little Johnny Griffin est un des derniers grands saxophonistes vivants de l'ère bop et hard bop. On ne peut résister à cette puissance qui se dégage de son jeu (même encore aujourd'hui, à plus de 70 ans) ; une sonorité chaude et incisive, des attaques redoutables, des changements de rythme impromptus, une technique impressionnante, tout chez Johnny Griffin est orienté vers un swing parfait digne de Coleman Hawkins aussi bien que de Sonny Rollins.

Un peu comme Obélix, tombé tout petit dans... vous savez quoi, Johnny Griffin est mis très tôt en contact avec la musique, son père étant cornettiste et sa mère, chanteuse. Il fait comme bien d'autres ses premières armes dans les grands orchestres, ceux de Lionel Hampton puis de Joe Morris, et au début des années 50, il fréquente les groupes du batteur Jo Jones, du saxophoniste Arnette Cobb et du batteur Art Blakey qui dirige ses puissants Jazz Messengers. En 1958, le grand pianiste Thelonious Monk fait appel à lui, et c'est là, au contact du maître, qu'il va développer ce style unique entre tous. De 1960 à 1962, il forme avec le saxophoniste Eddie « Lockjaw » Davis un duo qui aura beaucoup de succès, puis il enregistre avec le Big Soul Band, une grande formation qui ne durera malheureusement pas. Par la suite, un peu comme Dexter Gordon, il part tenter sa chance en Europe et s'installe définitivement en France en 1963. On le verra avec l'un des plus brillants orchestres européens, le Kenny Clarke / Francis Bolland Big Band, et surtout en quartette pour différentes étiquettes (Black Lion, Galaxy, Inner City...), ce qui ne l'empêchera pas de retrouver de temps en temps son vieux copain Eddie « Lockjaw » Davis. Il fera de fréquents séjours aux États-Unis, mais la France restera sa terre d'accueil.

QUELQUES COMPAGNONS DE ROUTE

EDDIE « LOCKJAW » DAVIS (saxophone ténor) *Very Saxy*, Prestige

HANK MOBLEY (saxophone ténor) *Workout*, Blue Note

A BLOWIN' SESSION Blue Note 09 2 9
Quelques ténors qui vont marquer les années jazz, Johnny Griffin, John Coltrane et Hank Mobley, conjuguent ici leurs styles fort différents autour de deux compositions de Griffin, *Smoke Stack* et *Ball Bearing,* et de deux standards, *The Way You Look Tonight* et *All the Things You Are*. Jamais de bruit pour rien! L'entente est impeccable, y compris avec la remarquable section rythmique composée du batteur Art Blakey, du pianiste Wynton Kelly et du contrebassiste Paul Chambers. Et Lee Morgan, un des plus brillants trompettistes des années 60 qui fera les beaux jours des Jazz Messengers, prête son concours à cette brillante équipe, ce qui ne gâte rien!

G

LOOKIN' AT MONK ! JOHNNY GRIFFIN AND EDDIE « LOCKJAW » DAVIS QUINTET PLAYING THE MUSIC OF THELONIOUS MONK Original Jazz Classic 911-2
TOUGH TENORS BACK AGAIN! JOHNNY GRIFFIN & EDDIE « LOCKJAW » DAVIS LIVE AT MONTMARTRE, COPENHAGEN, DENMARK, JULY 1984 Storyville 8298
Deux disques, deux univers qui ont en commun la magie que leur confèrent ces ténors exceptionnels. Dans un premier temps, ils rendent hommage au génie de Monk (1961), suivi, à 25 ans d'intervalle, d'une session délicieuse devant un public qui fut particulièrement choyé ce soir-là. Griffin, en vieux renard qui a connu le géant du piano, cisèle avec Davis ces compositions (pourtant complexes) devenues des classiques: *Well, You Needn't, Ruby, My Dear* et, bien sûr, l'incontournable *'Round Midnight*.

Sur le second disque gorgé de blues et de swing, les deux musiciens, qui ont fait le tour de la question depuis longtemps, s'entendent comme larrons en foire. Ils ouvrent avec *Blues Up And Down,* puis passent à *Lester Leaps In,* de Lester Young, et le tour est joué! À offrir à ceux et celles qui aiment les ténors puissants.

JOHNNY GRIFFIN: APRIL 1995, CHICAGO, NEW YORK, PARIS Verve 367-2
Pour ses 50 ans de carrière, le saxophoniste Johnny Griffin a réuni une bande de jeunes, le trompettiste Roy Hargrove, les contrebassistes Christian McBride et Rodney Whitaker, le batteur Gregory Hutchison, et un vieux de la vieille, le pianiste Kenny Barron, pour évoquer trois villes qui l'ont inspiré, dont Chicago, sa ville natale. Après *Not Yet,* dans la plus pure tradition du swing, les ballades se succèdent: *Without a Song, My Romance, Do It...*

6 AOÛT 1937 –

Si on regarde de près la discographie du contrebassiste et compositeur Charlie Haden, on se rend vite compte qu'il est un des musiciens les plus insatiables, avec le saxophoniste David Murray, en ce sens qu'il ne se refuse aucune expérience musicale. Que ce soit alors qu'il était adepte du free jazz, duettiste avec le pianiste Hank Jones ou le guitariste Pat Metheny, ou leader de son Quartet West, on peut se demander avec qui ce musicien n'a pas joué ! Héritier du très subtil contrebassiste Scott LaFaro et, dans une moindre mesure, de Jimmy Blanton, un autre grand, Charlie Haden est une force tranquille sensible aux courants de son temps et qui sait, sans jamais brusquer le cours des choses, faire avancer non seulement ses idées, mais aussi celles des autres.

Charlie Haden est né dans une famille de musiciens, et c'est grâce à l'un de ses frères qu'il découvre la contrebasse d'abord en autodidacte. Il suivra par la suite des cours au conservatoire d'Oberlin en Ohio, puis au Westlake College of Modern Music de Los Angeles. En 1957, il entreprend véritablement sa carrière en jouant d'abord avec le saxophoniste alto Art Pepper, puis un moment avec le pianiste Paul Bley (1957-1959). Mais c'est avec le brasseur d'idées Ornette Coleman qu'il va signer des disques fondateurs, le plus célèbre étant *Free Jazz*. En 1969, il fonde le Liberation Music Orchestra et engage les vedettes de l'heure : les saxophonistes Gato Barbieri et Dewey Redman, le cornettiste Don Cherry, le tromboniste Roswell Rudd, les batteurs Paul Motian et Andrew Cyrille... Un vrai *big band* révolutionnaire qui puise son inspiration dans la lutte de Che Guevara, la guerre d'Espagne ou celle du Viêt-nam. Il renouvelle constamment les membres de cet ensemble et, parallèlement, il enregistre avec des musiciens aussi prestigieux que Keith Jarrett, Alice Coltrane ou Archie Shepp. Au début des années 80, il forme le Quartet West avec lequel il fait surtout revivre les vieux standards en y ajoutant une touche de nouveauté, et il continue d'enregistrer avec des jeunes et des anciens comme Pat Metheny, Dino Saluzzi, Geri Allen, Kenny Barron...

CHARLIE HADEN LIBERATION MUSIC ORCHESTRA IMPD-188

Un grand disque qui, comme l'écriront les auteurs du livre *Passeport pour le jazz,* « marqua une époque ». Le contrebassiste contestataire Charlie Haden enregistre en trois jours – avec une équipe hors du commun composée de Gato Barbieri, Carla Bley, Don Cherry, Roswell Rudd et Paul Motian – des *protest songs* qui font référence aux conflits du passé pour mieux condamner ceux du présent, alors que la guerre du Viêt-nam secoue l'Amérique. Dans un amalgame de lyrisme et de cacophonie résonnent à nouveau les grands thèmes de la guerre d'Espagne, avec *El Quinto Regimiento (The Fifth Regiment)* et *Los Cuatro Generales (Long Live The Fifteenth Brigade),* ou le chant de ralliement des étudiants américains contre l'engagement de leur pays au Viêt-nam, *We Shall Overcome.* C'est résolument moderne, même 30 ans après.

H

CHARLIE HADEN QUARTET WEST : « ALWAYS SAY GOODBYE » Gitanes / Jazz 501-2
NOW IS THE HOUR Gitanes / Jazz 827-2

Avec son Quartet West composé de Lawrence Marable à la batterie, Ernie Watts au saxophone ténor et Allan Broadbent au piano, Charlie Haden se souvient des héros de sa jeunesse. Le meilleur des deux disques est sans contredit *« Always Say Goodbye »,* en hommage aux romans policiers de Raymond Chandler, mais aussi à la chanteuse Jo Stafford, à Coleman Hawkins, à Charlie Parker et… à Stéphane Grappelli ! De *Relaxin' at Camarillo* à *Low Key Lightly (Variation on the Theme of Hero to Zero),* tiré de la bande-son du film *Anatomy of a Murder* (composée par Duke Ellington), Haden et sa bande lèvent leurs chapeaux à cet âge d'or du jazz en ménageant quelques surprises puisque dans leurs compositions, on entend des enregistrements d'époque, trompette de Chet Baker, guitare de Django Reinhardt, voix enjôleuse de Jo Stafford…

Now Is The Hour est la suite logique du premier disque quant à ses thèmes, avec des compositions du pianiste Lennie Tristano et du saxophoniste Lee Konitz, mais cette fois, les solistes sont accompagnés par un orchestre à cordes.

BEYOND THE MISSOURI SKY Verve 130-2

Charlie Haden, en duo avec le guitariste Pat Metheny, nous raconte ici des « Short Stories » : thèmes de films, notamment *Cinema Paradiso,* le classique *First Song (for Ruth),* pour sa femme, un chant traditionnel, *He's Gone Away*… Sensible et émouvant !

12 AVRIL 1909 –

La carrière de Lionel Hampton se résume en un mot, le swing. Qu'il soit à la tête de petites formations ou avec son grand orchestre, sans oublier sa longue collaboration avec Benny Goodman, ce maître du vibraphone qui fut d'ailleurs le premier à l'utiliser en solo, reste pour les amateurs un musicien chaleureux qui se dépensait sur scène sans compter. Toujours à l'affût de nouveaux talents, il verra défiler dans son orchestre des musiciens aussi importants que Johnny Griffin, Dexter Gordon, Cootie Williams, Johnny Hodges, Illinois Jacquet, Coleman Hawkins et un tout jeune Charles Mingus. Si le sommet de la carrière de Lionel Hampton se situe entre 1938 et 1945, on ne doit pas négliger pour autant la période suivante, alors que sa stylistique préfigure déjà, du moins dans certaines de ses interventions, le rock and roll et le rhythm and blues très dansants qui feront leur apparition au début des années 50.

Ayant été très jeune attiré par la batterie, Hampton jouera durant toute son adolescence dans différents groupes, tout en poursuivant des études en musique. Dès 1930, il signe son premier enregistrement au vibraphone, *Memories Of You,* avec nul autre que Louis Armstrong et, quelques années plus tard, il sera engagé par le clarinettiste et chef d'orchestre Benny Goodman, avec qui il connaîtra une brillante carrière, ce qui ne l'empêchera pas d'enregistrer ses premiers disques, certainement les meilleurs, en tant que leader de petites formations. Après son départ de chez Goodman, il fonde son grand orchestre qui aura un succès immédiat et dans lequel défileront les meilleurs solistes du moment. Jusqu'à ses 80 ans, Lionel Hampton sera de tous les festivals, souvent en petites formations, y apportant toujours sa joie de vivre grâce à un swing communicatif et jamais redondant.

Bouche à oreille

Même instrument

MILT JACKSON : *Opus de Jazz,* Savoy
JOE LOCKE : *Moment to Moment,* Milestone
RED NORVO : *Red Norvo Trio,* Original Jazz Classics

QUELQUES COMPAGNONS DE ROUTE

CAT ANDERSON (trompettiste)
Plays W.C. Handy, Black & Blue

MILT BUCKNER (orgue)
Crazy Rhythm, Black & Blue

LIONEL HAMPTON : THE QUINTESSENCE, NEW YORK – CHICAGO – HOLLYWOOD – LOS ANGELES 1930-1944 Frémeaux & Associés FA 211, 2 CD

Deux disques qui méritent bien ce titre, grâce au formidable travail du producteur de jazz et critique Alain Gerber qui prend un soin amoureux à bâtir ces anthologies, précieux objets de référence. En première partie, on découvre le travail de Lionel Hampton en petites formations composées de musiciens dont la réputation n'est plus à faire : le trompettiste Cootie Williams, le pianiste Jess Stacy, les saxophonistes Johnny Hodges, Coleman Hawkins, Chu Berry, Ben Webster... À croire que la galaxie swing s'est donné rendez-vous ! Parmi les moments particulièrement remarquables de ce recueil, on retiendra le swing de *Ring Dem Bells,* l'introduction de Hodges dans *Whoa Babe,* et ces deux bijoux que sont *Hot Mallets* et *Jack The Bellboy.*

Le deuxième disque nous présente d'abord Lionel Hampton en grande formation, notamment avec le saxophoniste Illinois Jacquet qui, dans *Flying Home,* s'envole littéralement, propulsé par un Hampton plus généreux que jamais. Fin connaisseur, Alain Gerber a aussi inclus la prestation de Hampton avec Louis Armstrong, *Memories Of You* (1930), ainsi que certaines pièces avec l'orchestre de Benny Goodman.

HAMP : THE LEGENDARY DECCA RECORDINGS OF LIONEL HAMPTON 2-65, 2 CD

Dans la même veine que le disque double mentionné ci-dessus, ces enregistrements pour la firme Decca réalisés entre 1942 et 1950 font entendre le vibraphoniste accompagné d'une grande formation et bien décidé à nous en mettre plein les oreilles ! De *Hamp's Boogie Woogie* à *Hamp's Blues,* en passant par *Jack the Fox Boogie,* c'est la quintessence du swing.

H

12 AVRIL 1940 –

Entre le jazz très pur avec lequel le pianiste Herbie Hancock fit sensation au début des années 60, voire jusqu'au milieu des années 70 avec son jazz fusion, et les productions très commerciales de ces dernières années, il y a tout un monde. Rien n'est plus difficile que de cerner ce petit génie qui, dès l'âge de 11 ans, interprétait le *Concerto en ré majeur* de Mozart ou le *Concerto brandebourgeois Nº 2* de Bach avec le Chicago Symphony Orchestra. Il reste que, par des changements de styles parfois radicaux, Hancock a su conserver sa sonorité fluide et son touché sensible et raffiné, l'influence de Bill Evans étant indéniable. Comme le dit si bien le *Dictionnaire du jazz*: « Sa grande qualité est de savoir "faire simple" en créant des climats à partir de très peu de notes. Son phrasé repose sur une assise métronomique et une grande liberté rythmique[6] ». Tout réussit à ce jeune homme qui, dès l'âge de 20 ans, côtoie les grands comme les saxophonistes Hank Mobley et Coleman Hawkins, et les trompettistes Lee Morgan et Donald Byrd. En 1962, tout en faisant partie du célèbre quintette de Miles Davis, il sort son premier disque aux sonorités funk, *Takin' Off,* dont une des pièces, *Watermelon Man,* deviendra un classique. Feu de paille ? Que non, puisque dans les cinq années suivantes, il donnera encore *My Point of View, Jazz Profile, Speak Like a Child* et *Maiden Voyage,* avant de composer la musique du film *Blow Up,* de Michelangelo Antonioni. En 1968, il quitte Miles Davis et forme un sextette qui évoluera rapidement vers un jazz électronique. En 1973, avec ses Headhunters, Bennie Maupin au saxophone, Paul Jackson à la basse, Harvey Mason à la batterie et Bill Summers aux percussions, il se lance dans des rythmes funk, et avec bonheur puisque le disque éponyme, *Headhunters,* se vendra à plus d'un million d'exemplaires. Invité spécial du festival de Newport, il réunit sous le nom de VSOP (Very Special Onetime Performance) ses anciens partenaires du temps de Miles Davis, avec Freddie Hubbard à la trompette. Au début des années 80, il enregistre trois gros tubes: *Rockit, Future Shock* et *Feets,* qui deviendront des succès de discothèque mais décevront ses fans... N'ayant pas pour autant abandonné le jazz authentique, il enregistre en duo avec le pianiste Chick Corea un disque superbe – *Evening with Chick Corea and Herbie Hancock* (Columbia) –, puis forme en 1992 le groupe Tribute to Miles. Il se verra aussi confier l'interprétation des bandes sonores de *Death Wish,* de *A Soldier's Story* et de *Autour de minuit,* de Bertrand Tavernier, pour laquelle il gagnera un Oscar. Avec son *Gershwin World,* il remportera un Grammy Award.

HERBIE HANCOCK : THE COMPLETE BLUE NOTE SESSIONS Blue Note 569-2-8, 6 CD
Voici résumées les grandes années du pianiste Herbie Hancock alors qu'il n'avait pas encore 25 ans ! Sur les six CD de ce très beau coffret sont présentés six disques de l'époque : *Speak Like a Child, Maiden Voyage, Takin' Off, My Point of View, The Prisoner* et *Empyrean Isles,* dans lesquels on perçoit encore l'influence du hard bop et celle du pianiste Horace Silver. Ce sont de petits bijoux qui, même aujourd'hui, se détachent nettement du peloton, ne serait-ce que grâce à *Maiden Voyage, Dolphin Dance, Little One* et, bien évidemment, *Watermelon Man*. À noter que tous ces disques sont aussi vendus séparément.

HEADHUNTERS / HERBIE HANCOCK Columbia / Legacy CK 65123
Guitare wah wah, synthétiseurs, nouveaux rythmes électroacoustiques... on est loin du jazz classique, mais ce fut un succès retentissant pour Herbie Hancock, avec une reprise de son succès *Chameleon* qui fait plus de 15 minutes. Malgré son petit côté vieillot, ce disque est passé à l'histoire notamment grâce à une version plus cool de *Watermelon Man*.

HERBIE HANCOCK : GERSHWIN'S WORLD Verve 797-2
Pour célébrer le centenaire de la naissance du compositeur George Gershwin, Herbie Hancock a réuni une pléiade de musiciens, et pas n'importe lesquels : les saxophonistes James Carter et Kenny Garrett, le trompettiste Eddie Henderson, le pianiste Chick Corea, la chanteuse Joni Mitchell, auxquels s'est joint un orchestre de chambre. Grâce à cette production léchée et fort intelligente, le pianiste a une fois de plus récolté un Grammy Award.

16 OCTOBRE 1969 –

De tous les trompettistes issus de ce qu'il est convenu d'appeler les «jeunes lions» – Nicholas Payton, Russel Gunn, Graham Haynes… –, Roy Hargrove est certainement le plus original, notamment parce qu'il semble avoir échappé à l'emprise de Miles Davis; car si influence il y a dans son cas, il faut plutôt aller voir du côté de Fats Navarro, Clifford Brown, Freddie Hubbard et même le trop oublié Lee Morgan, qui fit pourtant les beaux jours des Jazz Messengers.

En plus de ses aptitudes naturelles, Roy Hargrove possède une technique redoutable qui en fait un trompettiste particulièrement fascinant, tant pour les musiciens qui l'accompagnent que pour son auditoire. Avec 10 albums, il s'est affirmé comme un leader naturel, ce pourquoi le magazine *Down Beat* lui a décerné la palme de meilleur trompettiste en 1995, alors qu'il n'avait que 24 ans.

C'est en 1987, alors qu'il rencontre le trompettiste prodige Wynton Marsalis, que débute la carrière de Roy Hargrove avec une série de tournées au Japon et en Europe, où il jouera par exemple avec les saxophonistes Ricky Ford et Bobby Watson, de même qu'avec le grand orchestre du trompettiste Don Slicker. Après une année d'études au Berklee College of Music, il enregistre son premier disque, *Diamond in the Rough,* en compagnie d'autres jeunes lions, l'altiste Antonio Hart, le pianiste Geoff Keezer et l'éminent pianiste John Hicks. Tout ira très vite par la suite, alors qu'il enregistre avec le saxophoniste cool Frank Morgan ou qu'il partage la scène avec le géant Sonny Rollins, avant de faire un passage fort remarqué au Village Vanguard pour enfin partir en tournée avec les Jazz Futures. Il a depuis enregistré sept disques en tant que leader, dont le plus ambitieux est certainement *Habana* (Verve), où le bop rencontre les rythmes cubains. Un très beau coup de chapeau, 50 ans après, aux talents pionniers de Mario Bauza et de Dizzy Gillespie.

PARKER'S MOOD: THE ROY HARGROVE TRIO Verve 907-2

Il est toujours dangereux de s'attaquer à l'œuvre du très grand saxophoniste Charlie Parker, surtout quand on a moins de 30 ans... Peu importe, Roy Hargrove ose le faire, et en trio par-dessus le marché! Ayant puisé dans les pièces qui ont fait la gloire du maître, il ne cherche pas trop à réinventer, se contentant de n'y apporter que le souffle nécessaire en compagnie du contrebassiste Christian McBride et du pianiste Stephen Scott, qui n'ignorent pas combien l'opération peut être périlleuse. Le résultat est à la hauteur de nos attentes, aussi bien que des leurs. Pour s'en convaincre et bien goûter la sonorité fluide de ce jeune téméraire, il suffit d'écouter *Dewey Square* ad lib... pour enchaîner avec *Star Eyes, Steeplechase* et, en duo avec son pianiste, *Yardbird Suite*.

H

ROY HARGROVE QUINTET WITH THE TENORS OF OUR TIME Verve 019-2

Un carré d'as et un jeune loup! Quatre saxophonistes qui, chacun à sa manière, ont fait école – Joe Henderson, Johnny Griffin, Stanley Turrentine et Branford Marsalis –, se laissent conduire par un Roy Hargrove qui tient bien les rênes, prouvant ainsi à qui veut l'entendre qu'il est là pour rester.

ROY HARGROVE WITH STRINGS Verve 540-2

Quand les cordes mêlent leurs voix à celle de la trompette pour faire retentir de grands standards et, mieux encore, des ballades, *You Go To My Head, A Time for Love, Moment to Moment,* on pourrait craindre un sirupeux mélo. Mais rien de tel ici: les violons ne font que conforter le son feutré d'un musicien qui sait aussi bien exprimer la tendresse qu'en d'autres temps, l'exubérance.

HAWKINS COLEMAN | ÉTATS-UNIS

21 NOVEMBRE 1904 – 19 MAI 1969

Coleman Hawkins, dit « The Bean » ou « The Hawk », fut, parmi les saxophonistes, le premier soliste d'importance, assurant dès lors à son instrument une place de choix dans l'histoire du jazz. Mais il est aussi une de ces grandes figures dont l'influence fut déterminante pour bien des musiciens comme Sonny Rollins, Steve Grossman, James Carter et tous ceux de la génération swing, Buddy Tate, Arnett Cobb, Illinois Jacquet, Ben Webster et combien d'autres. À l'instar de son rival Lester Young, qui domina avec lui le monde du saxophone jusqu'à l'arrivée de John Coltrane, Hawkins se distinguait par une sonorité râpeuse, un souffle immense, des attaques athlétiques sur tempos rapides, mais aussi par un sens du lyrisme qui faisait de lui un maître des ballades. Au cours de sa très longue carrière, ce musicien gravera d'innombrables pièces, dont plusieurs sont devenues des standards aussi bien que des valeurs sûres pour les saxophonistes, qu'on songe tout particulièrement à *Body and Soul* (1939), LA référence, à *Queer Notions,* qui pose justement quelques questions singulières sur la notion d'improvisation bien avant la naissance du free jazz, ainsi qu'à *Picasso,* une improvisation sans accompagnement assez déroutante. Combattant des premières heures, adepte des *jam sessions,* Coleman Hawkins fera toujours confiance aux jeunes musiciens, qui le lui rendront bien ! Dès 1944, il enregistre avec Dizzy Gillespie et engage la fine fleur du be-bop, Thelonious Monk, Max Roach, Fats Navarro... Alternant entre « jeunes » et « vieux », Coleman Hawkins sera une des vedettes du Jazz at the Philharmonic, dirigera un quintette avec le trompettiste Roy Eldridge et enregistrera avec entre autres Ben Webster (1959), Duke Ellington (1962) et Sonny Rollins (1963).

COLEMAN HAWKINS : A RETROSPECTIVE 1929-1963 RCA / Bluebird 617-2, 2 CD

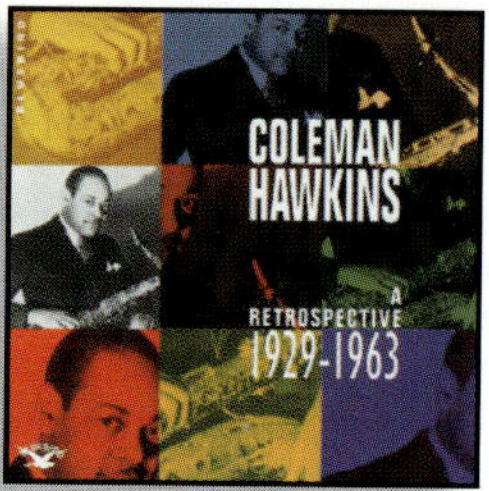

Difficile de passer à côté de cette rétrospective non seulement superbe, mais essentielle pour qui veut se familiariser avec le parcours de ce très grand saxophoniste. En deux disques, avec un livret fort documenté sous la direction des historiens Bill Kirchner et Orrin Keepnews, on découvrira Coleman Hawkins à ses débuts en 1929 avec le Mound City Blue Blowers. Suivra son très beau *Sugar Foot Stomp* avec le grand orchestre de Fletcher Henderson, *Hocus Pocus* avec Lionel Hampton, et le plus beau de ses morceaux, objet de bien des maux de tête pour toute une génération de musiciens, *Body and Soul.* Le second disque, qui couvre la période de 1946 à 1963, nous fait entendre Hawkins avec diverses formations, dont celle qui regroupe de jeunes *boppers* comme le trombone J.J. Johnson et le trompettiste Fats Navarro pour un magnifique *How Did She Look ?,* et un ensemble de cordes qui l'accompagnait pour *Hawk in Paris.* Pour terminer en beauté, un duo qui vaut son pesant d'or avec Sonny Rollins pour *All The Things You Are.*

THE GENIUS OF COLEMAN HAWKINS Verve / Master Edition 065-2

Un titre un peu ronflant peut-être, mais qui dit toute l'admiration de cette maison de disques qui reconnaît la chance qu'elle a eue de compter parmi ses musiciens ce merveilleux saxophoniste. Un quartet maison – Oscar Peterson au piano, Herb Ellis à la guitare, Alvin Soller à la batterie et Ray Brown à la contrebasse – donne la réplique au saxophoniste tout au long de ces 21 pièces. Que des classiques certes, mais quelle interprétation ! Que ce soit *I'll Never Be the Same, Begin the Beguine* ou *My Melancholy Baby,* il n'y a jamais une note de trop. Et tout y passe : puissance et souplesse, changements de rythmes, lyrisme des ballades… Un chef-d'œuvre pour moins de 15 dollars.

NIGHT HAWK Original Jazz / Classics 420-2

Coleman Hawkins rencontre Eddie « Lockjaw » Davis, un autre ténor réputé pour son impétuosité et son jeu intense. Les deux artistes au son riche et voluptueux s'entendent à merveille quand il s'agit de rendre une ballade plus sensuelle que jamais ou de prendre tout le temps de nous envoûter, par exemple, avec *Night Hawk* (10 min. 30 sec.), *There Is No Greater Love* (8 min. 15 sec.) et *In A Mellow Tone,* de Duke Ellington.

VERY SAXY : EDDIE « LOCKJAW » DAVIS - BUDDY TATE - COLEMAN HAWKINS - ARNETT COBB Original Jazz / Classics 458-2

Quand quatre saxophonistes se rassemblent, c'est pour se raconter des histoires de saxo et de swing. Tous héritiers de la grande période dorée des années 30 et 40, ils s'en donnent à cœur joie, chacun y allant de son petit solo avant d'entonner tous en chœur le plus que célèbre *Lester Leaps In,* de l'unique Lester Young. Admirablement soutenu par l'organiste Shirley Scott, cinquième larron de cette aventure, *Very Saxy* est un modèle de swing.

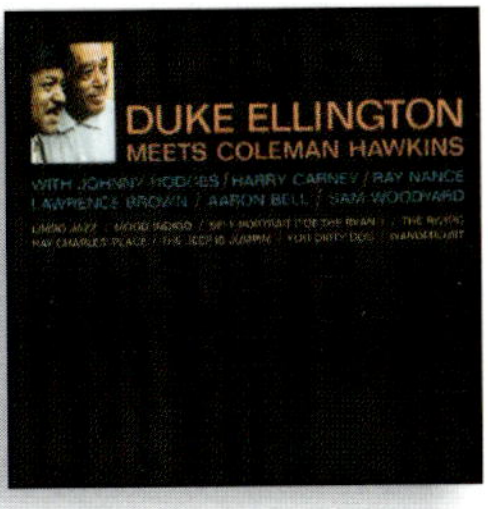

DUKE ELLINGTON MEETS COLEMAN HAWKINS Impulse ! IMPD-162

Une rencontre qui aurait dû avoir lieu bien avant 1962, comme le racontent si bien dans le livret ces deux géants que furent Ellington et Hawkins. La liberté est reine, chacun y va comme bon lui semble, et les solos s'étirent au gré du musicien, comme en fait foi le jeu de Ellington dans *Mood Indigo.* La pièce la plus surprenante est cependant ce *Limbo Jazz,* où le batteur Sam Woodyard chante sans s'en rendre compte par-dessus la mélodie, ce qui donne à la séance un air de *jam session* impromptu... Le blues y est omniprésent avec *Wanderlust,* interprété par Hodges et Hawkins, et, bien sûr, *Mood Indigo.* Le tout se termine avec une pièce que le Duke a écrite spécialement pour son invité, *Self Portrait (of the Bean).* De toute beauté !

16 MAI 1913 - 29 OCTOBRE 1987

« Mon orchestre, c'est ma vie. » Tel fut le leitmotiv du chef d'orchestre Woody Herman, qui a consacré toute son énergie, et cela malgré de très graves ennuis financiers, à faire vivre ses différents orchestres pendant un demi-siècle. Faisant parfois ombrage aux grandes machines dirigées par Count Basie, Duke Ellington ou Dizzy Gillespie, Woody Herman va trouver en ses différentes sections de saxophones composées entre autres de Zoot Sims, Stan Getz, Serge Chaloff, Al Cohnou et Herbie Steward, le véhicule idéal pour exprimer un swing authentique.

La carrière de Woody Herman ne démarre véritablement qu'en 1939, avec son premier grand succès - *At The Woodchopper's Ball*. Avec son premier grand orchestre - First Herd, ou premier troupeau -, qui comprend des musiciens aussi talentueux que Flip Phillips (saxophone ténor), Bill Harris (trombone) et l'arrangeur Ralph Burns, il enregistrera quelques grands classiques dont *Caldonia, Bijou, Northwest Passage* et *Blowin' Up a Storm*. Remarqué par le compositeur Igor Stravinsky, celui-ci leur écrira le *Ebony Concerto,* que Woody Herman interprétera avec son First Herd au Carnegie Hall, en 1946.

Au cours de l'année 1947, certainement la plus importante de toute sa carrière, il met sur pied le Second Herd avec une section de saxophones qui regroupe Zoot Sims, Stan Getz, Herbie Steward et Serge Chaloff, et qui prendra le nom de *Four Brothers* (d'après le titre d'une des compositions du multi-instrumentiste Jimmy Giuffre). C'est avec cette fine équipe qu'il gravera *Early Autumn,* célèbre pour le solo de Stan Getz et qui aura une influence prépondérante sur le jeu de plusieurs saxophonistes.

À la fin de l'année 1949, il dissout cet orchestre mais forme un Third Herd au début des années 50, et cela pour une dizaine d'années. Toujours à la recherche de nouveaux talents, il mettra par la suite sur pied les Thundering Herds (avec différents changements chez les membres) qui l'accompagneront en tournées jusqu'à la fin de sa vie. Victime de manœuvres financières frauduleuses, Woody Herman s'éteindra ruiné malgré le soutien de grands artistes tels que Clint Eastwood et Frank Sinatra.

THIS IS JAZZ: WOODY HERMAN Columbia / Legacy CK 040

Pour une fois qu'une « compilation » est vraiment très bien faite, il serait fou de s'en priver ! Issue d'une série hommage aux musiciens qui ont fait les belles heures de la prestigieuse firme Columbia, celle-ci réunit les plus beaux moments des grands orchestres de Woody Herman, devenus légendaires grâce à leurs sections de saxophones. Les grands classiques sont présents : *Caldonia, Woodchopper's Ball, The Goof And I,* ainsi que deux versions de *Northwest Passage,* dont une en concert. Essentiel et à prix vraiment modique ; moins de 15 dollars !

WOODY HERMAN : KEEPER OF THE FLAME Capitol 453-2

Les meilleures années, et certainement les plus belles, du chef d'orchestre Woody Herman à la tête de son second troupeau (Second Herd). En 1947 et 1948, ce gardien d'un swing communicatif et intelligent va, en compagnie des saxophonistes Al Cohn, Zoot Sims, Gene Ammons, Stan Getz et Serge Chaloff, graver quelques-unes des plus belles plages du jazz d'après-guerre. Que l'on songe à *Lemon Drop, Lollipop* et *That's Right,* et le tour est joué. À cet édifice profondément marqué par le style du saxophoniste Lester Young vient se greffer un joyau : le solo du saxophoniste ténor Stan Getz sur la pièce *Early Autumn*. Une sonorité aérienne et voluptueuse qui va propulser ce jeune musicien au rang de star. Inoubliable !

H

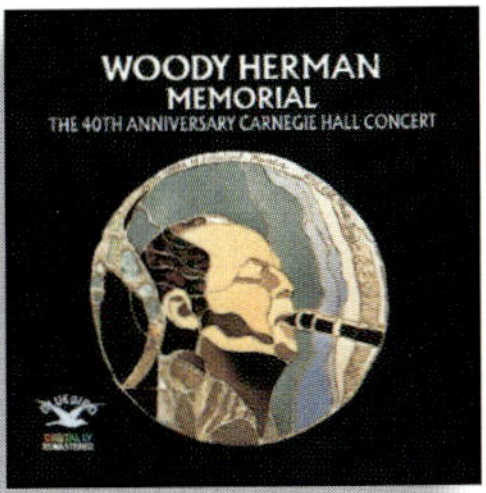

WOODY HERMAN MEMORIAL : THE 40TH ANNIVERSARY CARNEGIE HALL CONCERT
Bluebird 6878-2-RB

Pour les 40 ans de carrière de Woody Herman à la tête d'un grand orchestre, les anciens comme les plus jeunes étaient présents au Carnegie Hall. Il y avait son New Thundering Herds avec quelques anciens, dont Stan Getz, Flip Phillips, Al Cohn, Zoot Sims, Jimmy Giuffre et Billy Bauer, venus fêter le patron. Que des grands classiques : *Early Autumn, Apple Honey, Bijou, Blue Serge* et, bien évidemment, *Four Brothers.*

25 JUILLET 1906 – 11 MAI 1970

Un des plus grands saxophonistes alto de l'histoire du jazz et, plus particulièrement (avec Benny Carter, de la période swing), interprète par excellence de la ballade, Johnny Hodges fut pendant 50 ans une des chevilles ouvrières du grand orchestre de Duke Ellington. Comme le dit si bien Pascal Anquetil dans *Les incontournables du jazz*: « Il est deux types de saxophonistes alto: ceux dont le jeu est chauffé à blanc par le feu du tragique; on pense à Byrd, Jackie McLean, Art Pepper. Et ceux qui, comme Benny Carter, Paul Desmond et, bien sûr, Johnny Hodges, sont au contraire illuminés par le sens de la grâce[7]. »

Quand vient le temps de décrire le jeu de Hodges, ce sont toujours les mêmes termes qui reviennent: fluidité, limpidité, son aérien doublé d'une certaine désinvolture, et un profond enracinement dans le blues. Autant dire qu'il avait tout pour lui; c'est pourquoi son influence fut si marquée sur les altistes de la nouvelle génération comme Cannonball Adderley, Phil Woods, le Canadien Dave Turner et même Charlie Parker, qui avait par ailleurs une profonde admiration pour ce personnage digne des films de Buster Keaton. C'est en 1928 que Duke Ellington l'engage dans son grand orchestre et, mis à part une infidélité de quatre ans pendant laquelle il enregistrera sous son propre nom, il y restera jusqu'à sa mort en 1970. Encore aujourd'hui, personne n'a oublié les merveilleuses interprétations qu'il donna de *Warm Valley, On The Sunny Side of the Street, The Jeep Is Jumpin', Come Sunday, Jeep's Blues* et de son dernier blues, *Blues For New Orleans.*

Bouche à oreille

Influences

SIDNEY BECHET (saxophone soprano) *Master Takes, Victor Sessions 1932-1943,* Bluebird

A influencé

CANNONBALL ADDERLEY (saxophone alto) *Things Are Getting Better,* Original Jazz Classics

QUELQUES COMPAGNONS DE ROUTE

WILD BILL DAVIS (orgue) *Impulsions,* Black & Blue

HARRY EDISON (trompette) *Edison's Light,* Original Jazz Classics

EVERYBODY KNOWS JOHNNY HODGES Impulse ! / GRP-116

Dans cet album très « ellingtonien » enregistré en 1964 en compagnie de ceux qui forment alors le cœur de l'orchestre du Duke, Hodges ne nous réserve pas beaucoup de surprises pour ce qui est du choix des pièces, qu'il joue toujours avec plus de rigueur depuis une bonne trentaine d'années : *Don't Get Around Much Anymore, Mood Indigo, A Flower Is A Lovesome Thing* et un très beau blues, *310 Blues.* Composée spécialement par l'alter ego du Duke, Billy Strayhorn, cette pièce met en évidence le jeu du saxophoniste : longues notes soutenues, imagination et swing constant.

BACK TO BACK : DUKE ELLINGTON AND JOHNNY HODGES PLAY THE BLUES
Verve / Master Edition 404-2

Un grand classique qui met en valeur tant le pianiste Duke Ellington que le saxophoniste Johnny Hodges autour d'un mets de choix, le blues, qu'ils connaissent mieux que quiconque : *The St. Louis Blues,* composé en 1914 par W.C. Handy, *Beale Street Blues* et *Basin Street Blues,* un des fétiches de Louis Armstrong. Entourés du trompettiste Harry Edison, du guitariste Les Spann, des contrebassistes Sam Jones et Al Hall, et du batteur Jo Jones, ils nous font cadeau d'un blues limpide et bouleversant. Inoubliable.

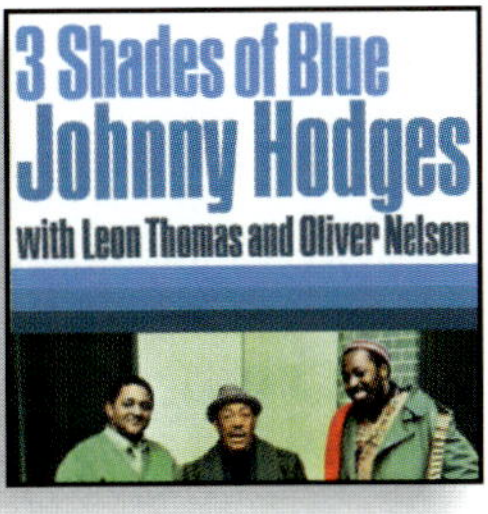

3 SHADES OF BLUE : JOHNNY HODGES WITH LEON THOMAS AND OLIVER NELSON BMG 872

Huit mois avant sa mort, Johnny Hodges, que l'on surnommait affectueusement « The Rabbit », entre en studio avec un grand orchestre dirigé par un des fins connaisseurs du blues et du jazz, Oliver Nelson, qui fait équipe avec le chanteur Leon Thomas (célèbre pour son tandem avec le saxophoniste Pharoah Sanders). Johnny Hodges est au meilleur de sa forme et les morceaux ont été taillés à sa mesure : *Empty Ballroom Blues, Black, Brown and Beautiful, Creole Love Call* et le très beau *Echoes Of Harlem,* une des plus belles compositions du Duke et pièce de résistance du trompettiste Cootie Williams.

7 AVRIL 1915 – 17 JUILLET 1959

Il est impossible de dissocier la vie professionnelle de Billie Holiday de son destin tragique, tant ses chansons sont marquées par le malheur, par tous les échecs qui ont découlé de ses ruptures amoureuses, de son alcoolisme et de la consommation de drogues, et qui auront finalement raison de sa santé. Il existe plusieurs ouvrages sur « Lady Day », comme l'appelait son frère d'armes, le saxophoniste Lester Young qui suivra d'ailleurs la même trajectoire destructrice : *Lady Sings the Blues,* son autobiographie où elle ne cache rien de sa vie, mais aussi, de Noël Balen, *Billie Holiday, corps et âme*[8], auquel est joint un CD et, du journaliste Luc Delannoy, *Billie Holiday*[9], un excellent survol avec discographie complète, en moins de 100 pages.

Si Billie Holiday ne possède pas le registre exceptionnel de Ella Fitzgerald ou la virtuosité de Sarah Vaughan, ses deux illustres consœurs au panthéon des chanteuses de jazz, elle « compense ce manque » par une voix déchirée et rocailleuse qu'elle module au gré de ses émotions, de la souffrance la plus profonde à la plus caressante des tendresses. « Il paraît que personne ne chante comme moi le mot *faim* ou le mot *amour*. C'est sans doute parce que je sais ce que recouvrent ces mots, parce que je suis assez orgueilleuse pour vouloir me souvenir de Baltimore et de Welfare Island, de l'institution catholique et du tribunal de Jefferson Market, du shérif devant notre appartement à Harlem et des nombreuses villes, d'une côte à l'autre, où j'ai été blessée et meurtrie[10]. »

Après une enfance malheureuse, viol, prostitution et quatre mois de prison alors qu'elle n'a même pas 14 ans, Billie Holiday commence à chanter dans les boîtes de nuit ; elle attire bientôt l'attention du puissant producteur John Hammond qui lui obtient de meilleurs engagements et lui propose d'enregistrer un premier disque avec le clarinettiste Benny Goodman. C'est le début de la gloire – en compagnie du pianiste Teddy Wilson – chez Count Basie où elle fera la connaissance du saxophoniste Lester Young ou avec le grand orchestre d'Artie Shaw. En 1941, elle se produit enfin dans les clubs les plus sélects mais c'est au même moment qu'elle sombre dans la drogue et l'alcoolisme, et c'est le commencement de très graves ennuis qui altéreront peu à peu sa voix. En 1947, elle est arrêtée pour usage de stupéfiants et passe quelques mois en maison de redressement. Dès lors, il lui sera très difficile de s'en sortir, et cela malgré de nombreux contrats.

En 1953, elle tente un retour et revoit pour la dernière fois son vieux copain Lester Young lors de l'enregistrement télé de « The Sound of Jazz ». Elle meurt le 17 juillet 1959 à l'âge de 44 ans.

THE QUINTESSENTIAL BILLIE HOLIDAY VOLUME 1 1933-1935 Columbia / Legacy 646
Pour ce premier disque d'une longue série de neuf (qui forment l'essentiel de ce qu'elle a enregistré pour Columbia), Billie Holiday est accompagnée d'abord par l'orchestre du pianiste Teddy Wilson, puis par celui de Benny Goodman. La drogue n'ayant pas encore fait ses ravages, sa voix est riche, souple, sensuelle et alerte. Entourée de la fine fleur des solistes du swing, Johnny Hodges, Roy Eldridge, Cootie Williams et Ben Webster, elle interprète ses premiers succès: *I Wished On The Moon, What A Night, What A Moon, What A Girl* et le classique *What a Little Moonlight Can Do* avec un très beau solo de Ben Webster.

THE QUINTESSENTIAL BILLIE HOLIDAY VOLUME 2 1936 Columbia / Legacy 790
Avec le trompettiste Bunny Berrigan, le clarinettiste Artie Shaw ou le pianiste Teddy Wilson, Billie Holiday au sommet de son art interprète quelques superbes pièces: *I Cried For You* où le saxophone Johnny Hodges lui donne la réplique, *No Regrets* et *A Fine Romance.*

THE QUINTESSENTIAL BILLIE HOLIDAY VOLUME 3 1936-1937 Columbia / Legacy 048
En compagnie de l'orchestre du pianiste Teddy Wilson, ou tout simplement avec le sien, Billie Holiday est encore au sommet dans: *I Can't Give You Anything But Love*, One *Never Knows – Does One?, My Last Affair*, etc. Indispensable aussi pour la présence de ces grands musiciens que furent Ben Webster (saxophone ténor), Jonah Jones, Buck Clayton (trompette).

THE QUINTESSENTIAL BILLIE HOLIDAY VOLUME 4 1937 Columbia / Legacy 252
Aussi important que les précédents, sinon plus, à cause de la présence du saxophoniste Lester Young qui a trouvé en cette chanteuse son alter ego (si ce n'est l'inverse!). «Pres» et «Lady Day» au summum de leur art dans *Easy Living, Me, Myself And I* et *Mean To Me*. Incontournable. Pour cette association magique, il faudra aussi se procurer: *Billie Holiday / Lester Young: Lady Day & Pres 1937-1941 (Frémeaux et associés)*, réalisé par le fou de jazz Alain Gerber.

BILLIE HOLIDAY: LADY IN SATIN Columbia / Legacy 144
Avec ce disque – qui était son favori –, Billie Holiday réalise un rêve: chanter avec le grand orchestre à cordes de Ray Ellis! D'une voix cassée, plus rauque que jamais et tellement triste, elle raconte son histoire à travers *I'm A Fool To Want You, For Heaven's Sake* et *You Don't Know What Love Is*. Les violons et les chœurs ne font qu'ajouter à la mélancolie du propos. Cet enregistrement de 1958, donc un an avant sa mort, comprend aussi quatre prises alternatives.

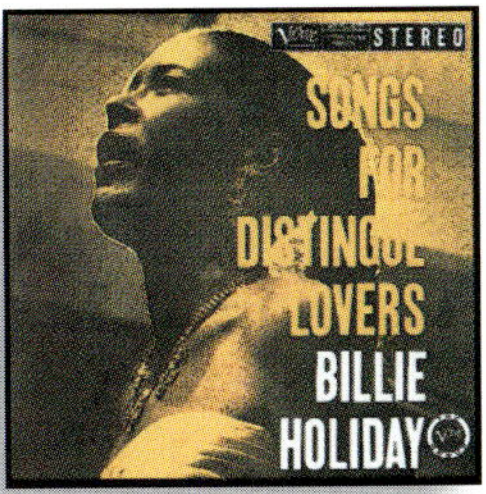

SONGS FOR DISTINGUÉ LOVERS / ALL OR NOTHING AT ALL Verve 226 2, 2 CD
Tirés de l'énorme coffret Verve, *Songs for Distingué Lovers* et *All Or Nothing At All* ont été enregistrés alors que la chanteuse en était au crépuscule de sa vie (ce que semblent percevoir tous les musiciens). Ici encore, elle livre de sa voix sombre et plus émouvante que jamais de très belles interprétations de *Do Nothin' till You Hear from Me, Just One of Those Things, Darn That Dream* et l'extraordinaire *Body and Soul*. À vous tirer les larmes...

25 JANVIER 1967 –

Pianiste inventif et prodige, D.D. Jackson fait partie de cette race de musiciens constamment sur la brèche, en quête d'excellence, et ne reculant devant aucune aventure. Ayant étudié le piano depuis sa tendre enfance, il ira parfaire sa formation musicale à la Manhattan School of Music, à New York, puis à l'université de l'Indiana. C'est là qu'il rencontrera deux grands pianistes, Don Pullen, qui deviendra son mentor, et Jaki Byard. Grâce à ces derniers, il fréquentera des jazzmen qui n'avaient pas peur de se frotter à la nouveauté : les saxophonistes David Murray et Jane Bunnett, le violoniste Billy Bang et le compositeur new-yorkais Kip Hanrahan. En 1994, il enregistre son premier disque en compagnie du saxophoniste David Murray et l'année suivante il collabore à ce qui sera le dernier enregistrement du pianiste Don Pullen, *Earth Eagle First Circle*. Depuis, D.D. Jackson connaît une fort belle carrière en solo ou en trio avec six disques à son actif.

Bouche à oreille

Influences

JAKI BYARD (piano) *Solo/Strings*, Prestige
DON PULLEN (piano) *Kele Mou Bana*, Blue Note

Coup de pouce

DAVID MURRAY (saxophone ténor) *Ming*, Black Saint

QUELQUES ACCOMPAGNATEURS

HAMIET BLUIETT (saxophone baryton) *Live at Carlos, Vol. 1*, Just a Memory

JANE BUNNETT (saxophone soprano) *Live at Sweet Basil*, Denon

HUGH RAGIN (trompette) *Fanfare & Fiesta*, Justin Time

D. D. JACKSON : PEACE-SONG / FEATURING DAVID MURRAY Justin Time 72-2

Premier enregistrement de D.D. Jackson, *Peace-Song* est aussi, pour l'instant, son plus beau. Un début impressionnant pour ce jeune pianiste de 27 ans qui a composé des pièces tout empreintes de recueillement, marquées qu'elles sont par le gospel. Le saxophoniste David Murray, vieux routier des rythmes afro-américains, laisse libre cours à son imagination sans jamais que son jeu prévale sur le toucher « incendiaire » parfois frénétique de Jackson. Si l'ombre de Don Pullen est perceptible, on ne manquera pas d'y voir aussi l'influence de Thelonious Monk, d'autant plus que de *Waltz For A New Life* à *Peace Song,* nous sommes en présence d'un musicien qui, comme ce dernier, a vraiment quelque chose à dire.

D.D. JACKSON : RHYTHM-DANCE Justin Time 89-2

Un an après la parution de *Peace-Song,* le pianiste est de retour en studio, en trio cette fois, avec John Geggie à la contrebasse et Jean Martin à la batterie, pour un tour du monde musical : du blues avec *DD Blues,* rythme latin pour *Nueva Canción,* une belle reprise de *Peace Of Mind,* une composition très touchante, *For Mama,* et pour boucler la boucle, *No Boundaries* et *Motion Sickness* !

J

D.D. JACSKON : PAIRED DOWN VOLUME ONE Justin Time 99-2

D.D. JACSKON : PAIRED DOWN VOLUME TWO Justin Time 104-2

Deux réunions avec des amis qui en ont long à raconter et dont les saxophonistes David Murray et Hamiet Bluiett, le clarinettiste Don Byron et le trop méconnu trompettiste Hugh Ragin. Comme devant un bel étal de fruits, on cueille ici et là, on saute d'un bonheur à l'autre, pour en conclure que l'aventure est plus qu'enrichissante pour lui… et pour nous.

2 JUILLET 1930 –

Se réclamant plutôt d'Erroll Garner et de Nat «King» Cole que de Bud Powell, le pianiste Ahmad Jamal fut l'un de ceux qui comme Bill Evans et Keith Jarrett auront su exploiter au maximum les sonorités du trio piano-basse-batterie. Musicien accompli, Ahmad Jamal a, au cours de sa très longue carrière (souvent entrecoupée de silences), constamment cherché à exprimer, grâce à un phrasé en accords, un langage harmonique plus que singulier et qui en a séduit plus d'un, dont le trompettiste Miles Davis qui le défendit bec et ongles. Quelquefois qualifié d'interprète populaire à cause de certaines de ses pièces jugées «faciles» (on fit le même reproche à Erroll Garner), c'est cependant bien autrement qu'il aura laissé sa marque, et principalement en ce qui concerne l'évolution du trio. Dans *Passeport pour le Jazz,* on lui rend ainsi hommage: «Entre 1958 et 1961, avec Israel Crosby (contrebasse) et Vernell Fournier (batterie), il lui donna [au jazz] une conception neuve, créant une nouvelle forme d'improvisation collective d'une souplesse sans précédent[11].»

Ahmad Jamal forme son premier trio en 1950, The Three Strings, avec le guitariste Ray Crawford et le contrebassiste Eddie Calhoun, qui deviendra plus tard le partenaire attitré du pianiste Erroll Garner. Il connaît son premier succès populaire en 1952 avec un classique – *Billy Boy* –, ce qui ne manquera pas d'attirer l'attention de Miles Davis qui reprendra quelques-unes de ses pièces, dont *New Rhumba* et *Ahmad's Blues*. En 1958, c'est véritablement la notoriété avec la formation d'un nouveau trio et l'enregistrement de *But Not For Me* et *Poinciana*. En 1961, après avoir fermé son club, l'Alhambra, il voit ses compagnons le quitter pour un autre pianiste, George Shearing. Jamais plus il ne retrouvera de tels accompagnateurs et cela se traduira par de longues années chaotiques. Pour retrouver le Ahmad Jamal du début, il faudra attendre les années 90 avec la parution de *Essence Part I* et *Part II*.

Bouche à oreille

A influencé

RED GARLAND (piano) *Soul' Burnin,* Original Jazz Classics
McCOY TYNER (piano) *Extensions,* Blue Note

QUELQUES COMPAGNONS DE ROUTE

DONALD BYRD (trompette) *Chant,* Blue Note

GEORGE COLEMAN (saxophone ténor) *My Horns of Plenty,* Verve

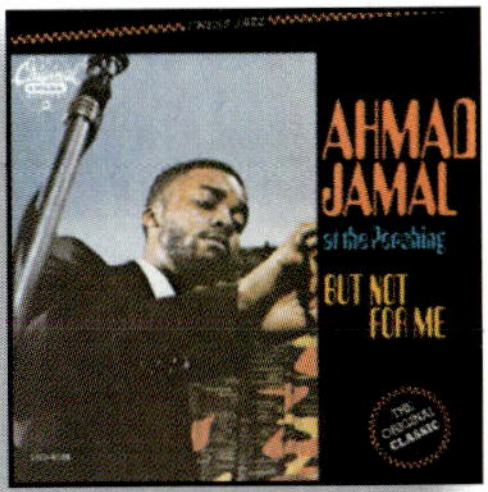

AHMAD JAMAL AT THE PERSHING : BUT NOT FOR ME Chess 9108

Si vous ne deviez acheter qu'un disque de ce grand pianiste, ce devrait être celui-ci, tant pour la qualité des solistes que pour l'histoire de son succès. À notre connaissance, il n'existe pas de nouvelle édition de ce disque paru en 1958 et adapté sur support compact en 1983, ce qui veut dire qu'il n'est pas particulièrement facile à trouver ! À l'époque, il était resté 100 semaines en troisième position du magazine *Billboard*, et pour cause : cohésion du trio, deux pièces incontournables – *But Not For Me* et *Poinciana* –, et un pianiste dont les lignes mélodiques retiendront l'attention de Miles Davis.

AHMAD JAMAL : THE ESSENCE PART I Birdology / Polygram 327-2

Un magnifique enregistrement de très haute qualité qui commence par un tour dans les nuages – *Flight* – et se poursuit dans *Toulouse*, la ville rose. Avec Idris Muhammad à la batterie, deux contrebasses, un percussionniste et le soutien, pour deux plages, du saxophoniste George Coleman, Ahmad Jamal explore une fois de plus les richesses harmoniques. Jamais à court d'inspiration, il revisite des classiques dont *Autumn Leaves* et *Lover Man*, et cherche à percer le mystère jazz avec *The Essence*.

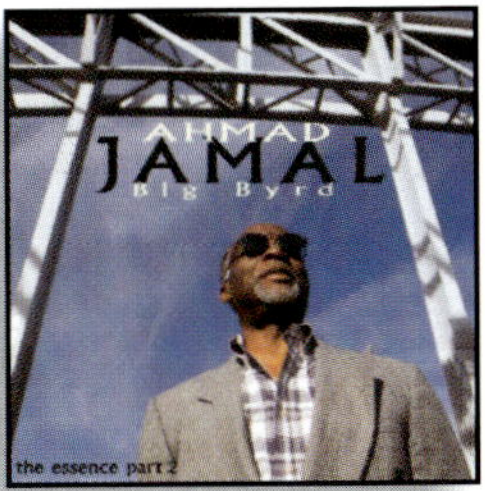

AHMAD JAMAL / BIG BYRD : THE ESSENCE PART II Birdology / Polygram 477-2

Le pianiste, qui a cette fois convié le violoniste Joe Kennedy et le trompettiste Donald Byrd, nous entraîne encore sur des terres fécondes. Beaucoup de surprises, et quelques belles pièces comme *Lament*, *Manhattan Reflections* et le classique de Cole Porter, *I Love You*.

8 MAI 1945 –

Dévoué uniquement à son art, Keith Jarrett a déjà été décrit comme «le plus influent pianiste vivant». Quoi qu'il en soit, ce musicien polyvalent et d'un charisme exceptionnel est particulièrement impressionnant à entendre et à voir; sautant sur son tabouret et chantonnant sans cesse, il peut tout aussi bien attaquer n'importe quel standard avec une invention et une énergie peu communes qu'improviser le plus nostalgique des blues.

C'est à 3 ans qu'il commence l'étude du piano; à 7 ans, il donne son premier concert et n'arrêtera plus de toute sa vie. Après des études au prestigieux Berklee College of Music, il joint les rangs des Jazz Messengers, du batteur Art Blakey, puis devient le pianiste attitré du saxophoniste Charles Lloyd, aux côtés duquel il deviendra une vedette internationale, surtout après un concert extraordinaire à Antibes, en 1966. En 1968, quand Lloyd quitte la scène, il forme un trio – qui deviendra vite une référence – avec le batteur Paul Motian et le contrebassiste Charlie Haden, et enregistre quelques grands disques dont *The Mourning Of A Star, Birth*...

En 1970-1971, c'est la grande aventure avec Miles Davis, ce qui ne l'empêche pas, peu de temps après (1973), de former un quartette en adjoignant à son trio le saxophoniste Dewey Redman. En 1975, Jarrett grave *The Köln Concert,* un récital de piano solo, sorte de manifeste où il expose sa perception de la musique, bien au-delà du jazz, ce qui lui vaudra l'admiration de tous ceux qui se veulent non conformistes... Suivra en 1980 *The Celestial Hawk,* un concerto pour piano et orchestre symphonique. Puis il forme un nouveau trio en compagnie du contrebassiste Gary Peacock et du batteur Jack DeJohnette, avec lesquels il enregistrera plusieurs standards. En 1987, il enregistre un premier album au clavecin et, l'année suivante, il s'attaque à rien de moins que *Le clavier bien tempéré,* de Bach. Souffrant de fatigue chronique, Keith Jarrett enregistrera peu jusqu'en 1995, alors qu'il reviendra avec *La Scala*. Il faudra attendre le début de l'année 2000 pour le voir sortir véritablement de sa retraite avec deux superbes enregistrements: *The Melody At Night, With You* et *Whisper Not,* enregistré devant public au Palais des Congrès à Paris en 1999.

THE MELODY AT NIGHT, WITH YOU ECM 1675

L'année du retour (1999-2000) et un grand moment de jazz. Dans la solitude de son studio, Keith Jarrett a été puiser dans les grands standards du jazz qu'il module à sa façon dans une atmosphère intimiste et émouvante. Si nous connaissons tous ces grands classiques *I Loves You Porgy* et *Someone To Watch Over Me,* on ne peut qu'une fois de plus saluer ce grand pianiste qui brille comme à ses beaux jours.

KEITH JARRETT : THE KÖLN CONCERT ECM 1064 / 65

En quatre mouvements qui font de 6 à 26 minutes, l'artiste, méditatif et combatif tout à la fois, nous parle de ce qui lui tient le plus à cœur, la musique... Un monument, devenu le best-seller de tous les récitals de piano solo !

J

MY SONG ECM 406-2

Avec son quartette européen (1977) composé du saxophoniste Jan Garbarek, du contrebassiste Palle Danielsson et du batteur Jon Christensen, Garrett interprète six de ses compositions qui devraient ravir ceux et celles qui aiment la musique intimiste et quelquefois planante. Si ce disque n'est pas essentiel, il illustre bien l'heureuse association Garbarek et Jarrett.

JOHNSON J.J. | ÉTATS-UNIS

22 JANVIER 1924 – 7 FÉVRIER 2001

Johnson fut certainement le plus grand joueur de trombone de l'ère bop, celui qui a donné ses lettres de noblesse à un instrument réservé jusque-là aux pupitres des grands orchestres. « Athlète du trombone », comme le décrit le *Dictionnaire du jazz,* il est le père spirituel de plusieurs générations de trombonistes, qui ont tous été marqués par son intonation si juste et son phrasé impeccable. Évitant les effets de *glissandos,* préférant, et de loin, les *staccatos* et attaques sèches (mais ne manquant pas de lyrisme), J.J. Johnson aura fait la jonction entre le style intrépide de Dizzy Gillespie et les inventions harmoniques de Charlie Parker. Sa popularité fera de lui un musicien extrêmement recherché malgré de longues périodes d'absence de 1952 à 1954 et de 1970 à 1987, occupé qu'il est à écrire pour le cinéma *(Across 110th Street)* et pour la télévision *(Starsky & Hutch).*

C'est à 17 ans qu'il décide de devenir jazzman professionnel. Comme beaucoup de musiciens de sa génération, il commencera dans les grands orchestres (Benny Carter et Count Basie), puis il se joindra aux tournées du Jazz at the Philharmonic. Habitué de la 52e Rue, il aura la chance d'enregistrer avec le saxophoniste Sonny Stitt, le pianiste Bud Powell et le contrebassiste Oscar Pettiford. En 1954, il forme avec le tromboniste Kai Winding un extraordinaire duo qui aura beaucoup de succès pendant plus de 15 ans. De nouveau, il quitte la scène du jazz pour l'écriture de musique de films, et fait un retour à la fin des années 70 avec le tromboniste Al Grey et le trompettiste Clark Terry. Jusqu'à sa mort, il continuera de travailler inlassablement, particulièrement avec la compagnie Verve pour laquelle il enregistrera de très beaux disques, dont *Tangence, Let's Hang Out, Heroes* et *The Brass Orchestra.*

Bouche à oreille

A influencé

BOB BROOKMEYER (trombone) *Oslo,* Concord
STEVE TURRE (trombone) *Sanctified Shells,* Verve

QUELQUES COMPAGNONS DE ROUTE

SONNY STITT (saxophone alto) *Stitt Plays Bird,* Atlantic
KAI WINDING (trombone) *Kai Winding Solo,* Verve

THE GREAT KAI & J.J. Impulse! 225

Sont ici réunis deux joueurs de trombone qui s'entendent à merveille et une section rythmique à faire pâlir d'envie: Bill Evans au piano, Paul Chambers et Tommy Williams à la contrebasse, et Roy Haynes et Art Taylor à la batterie. Mélodique, engagée et bop à souhait, cette session est marquée de très beaux moments avec entre autres *Georgia on My Mind* et *Alone Together*. Et pour les amateurs de swing, on enchaîne avec *This Could Be the Start of Something Big,* aux couleurs inimitables de nos deux héros.

J.J. INC. Columbia / Legacy 296

C'est un vrai petit bonheur que de redécouvrir cet enregistrement des années 60 aujourd'hui agrémenté de trois pièces inédites: *Blue 'N Boogie, Turnpike* et *Fatback*. Les amateurs de be-bop et de hard bop se régaleront avec un J.J. Johnson qui en met plein la vue et les oreilles, tout particulièrement dans la composition de Dizzy Gillespie *Blue 'N Boogie,* ainsi que dans *In Walked Horace,* hommage non déguisé au grand pianiste Horace Silver. Quant à la section rythmique, elle vaudrait à elle seule le détour: Freddie Hubbard à la trompette, Clifford Jordan au saxophone ténor, Cedar Walton au piano, Arthur Harper à la contrebasse et Albert «Tootie» Heath à la batterie.

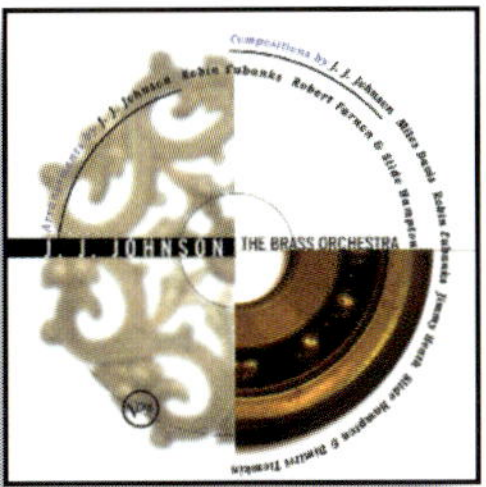

J.J. JOHNSON: THE BRASS ORCHESTRA Verve 321-2

Avec cet enregistrement somptueux qui sera son dernier (1996), Johnson réalise un vieux rêve, jouer avec un grand orchestre de cuivres: six trompettes, cinq cors français, quatre trombones, deux tubas, deux euphoniums et une section rythmique! De quoi faire tourner la tête à tous les amoureux des cuivres... Au milieu de cet ensemble, J.J. mène le bal de main de maître, avec sept compositions de son cru, dont certaines sont magnifiquement arrangées par Slide Hampton et Jimmy Heath.

J

11 SEPTEMBRE 1934 –

Tout autant que Oscar Peterson, Oliver Jones est un acteur reconnu de la scène du jazz à Montréal. Cet homme joyeux, à la technique solide et à l'imagination fertile, est un des grands représentants d'un jazz dit classique qui attire chaque fois son lot de nouveaux adeptes. Fils spirituel du pianiste Oscar Peterson, et devenu son « seul rival sérieux », comme l'écrit Stanley Péan dans *Toute la ville en jazz,* il ne se fit vraiment connaître qu'au début des années 80 avec son premier disque, *Live at Biddle's.* Aujourd'hui, il a une bonne quinzaine de disques à son actif, tous sous étiquette Justin Time. Au cours de sa carrière, il aura eu comme complices des solistes de grand talent : le batteur Ed Thigpen, les contrebassistes Ray Brown et Dave Young, le trompettiste Clark Terry et le saxophoniste Fraser McPherson. Prix Oscar-Peterson du Festival international de jazz de Montréal, Oliver Jones a aussi reçu le prix Martin-Luther-King et les médailles de l'Ordre du Québec et de l'Ordre du Canada.

Bouche à oreille

Même instrument

BARRY HARRIS : *For the Moment,* Uptown

TOMMY FLANAGAN : *Our Delights,* Original Jazz Classics

Influences

OSCAR PETERSON (piano) *West Side Story,* Verve

QUELQUES ACCOMPAGNATEURS

RAY BROWN (contrebasse) *Some of my Best Friends Are... The Sax Players,* Telarc

ED THIGPEN (batterie) *Mr Taste,* Justin Time

DAVE YOUNG (contrebasse) *Fables and Dreams,* Justin Time

OLIVER JONES: JUST IN TIME Justin Time 12-1/2, 2 CD

Pour son quinzième enregistrement avec le label de jazz montréalais Justin Time, Oliver Jones a choisi une boîte fort sympathique de Toronto, le Montréal Bistro! En compagnie du contrebassiste Dave Young et du batteur Marshall Villeneuve, il nous propose un tour du jardin, avec un florilège de classiques, *Loverman, The Things We Did Last Summer,* un imposant medley des mélodies de George Gershwin, un heureux détour chez Monk, *Well, You Needn't,* et un moment de ravissement grâce à *Odalisque,* une très belle composition de la pianiste Lorraine Desmarais... Oliver Jones est un véritable caméléon qui, sans renier ses maîtres, Art Tatum, Oscar Peterson, Erroll Garner et Bud Powell, a su développer un style bien à lui, plein de vie et «inspirant», pour reprendre le terme du critique de jazz Leonard Feather. Ces deux disques sont désormais des indispensables dans toute bonne discothèque de jazz.

JUST FRIENDS Justin Time 31

Avec ses vieux copains, le contrebassiste Dave Young, le batteur Nasir Abdul Al-Khabyyr et un invité de marque, le trompettiste Clark Terry, Oliver Jones nous convie à une fête entre amis et pour du jazz qui swingue: *Just Friends,* évidemment, mais aussi *It Could Happen to You* et un *Blues for Hélène,* une grande dame qui a beaucoup fait pour le jazz à Montréal.

J

19 FÉVRIER 1912 - 25 AOÛT 1979

Une des figures les plus originales du monde du jazz, mais aussi une des plus controversées, Stan Kenton a, durant toute sa vie, mis son énergie, son talent et ses idées souvent grandioses et baroques au service de ses orchestres, dont un, à son apogée, comptait 43 musiciens! Reconnus notamment pour leur exceptionnelle technicité, ces derniers accueilleront dans leurs rangs un nombre incroyable de musiciens toujours très brillants, Shorty Rogers, Maynard Ferguson, Art Pepper, Bob Cooper, Shelly Manne... et de grands arrangeurs comme Lennie Niehaus (qui signera plus tard une bonne partie des trames sonores de Clint Eastwood), Marty Paich ou Gerry Mulligan. Leur répertoire était des plus éclectiques, car Kenton tenait à laisser toute leur liberté à ses collaborateurs. On passera ainsi de l'avant-garde à l'afro-cubain, pour mieux revenir au classique, entrecoupé des défis les plus fous, comme des adaptations de Richard Wagner ou d'hymnes nationaux.

C'est en 1941 que Stan Kenton, qui n'avait pas encore les prétentions novatrices qu'on lui connaîtra plus tard, forme son premier grand orchestre. Mélangeant habilement la puissance de l'orchestre de Jimmie Lunceford avec les arrangements subtils de celui du saxophoniste Benny Carter, il parvient rapidement à se hisser aux sommets des grandes formations alors en vogue. En 1945, il forme avec l'arrangeur Pete Rugolo le Artistry in Rhythm Orchestra, qui obtient bien des honneurs mais qu'il doit dissoudre en 1947. De 1948 à 1955, se succéderont le Progressive Jazz Orchestra, Innovations in Modern Music, et pour finir le New Concepts In Artistry in Rhythm Orchestra. Jusqu'à la fin, et souvent avec des ensembles moins imposants, Stan Kenton continuera son travail de créateur, sa recherche de l'inouï, sans jamais cesser d'inviter de jeunes musiciens à s'exprimer.

Bouche à oreille

Influences

JIMMIE LUNCEFORD (chef d'orchestre) *Stomp it Off*, Decca

Ses musiciens

MAYNARD FERGUSON (trompette) *Maynard' 61*, Roulette

ART PEPPER (saxophone alto) *Straight Life*, Original Jazz Classics

SES ARRANGEURS

LENNIE NIEHAUS (saxophone alto) *Lennie Niehaus Vol. 5, The Sextet*, Contemporary

CHICO O'FARRILL *Carambola*, Milestone

STAN KENTON: THE INNOVATIONS ORCHESTRA Capitol 65 2 8, 2 CD
Ces deux disques reprennent ce que Kenton avait réalisé avec son Innovations Orchestra – *Innovations in Modern Music* et *Kenton Presents* – auxquels s'ajoutent quatre extraits de concerts; un plongeon au cœur de l'univers quelquefois délirant et très cinématographique de Stan Kenton. *Mirage, Conflict* ou *Solitaire* ont en effet de quoi surprendre, tandis que *Cuban Episode,* écrit par Chico O'Farrill, et *Mardi Gras,* arrangé par Pete Rugolo, sont plutôt réjouissants, voire festifs. Dans le second disque, on découvre le merveilleux saxophoniste alto qu'est Art Pepper dans une pièce éponyme, et le trompettiste canadien Maynard Ferguson, toujours aussi spectaculaire. Une très bonne entrée en matière, mais il faut avoir l'esprit ouvert et être curieux.

KENTON LIVE FROM THE LAS VEGAS TROPICANA Capitol 245 2 5
En 1959, le grand orchestre de Stan Kenton, chauffé à blanc, reprend de grands classiques du jazz – *Tuxedo Junction, The End of a Love Affair, A String of Pearls* – et des incontournables de son répertoire – *Artistry in Rhythm, Intermission Riff*. Du grand Kenton, même si ce n'est plus l'époque du Innovations Orchestra.

7 AOÛT 1936 – 5 DÉCEMBRE 1977

Roland Kirk est un des personnages les plus passionnants du monde du jazz, un « électron libre » amoureux de la performance et qui, lors d'un spectacle, pouvait vous récrire l'histoire du jazz en un rien de temps. Profondément enracinée dans la culture noire et le blues, sa musique couvrait tous les courants, du swing jusqu'au jazz-rock, ce qui, associé à une énergie débordante et à un sens de l'improvisation hors du commun, lui vaudra bientôt une renommée internationale. De plus, se voulant *multiphonique,* il arrivait sur scène bardé d'instruments : flûte, pipeau, trompette, cor anglais, sirènes et autres sifflets, sans oublier sa voix !

Devenu aveugle à l'âge de deux ans, il manifeste très tôt des dons particuliers pour la musique et l'improvisation, et déjà à neuf ans, il jouait de la trompette. Durant son adolescence, il fait un rêve dans lequel il se voit jouer de plusieurs instruments à la fois (tous des saxophones) ; c'est ce qu'il fera jusqu'à la fin de ses jours, considérant que c'était ainsi qu'il fallait faire de la musique. Toujours en quête de sonorités nouvelles, il découvrira deux étranges saxophones, le manzello et le stritch. C'est au début de la vingtaine qu'il enregistre son premier disque ; il est alors très vite remarqué, notamment par Charles Mingus qui l'embauche dans son ensemble. C'est au cours de son premier voyage en Europe qu'il voit se confirmer sa popularité. Il se produit un peu partout, spécialement à Londres, au Ronnie Scott, en compagnie des saxophonistes Johnny Griffin et Dexter Gordon. Infatigable travailleur, il donnera des concerts, participera à des festivals et ne cessera d'enregistrer, surtout comme leader de la Vibration Society qu'il avait créée avec le joueur de tuba Howard Johnson.

Bouche à oreille

A influencé

ART ENSEMBLE OF CHICAGO : *Urban Bushmen,* ECM

JAMES CARTER (saxophone ténor) *J.C. on the Set,* DIW

QUELQUES COMPAGNONS DE ROUTE

DEXTER GORDON (saxophone ténor) *Go !* Blue Note

QUINCY JONES (trompettiste, chef d'orchestre) *Q Lives in Paris Circa 1960,* Warner

ROLAND KIRK : TALKIN' VERVE Roots of Acid Jazz / Verve 101-2
Dans la foulée de cette mode qui s'appelle l'acid-jazz (une bonne occasion de redécouvrir d'anciens musiciens par de nouveaux sons), la compagnie Verve a édité une collection de disques qui présentent les précurseurs de ce mouvement. Roland Kirk, homme d'aventure, en fait partie et le disque qui lui est consacré, et dont toutes les pièces ou presque sont tirées de l'immense coffret de 10 CD paru sous étiquette Mercury, a de quoi réjouir les amateurs d'un jazz éclaté mais non dénué de cohésion. On se réjouira non seulement de l'association du saxophoniste avec le chanteur et harmoniciste Sonny Boy Williamson pour *Untitled Blues,* mais aussi de sa reprise de *Dyna-Soar,* thème de la télésérie *Hatari* avec le grand orchestre de Quincy Jones, de l'hilarant *Limbo Boat* et d'autres merveilles comme *A Sack Full of Soul, Black Diamond* et *When the Sun Comes Out.*

WE FREE KINGS Mercury 455-2
Un des plus grands disques du saxophoniste Roland Kirk qui, 40 ans après sa parution en 1961, est toujours d'actualité. Une performance inoubliable dans *Three for the Festival, Moon Song* et *We Free Kings,* et en prime une prise alternative de *Blues for Alice* (de Charlie Parker).

ROLAND KIRK : I TALK WITH THE SPIRITS Verve / Master Edition 076-2
Les esprits, il les connaît bien puisque ce sont eux qui, dans son rêve, lui ont tracé la voie. Enregistré en 1964, *I Talk With the Spirits* commence par une vieille comptine, *Serenade to a Cuckoo,* au cours de laquelle Kirk associe flûte et instruments africains pour imiter le son du coucou... et ça fonctionne ! Après cette introduction quelque peu exotique, on passe allègrement à *Django,* la très belle composition de John Lewis, puis à *Trees,* une jolie ballade, pour finir avec *I Talk With the Spirits,* alors que la chanteuse Crystal Joy-Albert accompagne Kirk pour son solo de flûte.

13 OCTOBRE 1927 –

Le saxophoniste Lee Konitz a toujours conservé, de cette époque cool dont il est un des derniers représentants, un son fluide et aérien que la maturité a teinté de sensibilité et d'émotion. Dès sa jeunesse, il a su, à l'encontre de plusieurs de ses confrères, s'éloigner du style rigide de Charlie Parker pour adopter, en partie sous l'influence du pianiste Lennie Tristano, une tout autre approche, indubitablement reliée au jazz cool, mais qui contient déjà les germes du jazz avant-gardiste des années 60.

Après avoir étudié plusieurs années, notamment avec Tristano, Konitz entre dans l'orchestre très novateur de Claude Thornhill, mais bientôt il ira travailler avec Miles Davis au célèbre enregistrement de *Birth of the Cool*. Au même moment, il enregistrera *Intuition* avec Lennie Tristano et Wayne Marsh, un saxophoniste qui partage ses idées sur l'harmonie. Au cours de sa longue carrière, Lee Konitz aura peu fréquenté les grands ensembles, mis à part ceux de Stan Kenton (1952-1954) et de Charles Mingus (1972), car il est avant tout le musicien de l'intimité et des duos. C'est ainsi qu'il produira ses meilleures œuvres en compagnie des pianistes Bill Evans, Martial Solal et Michel Petrucciani, du tromboniste Marshall Brown, du trompettiste Enrico Rava, et de l'arrangeur et pianiste Gil Evans.

Bouche à oreille

Un mentor

LENNIE TRISTANO (piano) *Intuition*, Capitol

QUELQUES ACCOMPAGNATEURS

KENNY CLARKE (batterie) *Kenny Clarke All-Stars*, Savoy

WAYNE MARSH (saxophone ténor) *A Ballad Album*, Criss Cross

OSCAR PETTIFORD (contrebasse) *Deep Passion*, Impulse !

LEE KONITZ WITH WAYNE MARSH Atlantic 356-1

Un des premiers disques de ce grand saxophoniste alto enregistré en 1955, alors que la vague du jazz cool bat son plein. Loin des arabesques explosives du saxophoniste Charlie Parker qui en est le modèle, Lee Konitz, sous l'influence du pianiste Lennie Tristano, va « opposer » un jeu qui exclut la tension nerveuse inhérente au jeu de *boppers*. Longues lignes mélodiques, profond sentiment d'un jazz apaisant, et toute la dominance du jeu cool que l'on retrouvera par exemple chez Stan Getz et Paul Desmond. Être cool ne veut pas dire rejeter les acquis du bop, puisque ces deux musiciens reprennent à leur façon le célèbre *Donna Lee* (Charlie Parker). Pour l'exercice, prenez cette même pièce jouée par le compositeur et la différence saute aux « oreilles ». On retiendra aussi de ce très beau disque *There will Never Be Another You* et *Two Not One,* ainsi que la solide section rythmique composée de Kenny Clarke (batterie), Oscar Pettiford (contrebasse), Sal Mosca et Ronnie Ball (piano) et Billy Bauer (guitare).

LEE KONITZ – BRAD MEHLDAU – CHARLIE HADEN : ALONE TOGETHER

Blue Note 150 2 0

Trois grands musiciens, dont le pianiste Brad Mehldau, un petit nouveau qui commençait à faire parler de lui à l'époque (1996), se font plaisir en rejouant d'anciens standards, *Cherokee, Round Midnight, The Song Is You...* Et nous en sommes ravis parce que Dieu comme ils s'entendent à faire « du neuf avec du vieux » ! Un enregistrement de toute beauté.

LEE KONITZ : SOUND OF SURPRISE BMG 309-2

Ce *Sound of Surprise* (1998) prouve une fois de plus que l'inventif saxophoniste a plus d'une note dans son sac. Il remet les pendules à l'heure avec un très beau *Blues Suite,* reprend le classique *Subconsciouslee* et se fait tendre à souhait dans *Friendlee.*

16 NOVEMBRE 1964 –

Il est loin le temps où cette jeune chanteuse venait discrètement présenter son tour de chant dans la petite salle du Club Soda à Montréal. Huit ans après ses débuts, Diana Krall fait maintenant partie du star-système, ayant vendu plus d'un million d'exemplaires de *When I look in your eyes* et remporté un Grammy Award. Une véritable réussite que l'on souhaiterait à bien des musiciens du milieu… tout autant qu'au jazz lui-même! Diana Krall, il est vrai, a de quoi séduire le public: une jolie frimousse, une voix agréable, un sourire éternel et un swing réjouissant qui rappelle les belles années du pianiste et chanteur Nat «King» Cole, ce qui fera dire à un critique de jazz qu'elle «ne colle pas tout à fait avec son temps».

Née en Colombie-Britannique, elle commence à apprendre le piano vers l'âge de quatre ans, et c'est grâce à son père (également pianiste) qu'elle se tournera lentement vers le jazz, plus particulièrement vers des musiciens dits du Mainstream comme Fats Waller et Nat «King» Cole, à qui elle rendra hommage avec *All for You.* Après des études universitaires, elle fréquente un moment le Berklee College of Music de Boston avant de s'installer à Los Angeles; mais, au début des années 90, elle choisit finalement New York comme ville d'adoption.

Bouche à oreille

Coup de pouce

RAY BROWN (contrebasse) *Bass Face,* Telarc

Influences

NAT « KING » COLE (chanteur, pianiste) *Best of. The Instrumental Classics, 1943-1949,* Capitol

MÊME REGISTRE

HOLLY COLE (chanteuse) *Blame it on my Youth,* Manhattan

HARRY CONNICK JR (chanteur) *To See You,* Columbia

STEPPING OUT Justin Time 50-2

Il est d'autant plus intéressant de se procurer ce premier disque de Diana Krall qu'il s'agit d'une nouvelle version sortie en 2000 et qui comprend une plage inédite, un grand classique, *On The Sunny Side Of The Street*. On y découvre cette voix un peu nasillarde et cool, unique en son genre, tout en se rapprochant quelque peu du style de Nat «King» Cole. Sans être une pianiste de choc, elle modèle son jeu à sa voix dont le timbre convient tout à fait aux grands standards, *This Can't Be Love*, *As Long As I Live*, *Between The Devil And The Deep Blue Sea* et l'incontournable *Straighten Up And Fly Right*.

DIANA KRALL : LOVE SCENES Impulse ! 234

Flairant la bonne affaire, la compagnie Impulse ! engage la chanteuse deux ans après la sortie de *Stepping Out* et fait appel au grand producteur Tommy LiPuma pour la conseiller et la soutenir financièrement. On sent chez Krall une nette évolution : sa voix est plus travaillée et son style a pris de la profondeur tout en restant le même, heureusement. Avec son guitariste Russell Malone et le contrebassiste Christian McBride (autre jeune loup à surveiller), elle interprète une fois de plus des classiques : *All or Nothing at All*, *Garden in the Rain*, *That Old Feeling* et bien d'autres. Un disque rondement mené qui s'inscrit dans un classicisme de bon goût.

WHEN I LOOK IN YOUR EYES Impulse ! 304

LE disque du succès, celui du million d'exemplaires vendus et d'un Grammy Award ! Pour cette production léchée, la chanteuse est accompagnée d'un orchestre à cordes dirigé par le compositeur Johnny Mandel. Encore ici, Nat «King» Cole n'est pas loin, cet enregistrement rappelant les années somptueuses des grands *crooners* qui savaient si bien charmer une salle de bal...

23 JUILLET 1934 –

Grand spécialiste du saxophone soprano avec Sidney Bechet et John Coltrane, Steve Lacy, le plus français des Américains, est un être passionnant et inclassable. Si sa musique n'est pas à la portée du premier venu (il faut un certain temps d'accoutumance), « le plaisir croît avec l'usage », pour reprendre une formule consacrée. Tout au long de sa carrière, qui est heureusement loin d'être finie, « son inlassable curiosité de découvrir », comme l'écrivent Gérard Arnaud et Jacques Chesnel dans *Les grands créateurs du jazz,* en fait un des musiciens phares de cette période que l'on identifie au free jazz, foisonnante de découvertes et d'expérimentations sonores. Un peu comme un peintre du pop art, Steve Lacy décortique les pièces, les remodèle à sa façon et y inclut des bandes sonores, ce qui donne à sa musique un caractère particulier et constamment novateur.

C'est en tant que photographe que Steve Lacy commence à fréquenter les musiciens de jazz, mais très vite il se passionnera pour leur musique plutôt que pour leurs têtes… et c'est en entendant *The Mooche,* de Duke Ellington et interprété par Sidney Bechet, qu'il choisira d'abord la clarinette, puis le saxophone soprano. Au début des années 50, celui qui deviendra l'un des grands du free jazz commence par travailler avec les meilleurs solistes du swing et du dixieland, le trompettiste Henry Red Allen, le clarinettiste Pee Wee Russell et le batteur Zutty Singleton. En 1955, le pianiste Cecil Taylor, auprès duquel il passera quelques années, l'initie à la musique de Thelonious Monk qui le fascinera au point de lui consacrer plusieurs disques. Toujours à l'affût des nouveaux courants, il travaillera avec la crème des musiciens du free jazz, Ornette Coleman, Jimmy Giuffre et Don Cherry.

Au début des années 60, il quitte définitivement l'Amérique pour un séjour en Italie, puis s'installe définitivement à Paris. Depuis, il collabore avec tous les musiciens aux idées aussi aventureuses que les siennes : le contrebassiste Jean-François Jenny-Clark, le batteur Aldo Romano, le pianiste Mal Waldron, le tromboniste Roswell Rudd et plusieurs autres. Au milieu des années 70, il forme un quartette avec Steve Potts (saxophone), Irene Aebi (violon et chant), Kent Carter, puis Jean-Jacques Avenel (contrebasse), Oliver Johnson (batterie) et le pianiste Bobby Few, et cela jusqu'au début des années 90.

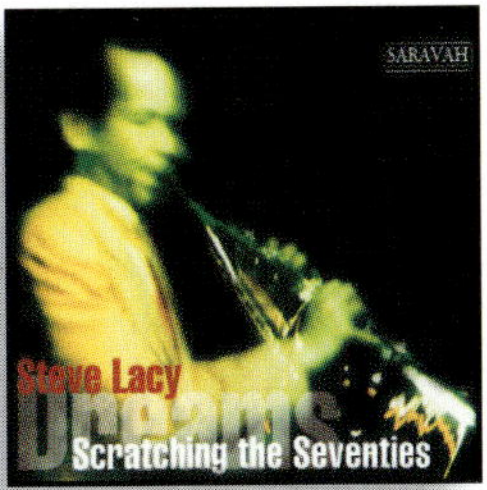

STEVE LACY: SCRATCHING THE SEVENTIES DREAMS Saravah 2082

Ce coffret de trois CD regroupe cinq disques originaux et certainement les plus beaux que Steve Lacy ait enregistrés au détour des années 70. Au-delà de la mode avant-gardiste de l'époque, ce feu d'artifice de matériaux en fusion découle d'une recherche essentielle que décrit ainsi le principal intéressé: «Notre politique était de survivre en jouant une musique non contaminée. Nous avions un vrai désir de trouver une originalité collective.» Un peu comme le fera le contrebassiste Charles Mingus avec ses Workshops, Steve Lacy introduit dans tous ses enregistrements des idées de son temps, de la poésie, plusieurs démarches qui peuvent sembler étranges, et tout cela au profit de la découverte et de l'innovation. Comme quoi il était bien en avance sur son temps!

STEVE LACY – ROSWELL RUDD: MONK'S DREAM Verve / Universal 090-2

Deux vieux complices (Lacy au saxophone soprano et Rudd au trombone) qui connaissent le répertoire de Thelonious Monk sur le bout de leurs doigts et qui démontrent à quel point ce merveilleux pianiste est toujours d'actualité. Ce «rêve de Monk» s'articule autour de deux grandes compositions du maître, *Monk's Dream* et *Pannonica,* autour desquelles viennent se greffer des compositions puissantes du saxophoniste Steve Lacy. On retiendra *Grey Blue* (10 min.), *The Rent* (11 min.), ainsi que *The Bath* (10 min.). Parmi les autres surprises, le retentissant *Koko,* de Duke Ellington. La section rythmique est assurée par le contrebassiste Jean-Jacques Avenel et le batteur John Betsch.

29 DÉCEMBRE 1952 –

Depuis le début des années 90, le saxophoniste ténor Joe Lovano est un des musiciens les plus en vue, si ce n'est un des plus recherchés ! Saxophoniste énergique et chaleureux, intarissable improvisateur, il puise à l'évidence son inspiration dans l'univers coltranien qu'il ravive constamment au contact des grands musiciens que furent ses partenaires, le contrebassiste Charlie Haden, le batteur Ed Blackwell, le guitariste Bill Frisell ou la chanteuse Sarah Vaughan. À la première écoute, les interprétations de Lovano pourront peut-être en ébranler quelques-uns à cause de la complexité de leurs lignes mélodiques et débordantes d'inventivité (trop, quelquefois !), mais on est vite conquis par le lyrisme de l'artiste et par la pureté de sa sonorité.

C'est son père, Tony « Big T » Lovano, lui-même musicien, qui lui donne ses premières leçons de saxophone ténor. Au début de la vingtaine, après des études au Berklee College of Music, il joint d'abord les groupes des organistes Lonnie Smith et Jack McDuff, puis il passe trois ans dans les Thundering Herds de Woody Herman avant d'être engagé dans l'orchestre du batteur Mel Lewis. À partir de 1981, il travaille en petite formation avec le batteur Paul Motian et le guitariste John Scofield, ainsi qu'avec le guitariste Steve Swallow et le batteur Aldo Romano. Toute cette activité ne l'empêchera pas de travailler activement avec le Liberation Orchestra du contrebassiste Charlie Haden, de devenir l'une des vedettes de l'écurie Blue Note et de se produire en quartette dans tous les festivals de jazz.

Bouche à oreille

Même instrument

JOE HENDERSON : *Mode for Joe*, Blue Note
GARY THOMAS : *Code Violations*, Enja

Influences

ORNETTE COLEMAN (saxophone alto, trompette) *Ornette on Tenor*, Atlantic
JIMMY GIUFFRE (saxophone ténor, clarinette) *Free Fall*, Columbia

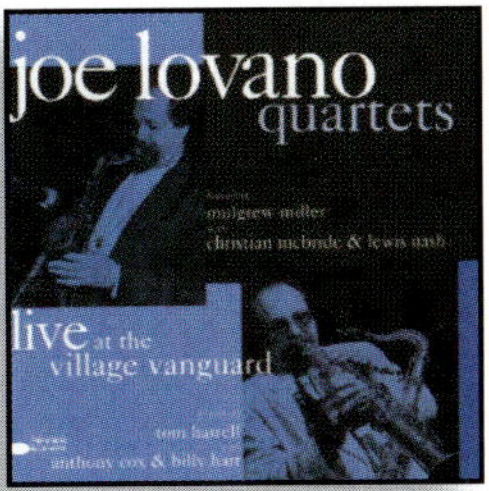

JOE LOVANO QUARTETS Blue Note 125-2-1, 2 CD
Au cours de ces deux soirées fascinantes au célèbre Blue Note, Joe Lovano, entouré de «petits jeunes», Mulgrew Miller au piano, Christian McBride à la contrebasse, Lewis Nash à la batterie et Tom Harrell à la trompette, fonce tête baissée dans de très longues pièces où sont mis en valeur aussi bien son talent d'improvisateur que son sens de la rythmique. C'est ainsi qu'il nous offre *Fort Worth* (10 min.), *Blues Not To Lose* (9 min. 19 sec.), *Lonnie's Lament,* de Coltrane, *Duke Ellington's Sound of Love,* de Charles Mingus, *Reflections,* de Thelonious Monk...

JOE LOVANO & GONZALO RUBALCABA : FLYING COLORS Blue Note 92 2 0
Gonzalo Rubalcaba, un pianiste brillant et éclectique, et Lovano, un saxophoniste qui ne déteste pas les défis ! Voilà qui résume le contenu de ce disque où nos deux compères expriment des sentiments qu'ils avaient en commun, semble-t-il depuis longtemps... et cela malgré des univers musicaux fort différents. Du hard bop pur et dur – *Boss Town* – à *Spontaneous Color,* de Rubalcaba, qui fait la part belle à nos deux musiciens, ce duo est un petit bijou de méthode tout autant que de reconnaissance mutuelle.

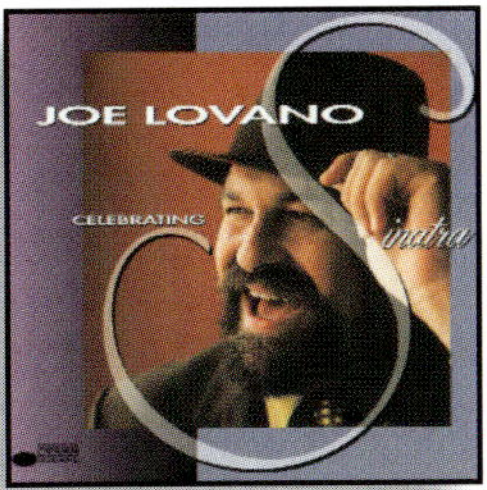

JOE LOVANO : CELEBRATING SINATRA Blue Note 18 2 0
À l'origine de ce disque, un magnifique projet. Un orchestre à cordes, une dizaine de musiciens et un chef d'orchestre proposent un florilège «tout Sinatra» que le saxophoniste s'approprie avec beaucoup d'aisance. Une réussite, malgré les vocalises de Judy Silvano dont nous aurions pu nous passer !

L

26 AOÛT 1960 –

Branford Marsalis est le fils aîné de la célèbre famille des Marsalis et certainement le plus percutant, bien qu'il soit beaucoup moins médiatisé que son illustre frère Wynton. Parmi les saxophonistes qui apparaissent au milieu des années 80, il se distingue non seulement par sa redoutable technique, mais aussi parce qu'il semble avoir assimilé tous les raffinements de ses prédécesseurs des années 60, en commençant par John Coltrane. Dans son jeu constamment renouvelé, on retrouve également l'influence des Hank Mobley, Sonny Rollins, Charlie Rouse, Wayne Shorter ou même de plus anciens comme Ben Webster.

Gavé de jazz depuis son enfance grâce à son père, le pianiste Ellis Marsalis, Branford apprend très tôt le solfège et l'harmonie avant de fréquenter le New Orleans Center for Creative Arts où, sur forte recommandation de son père, il suit des cours de musique classique. Comme bien d'autres jazzmen, il passe ensuite par le Berklee College of Music et entre en 1980 dans le grand orchestre du trompettiste Clark Terry. L'année suivante, il joint les Jazz Messengers avec son frère Wynton qu'il suivra encore quand celui-ci formera son propre groupe, et c'est en 1983 qu'il enregistre son premier disque tout en participant avec Miles Davis à la production de *Decoy*. Comme il aime beaucoup le rock et la musique pop, il collabore en 1985 avec le chanteur Sting. Il décide enfin de travailler en tant que *free-lance,* notamment avec des compagnons de la première heure, le pianiste Kenny Kirkland et le batteur Jeff «Tain» Watts.

En 1992, on lui fait une offre prestigieuse: prendre la direction de l'orchestre du *Tonight Show* animé par Jay Lenno qui vient de succéder à Johnny Carson. Il y restera jusqu'en 1997, après quoi il reprendra la route des concerts et des festivals avec son quartette régulier.

Bouche à oreille

Influences

HANK MOBLEY (saxophone ténor) *Hank Mobley Quintet,* Blue Note
CHARLIE ROUSE (saxophone ténor) *Social Call,* Uptown
WAYNE SHORTER (saxophone ténor et soprano) *'Juju',* Blue Note

QUELQUES COMPAGNONS DE ROUTE

KENNY KIRKLAND (piano) *Kenny Kirkland,* GRP

JEFF «TAIN» WATTS (batterie) *Megawatts,* Sunnyside

BRANFORD MARSALIS: REQUIEM QUARTET Columbia 655

Pour une histoire du jazz! Avec son quartette régulier – Jeff « Tain » Watts (batterie), Kenny Kirkland (piano) et Eric Ravis (contrebasse) –, le saxophoniste remonte le cours de cette musique et fait savoir à qui veut bien l'écouter qu'il ne s'est pas perdu dans les méandres du « showbisness ». De ces pièces triées sur le volet, on retiendra *A Thousand Autumns* composé par le saxophoniste Wayne Shorter, *Trieste,* du batteur Paul Motian, *16th St. Baptist Church* (en souvenir de La Nouvelle-Orléans). Œuvre de maturité et des idées neuves qui se conjuguent aux anciennes. Ce disque est d'autant plus important pour Marsalis – d'où le titre – que deux mois plus tard, son pianiste Kenny Kirkland disparaissait.

ELLIS & BRANFORD MARSALIS: LOVED ONES Columbia 369

Le père et le fils nous enchantent avec un thème unique – la femme dans le monde du jazz –, grâce aux plus belles pièces qui lui sont consacrées: *Laura,* du grand Charlie Parker, *Maria,* tirée de la comédie musicale *West Side Story, Bess You Is My Woman,* tirée de *Porgy and Bess, Nancy (With The Laughin' Face)*...

BRANFORD MARSALIS: I HEARD YOU TWICE THE FIRST TIME Columbia 08

Une autre facette du saxophoniste qui a convié des amis – B.B. King, Joe Louis Walker et John Lee Hooker – pour une joyeuse rencontre autour du blues qui se termine comme il se doit par un bel hommage à Sidney Bechet avec *Sidney in Da Haus.*

M

18 OCTOBRE 1961 -

Trompettiste, chef d'orchestre du prestigieux Lincoln Jazz Orchestra, animateur d'émissions sur le jazz et consultant, Wynton Marsalis est le plus médiatisé de cette célèbre famille de musiciens... mais aussi le plus contesté! On ne peut pas dire que les commentateurs soient particulièrement tendres avec lui; peut-être parce qu'il en fait trop. On lui adresse les mêmes reproches qu'à Benny Goodman, 50 ans auparavant. Quoi qu'il en soit, Wynton Marsalis est un de ceux qui ont le plus contribué, ces 15 dernières années, à faire connaître et à promouvoir le jazz, car même si ses œuvres, comme l'écrivent les auteurs de *Passeport pour le jazz,* «n'ont pourtant rien de révolutionnaire», elles ont le mérite d'avoir remis au goût du jour bien des pages du jazz qu'on avait oubliées, comme les compositions de «Jelly Roll» Morton, le gospel et le blues, bref, tout ce qui en a fait la base. Il a également enregistré une vingtaine de disques dont *Blood on the Field,* œuvre marquante et ambitieuse sur l'esclavage des Noirs qui lui a valu le prix Pulitzer.

Wynton Marsalis entreprend l'étude de la trompette dès l'âge de six ans, alors que le trompettiste Al Hirt, ami de son père, lui en offre une. Petit prodige, il se passionne autant pour la musique classique que pour le jazz, et fait ses premières armes dans des groupes locaux. Après un passage à la célèbre Juilliard School, il joint les Jazz Messengers et déjà il se fait remarquer. Au début des années 80, tout en continuant de travailler avec Art Blakey, il enregistre à la fois avec le pianiste Herbie Hancock et en tant que leader pour la firme Columbia. En 1982, il forme, avec son frère Branford, le pianiste Kenny Kirkland, le contrebassiste Charnett Moffet et le batteur Jeff «Tain» Watts, un quintette qu'il gardera jusqu'en 1985, alors qu'il caracole déjà en tête des palmarès comme meilleur trompettiste, ce qui en fera malheureusement oublier bien d'autres, tout aussi talentueux et certainement plus novateurs... Par la suite, il formera un quartette avec le pianiste Marcus Roberts, le contrebassiste Robert Hurst et toujours le batteur Jeff «Tain» Watts, puis un ensemble de cuivres avec notamment le tromboniste Wycliffe Gordon et les saxophonistes Wessel Anderson et Todd Williams.

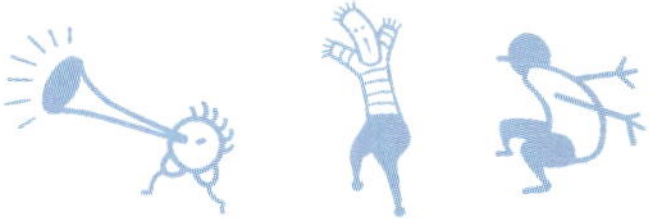

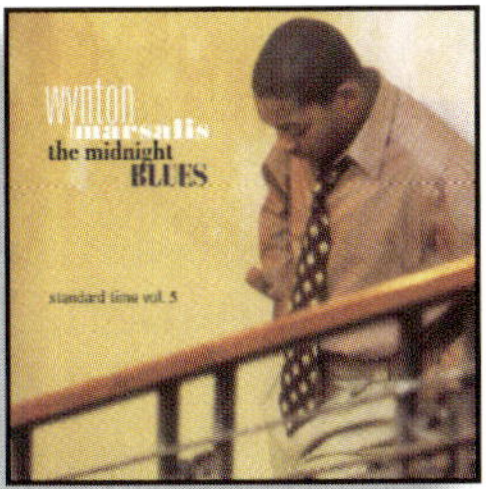

WYNTON MARSALIS : THE MIDNIGHT BLUES / STANDARD TIME VOL. 5 Columbia 921
Ce disque somptueux fait partie d'une longue lignée appelée *Standard,* que Wynton Marsalis consacre au jazz et à ses débuts. Une approche classique, comme il l'explique dans le livret d'accompagnement, pour laquelle il est soutenu par un orchestre à cordes des plus impressionnants, en plus de son quartette. On ne peut être qu'admiratif devant tant de prouesses techniques et de subtilités ; de plus, toutes les pièces sont traitées sur le mode lent, ce qui donne à cet enregistrement un petit côté nostalgique et « bal en blanc ».

MR JELLY LORD / STANDARD TIME VOL. SIX Columbia 872
Il aurait été impensable pour Wynton Marsalis de passer à côté de l'un des pères du jazz : « Jelly Roll » Morton. Personnage haut en couleur, noceur invétéré mais aussi très grand musicien, il avait jeté les bases d'un jazz polyphonique qui aura une influence prépondérante, particulièrement chez Duke Ellington. Il suffit pour s'en convaincre d'écouter *King Porter Stomp, Red Hot Pepper* ou *Jungle Blues*. Sans rien lui ôter de son classicisme, Marsalis redonne vie et couleurs à cette musique résolument joyeuse et dansante.

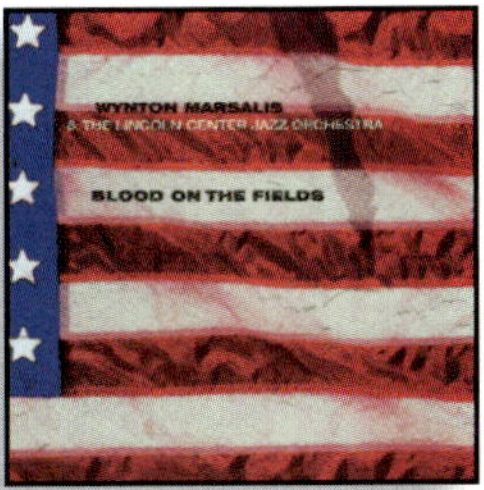

BLOOD ON THE FIELDS Columbia 694, 3 CD
Cette œuvre est en quelque sorte la suite de ce que Duke Ellington avait entrepris avec *Black, Brown and Beige,* qui racontait l'histoire du peuple noir. Wynton Marsalis en reprend le fil en mettant en scène un Africain et une Africaine qui se retrouvent comme esclaves dans une plantation de coton en Amérique. Avec la chanteuse Cassandra Wilson et le chanteur Miles Griffith dans les rôles principaux, et en compagnie de 15 excellents musiciens, Marsalis a fait là un magnifique travail, justement récompensé par le prix Pulitzer.

4 JANVIER 1942 –

John McLaughlin est un des plus brillants guitaristes à émerger sur la scène du jazz au début des années 70. Sa virtuosité, sa rapidité et sa rythmique étaient en effet exceptionnelles, mais ce qui retient le plus l'attention est son ouverture à tous les genres musicaux : rock, samba, fusion, musique du monde, voire flamenco et, surtout, musique de l'Inde.

C'est d'abord avec le blues interprété par de grands solistes comme Tal Farlow, Django Reinhardt et Wes Montgomery que McLaughlin découvre la guitare. Après ses études, il débute sa carrière dans des groupes rocks londoniens et joue avec des musiciens comme Eric Clapton et Georgie Fame. Au début de 1969, le batteur Tony Williams, qui vient de quitter Miles Davis, lui propose de se joindre à lui dans le groupe Lifetime ; il revient donc aux États-Unis et bientôt Miles Davis l'invite à se joindre aux célèbres enregistrements électriques de *In a Silent Way* et *Bitches Brew*. En 1971, McLaughlin connaît un succès immédiat grâce à ses accents jazz-rock en ligne directe avec le *Bitches Brew* de Davis. Malgré cela, il dissout le groupe en 1973 et travaille alors en compagnie du violoniste Jean-Luc Ponty. L'année suivante il délaisse le jazz fusion pour un temps afin d'enregistrer un disque de guitare classique avec le London Symphony Orchestra. En 1975, avec le violoniste Lakshminarayana Shankar, il fonde le groupe Shakti qui fusionne musiques occidentale et orientale, mais il continue de jouer et d'enregistrer sur des modes différents, que ce soit avec la pianiste Katia Labèque, avec les guitaristes Al Di Meola et Paco de Lucia, ou alors en formation électrique avec le One Truth Band. Ces dernières années, McLaughlin se produit surtout en trio.

Bouche à oreille

Influences

BARNEY KESSEL (guitare) *Poll Winners Three*, Original Jazz Classics
TAL FARLOW (guitare) *Chromatic Palette*, Concord

A influencé

PHILIP CATHERINE (guitare) *Blue Prince*, Dreyfus
PAT METHENY (guitare) *Still Life*, Geffen

QUELQUES COMPAGNONS DE ROUTE

BILLY COBHAM (batterie)
Crosswinds, Atlantic

LARRY CORYELL (guitare)
Comin'Home, Muse

PACO DE LUCIA (guitare) *Live in America*, Phillips

JOHN MCLAUGHLIN Columbia / Legacy 971

Un tour d'horizon de l'œuvre multiforme de ce guitariste qui aura marqué, comme instrumentiste et avec son Mahavishnu Orchestra, toute une génération de musiciens qui aimaient le jazz, mais aussi le rock et les musiques du monde. On passe ainsi de *Guardian Angel* avec Al Di Meola et Paco de Lucia, au jazz-rock de *Aspan,* pour finir en beauté avec *Lotus Feet,* du violoniste Lakshminarayana Shankar. Une très bonne compilation à prix très modique.

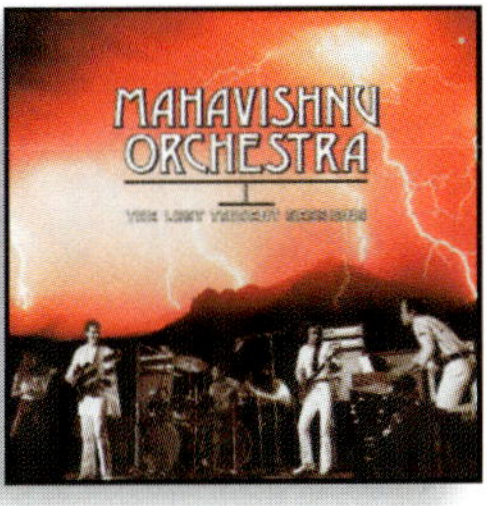

MAHAVISHNU ORCHESTRA : THE LOST TRIDENT SESSIONS Columbia/ Legacy 959

Il s'agit là d'un petit bijou inédit du groupe phare Mahavishnu Orchestra, que la firme Columbia a retrouvé par miracle dans ses fonds de tiroirs. L'occasion est belle de réentendre ce porte-étendard du jazz-rock et de redécouvrir ces merveilleux musiciens que furent, outre John McLaughlin, le batteur Billy Cobham, le violoniste Jerry Goodman, le pianiste Jan Hammer et le bassiste Rick Laird. Tout cela fait très années 70, mais c'est l'histoire du jazz-rock... pourquoi s'en priver ?

THE PROMISE Verve 282

Un des plus beaux disques du guitariste au cours de ces 10 dernières années, *The Promise* est un mélange de genres, de styles et d'époques. On y trouve quelques classiques, comme *Django* du pianiste John Lewis et dans lequel McLaughlin croise le fer avec un autre grand guitariste... du rock, Jeff Beck, ou encore *The Peacocks,* du pianiste Jimmy Rowles, une des plus belles ballades à la guitare acoustique. Pour terminer, on nous fait la surprise d'un hommage à Thelonious Monk – *Thelonious Melodius* –, avec le batteur Dennis Chambers et l'organiste Joey de Francesco.

MEDESKI MARTIN & WOOD | ÉTATS-UNIS

FONDÉ EN 1992

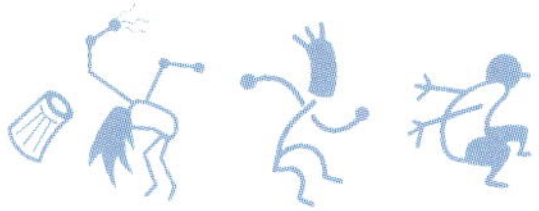

À l'origine simple trio d'accompagnement, Medeski Martin & Wood s'est rapidement acquis la faveur du public grâce à un jazz mâtiné de soul, de funk et de fortes tendances métal. Aux limites du jazz, diront certains. Peut-être, mais il est impossible de passer à côté de cette formation qui se renouvelle constamment et qui va chaque fois chercher un auditoire, souvent assez jeune, dont la préoccupation première n'est pas nécessairement le jazz. L'organiste John Medeski, le percussionniste Billy Martin et le contrebassiste Chris Wood ont su mettre en commun leur sens aigu de l'improvisation et leur goût pour les alliages musicaux inédits qui modulent la période soul des années 60 de l'étiquette Blue Note, aux rythmes de l'heure, drums and bass, acid-jazz, *remix* pour les D.J.

Formé en 1992, Medeski Martin & Wood a joué dès ses débuts avec la crème du jazz avant-gardiste, et cela toutes tendances confondues: les Lounge Lizards, The Mandala Octet, l'extraordinaire ensemble Massada, du saxophoniste et compositeur John Zorn, ou encore Shrek, du guitariste Marc Ribot. La même année, ils font paraître leur premier disque, *Notes from the Underground,* sous l'étiquette allemande Gramavision, bientôt suivi de *It's a Jungle in Here* et *Shack Man.*

Bouche à oreille

Influences

CHARLES MINGUS (contrebasse) *Mingus at Antibes,* Atlantic
THELONIOUS MONK (piano) *Brillant Corners,* Original Jazz Classics
JIMMY SMITH (orgue) *Off the Top,* Elektra
JOHN ZORN (saxophone alto) *Big Gundown,* Elektra/Nonesuch

QUELQUES COMPAGNONS DE ROUTE

LOUNGE LIZARDS (ensemble) *Queen of All Ears,* Warner
MARC RIBOT (guitare) *Muy Divertido,* Atlantic

MEDESKI MARTIN & WOOD: LAST CHANCE TO DANCE TRANCE (PERHAPS) BEST OF 1991-1996 Gramavision GCD 79520

Comme il n'est pas facile de se procurer les disques enregistrés sous étiquette Gramavision (en importation), c'est-à-dire les trois cités à la page précédente ainsi que *Bubblehouse* et *Friday Afternoon In The Universe,* on en a tiré une compilation de 13 pièces qui illustre fort bien le travail de ces trois musiciens. Du jazz soul au hip-hop, en passant par un post-punk «pas piqué des vers», il y en a pour tous les goûts. Parmi les petits bijoux: *Chubb Sub, Bubblehouse* et un *Bemsha Swing,* de Monk, dans lequel Chris Wood fait résonner sa basse à la manière du grand Charles Mingus.

TONIC Blue Note 71 2 0

Le seul disque acoustique du trio, enregistré devant public, prouve encore que le jazz n'est pas qu'un genre accessoire dans ses préoccupations. En premier lieu, on y entend trois grands classiques: *Afrique,* du trompettiste Lee Morgan, *Your Lady,* de John Coltrane, et *Buster Rides Again,* du pianiste Bud Powell, suivis de cinq compositions originales signées Medeski Martin & Wood et parfois fort surprenantes mais remplies d'inventivité... et résolument jazz.

THE DROPPER Blue Note 841 22

Pour ce disque aux sonorités industrielles, métal et très urbaines, le trio a fait appel à Marc Ribot, l'un des guitaristes les plus polyvalents de la scène du jazz, au saxophoniste alto Marshall Allen, au joueur de congas Eddie Bobé et à un trio à cordes. Dire que c'est étonnant relève de l'euphémisme... d'autant qu'on est ici très loin du jazz! Pour la curiosité.

23 AOÛT 1970 –

Il n'est pas exagéré de dire que depuis deux ans, ce jeune pianiste domine outrageusement le monde du piano jazz... La rumeur s'est répandue comme une traînée de poudre: voici le nouveau Bill Evans! Comme il faut faire très attention aux étiquettes et aux engouements de toutes sortes, il convient de mettre un bémol sur cette assertion. Il est vrai qu'il y a beaucoup de Bill Evans chez ce pianiste, mais on sent aussi l'influence de Keith Jarrett et de McCoy Tyner. Penché sur son clavier, perdu dans sa musique, attentif à sa seule interprétation, Brad Mehldau a de quoi séduire un vaste public grâce à l'intensité de son jeu et au romantisme qui s'en dégage.

C'est avec la musique classique que Brad Mehldau commence l'étude du piano; il découvrira le jazz vers l'âge de 15 ans avec Keith Jarrett, Bill Evans et Oscar Peterson. Il fera ses premières armes comme pianiste dans le grand orchestre de son collège avant de partir pour New York, où il s'inscrit à la New School for Social Research. Il y aura comme professeurs des jazzmen aussi réputés que le pianiste Junior Mance et le batteur Jimmy Cobb, dans le groupe duquel il jouera professionnellement pour la première fois. Puis, en 1994, le saxophoniste Joshua Redman (un autre jeune loup) fait appel à lui pour l'enregistrement de *Mood Swing*; mais son premier grand test sera *Introducing Brad Mehldau,* qu'il enregistre en 1995 pour la firme Warner. Si ce disque est plus ou moins passé inaperçu, il n'en sera pas de même pour *The Art of the Trio Volume One,* unanimement salué par la critique, tout autant que les suivants, et plus particulièrement *The Art of the Trio Volume Three* intitulé *Songs.*

Bouche à oreille

Même instrument

MICHEL GRAILLIER : *Soft Talk* (avec Ricardo Dell Fra), Sketch
ENRICO PIERANUNZI : *Parisian Portraits,* Ida Records

Influences

BILL EVANS (piano) *Affinity,* Warner
KEITH JARRETT (piano) *Facing You,* ECM

BRAD MEHLDAU: SONGS – THE ART OF THE TRIO, VOLUME THREE Warner 051-2
Harmonies, lyrisme et émotion ! Ce disque est un immense bouquet de tendresse, un peu comme en offrait le trompettiste Chet Baker. Mehldau y interprète surtout des ballades qui sont de grands standards : *For All We Know, Bewitched, Bothered and Bewildered* ou *Young at Heart.*

INTRODUCING BRAD MEHLDAU Warner 997-2
Le tout premier disque pour la firme Warner et sur lequel on découvre un jeune pianiste encore un peu hésitant. Accompagné du contrebassiste Larry Grenadier, du batteur Jorge Rossy et, pour trois des pièces, du contrebassiste Christian McBride et du batteur Brian Blade, Mehldau se montre très émouvant dans *My Romance,* avant de passer à un swing communicatif et musclé avec *Countdown,* et pour terminer sur un *Prelude To A Kiss* qui fait 10 bonnes minutes !

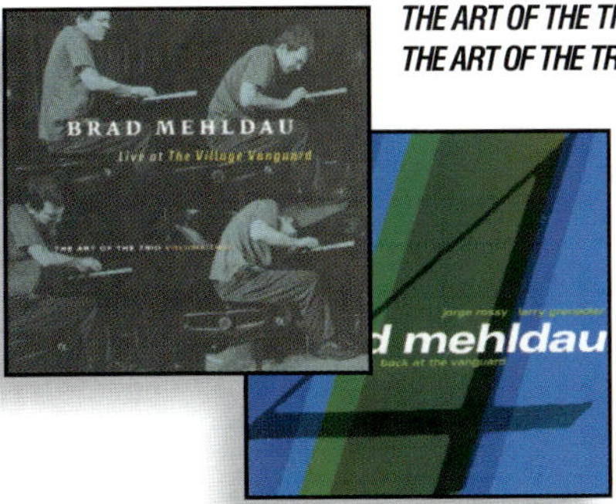

THE ART OF THE TRIO VOL. ONE Warner 260-2
THE ART OF THE TRIO VOL. TWO – LIVE AT THE VILLAGE VANGUARD Warner 848-2
THE ART OF THE TRIO, VOL. FOUR – BACK AT THE VANGUARD Warner 463-2
Si on y ajoute l'extraordinaire *Songs* mentionné ci-dessus, on a ici la totalité de la magnifique série enregistrée par Brad Mehldau. Notre préférence ira vers le *Volume One* pour les interprétations de *Blame it on my Youth* et de *I Fall in Love Too Easily* qui le rapprochent beaucoup d'une certaine esthétique chère au trompettiste Chet Baker, tandis que les deux autres, au Village Vanguard, sont un peu plus musclés… ce qui ne gâche rien du tout !

M

12 AOÛT 1954 –

Sans être un guitariste spectaculaire au sens musical du terme (on lui préférera Wes Montgomery ou Grant Green), Pat Metheny a quand même su se tailler une place très importante parmi les grands et, tour de force appréciable, plaire autant aux amateurs de rock qu'aux amateurs de jazz. On n'a qu'à se souvenir de ce gigantesque concert qu'il avait donné en plein air, il y a plus de 10 ans, lors du Festival international de jazz de Montréal alors qu'il avait ravi l'auditoire grâce à un jazz soft mâtiné d'une touche de rock, avec l'aide indispensable de son claviériste et *alter ego* Lyle Mays.

C'est après avoir entendu le saxophoniste Ornette Coleman que Pat Metheny décide de se lancer dans l'aventure du jazz. Ayant finalement opté pour la guitare, il étudie tous les solos de Jim Hall, de Wes Montgomery et de Kenny Burrell avant d'aller parfaire sa formation à l'université de Miami. Il entreprend sa carrière auprès du vibraphoniste Gary Burton tout en enseignant au Berklee College of Music. En 1977, il fonde son propre groupe avec un ami d'enfance, le claviériste Lyle Mays, et enregistre bientôt une série de disques qui auront un succès immédiat, notamment à cause de la synthèse des genres musicaux : *Watercolors, San Lorenzo, American Garage*... Ne voulant pas se cantonner dans un style, il enregistrera un superbe disque, *1980-1981,* avec les saxophonistes Dewey Redman et Michael Brecker, le contrebassiste Charlie Haden et le batteur Jack DeJohnette. Puis, en 1985, c'est l'explosive rencontre avec Ornette Coleman et la sortie de *Song X.* Il poursuivra sa route avec son groupe et avec d'autres musiciens comme les guitaristes John Scofield et Derek Bailey, et surtout le contrebassiste Charlie Haden en compagnie duquel il enregistrera le très émouvant *Beyond the Missouri Sky.*

OFFRAMP ECM 138-2

Ce disque est un peu le symbole de l'heureuse collaboration de Metheny avec son claviériste et ami Lyle Mays, qui en signent tous deux les sept pièces. Aériennes, soft et teintées de jazz-rock, elles se situent en quelque sorte dans le prolongement du rock synthé des années 70. Enregistré en 1981 avec la participation du percussionniste Nana Vasconcelos, *Offramp* est aujourd'hui considéré comme un classique dans la discographie du guitariste.

AMERICAN GARAGE ECM 134-2

Enregistré deux ans avant *Offramp,* avec la même rythmique, Lyle Mays au piano et aux synthétiseurs, Mark Egan à la basse et Danny Gottlieb à la batterie, *American Garage* préfigure le style Metheny, fait de beaucoup de souplesse et d'arrangements séduisants qui puisent tant dans le folk et le jazz que dans le rock. Un petit côté désuet mais toujours attrayant.

PAT METHENY : TRIO 99 -> 00 Warner 32-2

Pour cet enregistrement qui date de l'année 2000 et qui n'a rien à voir avec les deux disques cités ci-dessus, Pat Metheny a recruté deux excellents musiciens, le batteur Bill Stewart et le contrebassiste Larry Grenadier. Juste pour faire taire ses détracteurs qui ne voient en lui qu'un adepte du soft jazz, il retrouve ici le chemin de ses maîtres, Jim Hall et Kenny Burrell, autour de grands standards comme *Giant Steps,* de John Coltrane, *Capricorn* de Wayne Shorter, ainsi que de ses propres compositions. Plutôt tonique !

M

MINGUS CHARLES | ÉTATS-UNIS

22 AVRIL 1922 – 5 JANVIER 1979

Dès la première mesure on reconnaît le timbre unique, la sonorité ample de cet ample personnage qui toute sa vie se sera servi de ses Workshops pour exposer ses principes musicaux aussi bien que... politiques. Car Charles Mingus était un homme en colère... et avec raison! Combattant inlassablement le racisme et l'injustice, il a été un des plus grands défenseurs du peuple noir américain, dont il décrira sans aménité la condition dans son autobiographie, *Moins qu'un chien*. En ce qui concerne le jazz, sa contribution est immense grâce aux très belles pièces comme *Goodbye Pork Pie Hat* (en hommage au saxophoniste Lester Young), *Better Get It in Your Soul, Hora Decubitus* ou *Open Letter to Duke*. L'univers de Charles Mingus, c'est aussi ces fameux Jazz Workshops, ces véritables incubateurs où se seront succédé des musiciens aussi talentueux que Roland Kirk, John Handy, Eric Dolphy, Dannie Richmond, Jaky Byard, Horace Parlan, Britt Woodman et bien d'autres. C'est certainement Jean Wagner, dans son *Guide du jazz,* qui aura écrit les plus belles phrases à son sujet: «Mingus, c'était la vitalité, une vitalité qu'il a cherché à faire admettre au monde, s'avançant sans bouclier et ne récoltant que des blessures. Elles nourrissaient son discours, où l'on retrouvait la force et la pureté du blues et du negro-spiritual, mais aussi l'esprit de synthèse et la culture d'un Duke Ellington, ce discours qui est l'un des plus beaux exemples, en jazz, d'un désespoir qui se consume en œuvres puissantes[12].»

C'est dans le ghetto de Watts, à Los Angeles, que Charles Mingus passe une partie de son enfance et qu'il fait son apprentissage musical alors qu'il fréquente l'église méthodiste avec son père, et celle de Holiness avec sa belle-mère. Il s'y initie au blues, aux chants religieux traditionnels et aux incantations des *preachers*. À la même époque, il découvre à la radio celui qui restera toujours sa grande référence, Duke Ellington. Il commence à apprendre le trombone avec le musicien Britt Woodman qui, incidemment, jouera beaucoup plus tard avec son jeune élève, mais à l'adolescence, il opte pour la contrebasse. Grâce à son immense talent, il trouvera rapidement un engagement chez Louis Armstrong (1941-1943), puis avec le tromboniste Kid Ory et dans le *big band* du vibraphoniste Lionel Hampton (1945-1948). Toujours à l'affût de la modernité, il jouera en compagnie de Charlie Parker, Stan Getz, Bud Powell et plusieurs autres. En 1953, c'est la consécration lors du célèbre concert au Massey Hall de Toronto avec les géants du bop: Charlie Parker (sax alto), Dizzy Gillespie (trompette), Bud Powell (piano) et Max Roach (batterie). Grâce à la maison de disque Début, qu'il fonde un an auparavant avec le batteur, cette extraordinaire réunion ne passa pas aux oubliettes. Puis, en 1955, il créera le Jazz Workshop avec lequel il enregistrera ses meilleurs disques. Tout en travaillant ses conceptions orchestrales avec ses musiciens, il composera en 1958 la musique de *Shadows,* un film de John Cassavetes, et en 1962, il enregistrera *Money Jungle* avec celui qu'il considère comme son maître à penser, Duke Ellington.

PITHECANTHROPUS ERECTUS Atlantic 809-2

Le premier d'une série de classiques dans lesquels la petite formation de Charles Mingus aura autant de résonance qu'un grand orchestre... *Pithecanthropus Erectus* qui, à juste titre, donne son nom à cet enregistrement en est de loin la plage la plus fascinante. De ce disque qui met en valeur le saxophoniste alto Jackie McLean et le ténor J.R. Montrose. En 10 minutes, Mingus exprime avec beaucoup de poésie, mais aussi de violence contenue, l'avenir et... la déchéance de l'homme. On s'arrêtera aussi sur le très beau *A Foggy Day,* avec cornes de brume et sifflets, ainsi que sur *Love Chant*. Même s'il date de 1956, cet enregistrement est d'une excellente qualité, ce qui le rend d'autant plus essentiel dans toute bonne discothèque de jazz.

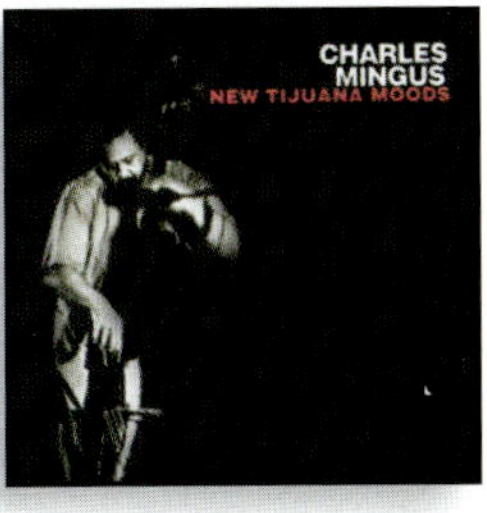

CHARLES MINGUS : NEW TIJUANA MOODS RCA Victor 591-2

Cette œuvre étrange évoque, avec castagnettes, chants et tout le feu de l'orchestre de Charles Mingus, la ville mexicaine de Tijuana, à la frontière des États-Unis. Inspirée de thèmes folkloriques, mais fortement imprégnée de jazz, chaque mélodie devient prétexte à de merveilleux solos de la part du saxophoniste ténor Curtis Porter (Shafi Hadi), du trombone Jimmy Knepper et du trompettiste Clarence Shaw, alors que gronde en continu la contrebasse de Mingus, un peu comme un tambour de guerre... Curieusement, la session s'ouvre sur une composition de Charles Mingus et de Dizzy Gillespie, *Dizzy Moods,* qui n'a rien à voir avec la musique espagnole.

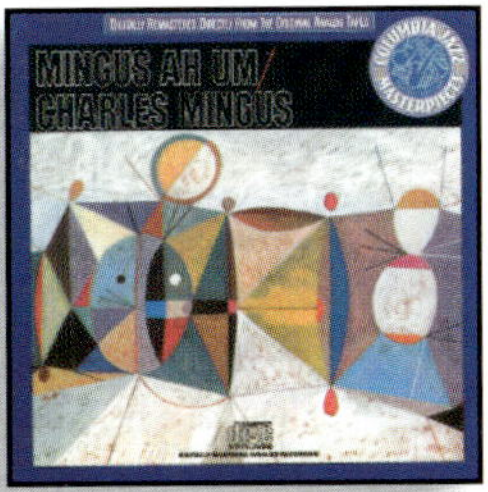

MINGUS AH UM Columbia 648

Cet enregistrement de 1959 contient quelques-uns des chefs-d'œuvre de Charles Mingus : *Goodbye Pork Pie Hat, Better Git It In Your Soul, Open Letter to Duke,* avec comme plat de résistance *Fables of Faubus,* une charge à fond de train contre le sénateur raciste de l'Arkansas, Orval Faubus.

M

FONDÉ EN 1951

Élégance, raffinement et classe, tels pourraient être les qualificatifs du Modern Jazz Quartet. Mais si ces musiciens en tuxedo ont attiré, voire séduit un très large public, c'est aussi grâce au subtil amalgame de jazz et de musique classique qu'ils ont su opérer. Le groupe trouve son origine dans la section rythmique de Dizzy Gillespie qui, en 1947, était constituée de Milt Jackson au vibraphone, de John Lewis au piano, de Ray Brown à la contrebasse et de Kenny Clarke à la batterie. En 1951, ces quatre musiciens enregistrent un premier disque sous le nom de Milt Jackson Quartet, et un an plus tard, après que Percy Heath aura succédé à Ray Brown, ils prendront le nom de Modern Jazz Quartet. Après le départ du batteur Kenny Clarke, bientôt remplacé par Connie Kay, le groupe connaîtra une extraordinaire stabilité jusqu'à sa dissolution en 1974 pour raisons inconnues... Il se reconstituera cependant, d'abord en 1981 pour une tournée au Japon, puis périodiquement, soit pour une série de concerts, soit pour des enregistrements.

Quand on parle du Modern Jazz Quartet, le premier nom qui nous vient à l'esprit est celui de Milt Jackson, « Bags », le plus grand des vibraphonistes de son temps, nourri aux sources du be-bop. En revanche, le pianiste John Lewis, « l'architecte » du MJQ, était un styliste, un innovateur qui ne cessa d'entrelacer musique classique et jazz. Avec le compositeur Gunther Schuller, il est un des grands représentants de ce « troisième courant » qui a hélas! trouvé peu d'adeptes. Mais ce qu'il faut surtout retenir, c'est l'extraordinaire cohésion qui régna toujours entre les quatre musiciens, ce qui assura à coup sûr leur renommée.

Bouche à oreille

Les membres

KENNY CLARKE (batterie) *Pieces of Time*, Soul Note

PERCY HEATH (contrebasse) *Tomorrow is the Question*, de Ornette Coleman, Original Jazz Classics

MILT JACKSON (vibraphone) *Bags and Trane*, Atlantic

JOHN LEWIS (piano) *Evolution*, Atlantic

QUELQUES COMPAGNONS DE ROUTE

SONNY ROLLINS (saxophone ténor) *The Bridge*, Bluebird

GUNTHER SCHULLER (arrangeur, compositeur) *The Art of the Rag*, GM

DJANGO Prestige 057-2
Un très grand disque et certainement leur premier grand succès avant le départ du batteur Kenny Clarke. On tombe tout de suite sous le charme de cet ensemble qui fait entrer son public dans un univers onirique et raffiné, et qui offre l'exemple d'une formation soudée et métronomique. Un disque d'atmosphère qui évoque la mémoire de Django Reinhardt dans l'une de leurs plus célèbres pièces – *Django* –, puis un hommage bien mérité au passionné de jazz Charles Delaunay avec *Delaunay's Dilemma*. Incontournable aussi est cette *La Ronde Suite*, tout comme le classique *One Bass Hit*.

UNDER THE JASMIN TREE Apple Records / Capitol 82 2 7
Peut-être parce qu'il avait été enregistré sous une étiquette qui accueillait les vedettes du rock, ce disque fut pour un temps oublié. Les musiciens, qui n'avaient pas pour autant troqué leurs instruments pour des guitares électriques, nous présentent quatre compositions du pianiste John Lewis pleines de sensibilité et qui invitent à goûter la douceur de vivre, en particulier avec la très longue suite *Three Little Feelings*, qui fait plus de 11 minutes. On s'arrêtera aussi sur *The Jasmin Tree* qui donne la vedette au vibraphoniste Milt Jackson.

THE LAST CONCERT Atlantic 976-2, 2 CD
Enregistré lors du dernier grand concert avant la dissolution du groupe, ce disque constitue une synthèse de l'œuvre du MJQ, avec entre autres *Django, Bags' Grove, Softly as a Morning Sunrise* et *Confirmation*. Indémodable.

10 OCTOBRE 1917 – 17 FÉVRIER 1982

Un des grands génies du jazz moderne, le compositeur révolutionnaire Thelonious Monk en est aussi une figure mythique pour le moins énigmatique. Car dès qu'on tente tout juste de comprendre le moindre de ses gestes, on fait face à un mystère que décrit ainsi l'écrivain Julio Cortázar : « Venu du fond de la scène et faisant un détour complètement inutile, un ours qui a sur la tête un bonnet mi-turc, mi-barrette s'avance vers le piano en posant un pied devant l'autre avec de telles précautions qu'on pense malgré soi à des champs de mines ou à ces plates-bandes des despotes sassanides où toute fleur piétinée était une mort lente pour le jardinier[13]. »

Homme de l'ombre, peu enclin aux entrevues, parlant rarement de sa technique plus qu'originale (les doigts posés à plat sur les touches du piano) et encore moins de sa musique, Thelonious Monk a laissé derrière lui une œuvre incomparable et toujours de très grande qualité. Pas un musicien de jazz ne peut passer à côté de ces perles, dont la plus célèbre est *'Round Midnight,* mais aussi *Ruby My Dear, Criss-Cross, Bemsha Swing, Straight, No Chaser* ou *In Walked Bud*. Toujours très controversé, il semble

avoir pris un malin plaisir à brouiller les cartes, par exemple en utilisant des structures musicales dissonantes, ce dont il fera d'ailleurs sa spécialité, sinon un art!

Monk commence à se produire en public au cours des *jam sessions* qui se tiennent au Minton's, cet antre du be-bop, mais c'est le saxophoniste Coleman Hawkins qui lui donnera véritablement l'occasion de se faire entendre. De 1947 à 1951, il enregistrera plusieurs disques sous son nom, mais s'étant vu retirer sa carte de musicien pour usage de stupéfiants, il est contraint d'interrompre sa carrière. De retour sur scène en 1957, il enregistre au Five Spot avec John Coltrane, puis avec Johnny Griffin et Roy Haynes, et perd à nouveau sa carte de travail. À partir de 1959, il forme avec le saxophoniste Charlie Rouse une association qui durera presque jusqu'à la fin de sa carrière. En 1971, il fait partie de la tournée *Giants of Jazz,* il enregistre ses derniers pianos solos, puis se retire complètement de la scène. Il s'enfermera dans le silence chez son amie et mécène, la baronne Nica de Koenigswater jusqu'à sa mort en 1982.

THELONIOUS MONK : GENIUS OF MODERN MUSIC VOL. ONE Blue Note 510-2
THELONIOUS MONK : GENIUS OF MODERN MUSIC VOL. TWO Blue Note 511-2
Ces premiers enregistrements que Thelonious Monk a réalisés sous son nom en 1947, 1948, 1951 et 1952 sont autant de matériaux essentiels pour qui veut comprendre aussi bien le musicien que l'influence qu'il aura sur le jazz... et cela, malgré une qualité sonore qui laisse un peu à désirer. Entouré des batteurs Art Blakey et Max Roach et de solistes d'horizons aussi différents que le trompettiste Idrees Sulieman, le sax alto Sahib Shihab et le vibraphoniste Milt Jackson, Monk interprète des pièces qui seront reçues comme des chefs-d'œuvre et deviendront rapidement des standards qui ne vieilliront pas : *Well You Needn't, In Walked Bud, 'Round Midnight, Ruby My Dear*...

THELONIOUS MONK – SONNY ROLLINS (1953-1954) Prestige 75-2
Deux ans avant l'enregistrement de *Brilliant Corners,* Monk avait une première fois invité Sonny Rollins à créer avec lui certaines de ses compositions, *The Way You Look Tonight, I Want To Be Happy* et *Friday The 13th*, une pièce étrange qui semble parfois aussi déroutante pour les musiciens que pour l'auditeur... et pourtant ! Pour les deux autres compositions, *Work* et *Nutty,* Monk est accompagné du joueur de cor français Julius Watkins.

BRILLIANT CORNERS (1956) Original Jazz / Classics 026
Autre œuvre éblouissante et tout aussi déroutante qui annonce un certain remue-ménage, notamment avec une introduction en décalage par rapport au thème ou des structures harmoniques fort compliquées... Le tout commence par un très long blues, façon Monk, *Ba-lue Bolivar Ba-lues-are,* suivi d'une des plus belles ballades qui soit, *Pannonica,* en hommage à la baronne amie, et dans laquelle Monk joue aussi du célesta. Pour *Bemsha Swing,* qui clôture le disque, le trompettiste caméléon Clark Terry et le bassiste Paul Chambers se joignent à la rythmique, composée de Max Roach à la batterie, de Oscar Pettiford à la contrebasse, de Ernie Henry au saxophone alto et, bien sûr, de Sonny Rollins au saxophone ténor.

MONK ALONE : THE COMPLETE COLUMBIA SOLO STUDIO RECORDINGS : 1962-1968 Columbia / Legacy 495, 2 CD

À la base de ce disque double, il y a le très important *Solo Monk,* puis d'autres pianos solos provenant des disques *Monk's Dream, Criss-Cross, It's Monk's Time, Monk, Straight, No Chaser, Always Know* et 14 pièces inédites. Autant dire que c'est un achat essentiel pour une plongée au cœur de l'univers de ce fascinant pianiste qui fait défiler ses idées. Réjouissant et spectaculaire.

MONK : LIVE AT THE IT CLUB Columbia / Legacy 288, 2 CD

Deux soirées avec Monk au It Club de Los Angeles les 31 octobre et 1er novembre 1964. Avec ses compagnons habituels – Charlie Rouse (saxophone ténor), Larry Gales (contrebasse) et Ben Riley (batterie) –, le pianiste expose ses pièces favorites, entre autres *Straight, No Chaser, Misterioso et Bemsha Swing.* Ces deux disques compacts réunissent l'intégrale de ces merveilleux moments, avec en prime 10 pièces inédites. De quoi satisfaire plus d'un collectionneur et tous les fous de Monk!

THELONIOUS MONK : THE COMPLETE PRESTIGE RECORDINGS Prestige 428-2, 3 CD

Monk n'a passé que peu de temps chez Prestige (1952-1954), mais ce fut suffisant pour y enregistrer quelques disques majeurs : *Thelonious Monk / Sonny Rollins, Thelonious Monk, Theolonious Monk Quintet,* tous contenus dans ce coffret. La maison de disques Prestige a eu la bonne idée d'y inclure Monk comme pianiste de Coleman Hawkins (1944), ainsi que la séance avec Miles Davis. Au nombre des mystères, le célèbre « trou » que laissa le pianiste lors de l'enregistrement de *The Man I Love* avec le trompettiste. Que d'encre a coulé à ce sujet-là !

6 MARS 1925 – 15 JUIN 1968

Après Charlie Christian et Django Reinhardt, il y eut Wes Montgomery. Une étoile filante cependant que ce musicien brillant au style incisif qui meurt à 43 ans d'une crise cardiaque. De l'avis de plusieurs spécialistes, il fut LE guitariste des années 60 qui servira de modèle à toute une génération de guitaristes. Car il faut entendre avec quelle mobilité et quelle rapidité il développe ses accords, tout en restant fidèle à la mélodie. Utilisant son pouce et non le médiator comme bon nombre de guitaristes, il révèle une technique incroyable, surtout de la part d'un autodidacte, que ce soit en *single note* ou dans ses accords. Mais c'est principalement le son Montgomery qui retient l'attention: forgé au blues, moelleux à souhait quand vient le temps des ballades et un «imprécateur» de swing redoutable.

C'est en écoutant le guitariste Charlie Christian que Wes Montgomery décide d'apprendre la guitare, alors qu'il est déjà âgé de 19 ans. Il fonde un groupe avec ses frères, musiciens eux aussi, The Montgomery Brothers, mais il est bientôt engagé dans l'orchestre de Lionel Hampton (1948-1950). En 1959, il a la chance d'être remarqué par le saxophoniste Cannonball Adderley qui le recommande aussitôt au grand patron de la maison de disque Riverside, Orrin Keepnews. Commence alors une grande carrière, alors qu'il enregistrera plus de 12 disques pour ce label, dont les meilleurs sont sans contredit *The Incredible Jazz Guitar of Wes Montgomery* et *Full House*. Au même moment, il participera à plusieurs enregistrements pour le label Verve en compagnie des plus grands solistes du moment, Jimmy Smith, Cannonball Adderley, Herbie Hancock, Johnny Griffin et bien d'autres.

Bouche à oreille

Coup de pouce

CANNONBALL ADDERLEY (saxophone alto) *In New York*, Original Jazz Classics

A influencé

GEORGE BENSON (guitare) *Giblet Gravy*, Verve

PAT MARTINO (guitare) *All Sides Now*, Blue Note

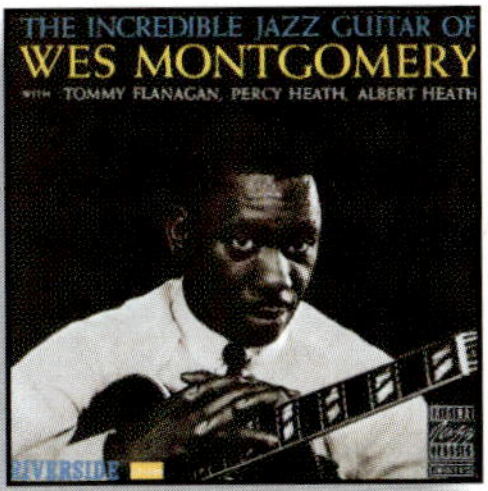

THE INCREDIBLE JAZZ GUITAR OF WES MONTGOMERY Riverside 923
Le plus célèbre des disques de Wes Montgomery et une parfaite introduction à son œuvre avant de vous attaquer au coffret de 12 disques paru chez Riverside. En compagnie d'une superbe rythmique, Tommy Flanagan au piano, Percy Heath à la contrebasse, Albert « Tootie » Heath à la batterie, il fait la joie des *boppers* en reprenant le *Airegin* de Sonny Rollins avant de les éblouir avec *In Your Own Sweet Way* ou *Polka Dots and Moonbeams.*

WES MONTGOMERY : GROOVE BROTHERS Milestone 076-2
Deux disques en un, *The Montgomery Brothers* et *The Montgomery Brothers in Canada,* mettant en scène cette « sacrée famille » qui avait le swing dans le sang et le blues dans la peau. Montgomery est plus spectaculaire que jamais avec des pièces comme *D-Natural Blues (Monterey Blues)* et *On Green Dolphin Street*. Pour ceux et celles qui aiment les ballades, notre choix s'arrêtera sur deux grands classiques : *Lover Man (Oh, Where Can You Be ?),* du répertoire de Billie Holiday, et *Angel Eyes*. Superbe et pas cher du tout.

JIMMY SMITH & WES MONTGOMERY : JIMMY & WES, THE DYNAMIC DUO Verve / Master Edition 445-2
Pour cette rencontre avec l'organiste Jimmy Smith, qui domine à l'orgue Hammond depuis la fin des années 50, Wes Montgomery, entouré d'un grand orchestre, a mis au programme un swing pur et dur qui donne lieu à quelques morceaux de bravoure comme *James and Wes* et *Baby, It's Cold Outside.*

MORTON «JERRY ROLL» | ÉTATS-UNIS

20 OCTOBRE 1890 – 10 JUILLET 1941

Un des premiers grands compositeurs de jazz et un véritable personnage de romans qui fut au long de sa vie propriétaire de cabaret, joueur de cartes invétéré et, si l'on en croit la légende, souteneur… Personnage un peu mythomane qui mourut dans le dénuement le plus complet, Ferdinand La Menthe ou LaMothe, dit « Jelly Roll », se définissait tout simplement comme « l'inventeur du jazz », rien de moins ! Il en est en tout cas, et les historiens s'entendent à ce sujet, à la fois un précurseur et un symbole, car il aura ouvert la porte à la polyphonie orchestrale avec son orchestre, le Red Hot Peppers. Il fut également un excellent pianiste, imaginatif et novateur.

Fils de Métis né en Louisiane et élevé à La Nouvelle-Orléans, Jelly Roll Morton commença sa carrière de pianiste dans les riches lupanars de cette ville, dont il fut un temps une vedette. Partageant sa vie entre le jeu et la musique, il parcourra l'Amérique pendant une dizaine d'années pour finalement se fixer à Chicago en 1923. C'est là qu'il fonde le Red Hot Peppers, qui changera souvent de forme et avec lequel il enregistrera presque l'intégralité de son œuvre orchestrale. Ce sont cependant ses interprétations au piano solo qui retiennent aujourd'hui l'attention.

En 1936, sa carrière est en plein déclin et c'est le musicologue Alan Lomax qui le fera redécouvrir au public grâce à une série d'entretiens[14], mais surtout en lui donnant les moyens de se rasseoir au piano et d'enregistrer ses compositions, un matériau précieux pour l'histoire du jazz.

JELLY ROLL MORTON: ABSOLUTELY THE BEST True North 233

Appartenant désormais au domaine public, les œuvres de Jelly Roll Morton font l'objet de plusieurs rééditions. En voici une de très bonne qualité où on entend le pianiste interpréter certaines des œuvres qui ont fait sa renommée, dont le sombre *Dead Man Blues* qui n'est pas sans évoquer les cérémonies d'enterrement à La Nouvelle-Orléans, ainsi que les célèbres *King Porter Stomp, Kansas City Stomp* et *Wolverine Blues*. On est vite convaincu que sa réputation n'était pas usurpée, et cela, malgré la mégalomanie du personnage...

THE JELLY ROLL MORTON CENTENNIAL: HIS COMPLETE VICTOR RECORDINGS

Bluebird 2361, 5 CD

Avec ces enregistrements réalisés entre 1926 et 1939, on passera des heures à découvrir cet immense personnage, de même que tous ces grands musiciens: Sidney Bechet (saxophone soprano), Russell Procope (clarinette, saxophone alto), Barney Bigard et Johnny Dodds (clarinette), Henry Red Allen et Bubber Miley (trompettes), Bobby Dodds et Zutty Singleton (batterie). C'est dire que les morceaux de choix ne manquent pas: *Wolverine Blues, High Society, Gambling Jack, Mississippi Mildred, Black Bottom Stomp...* Impressionnant!

MULLIGAN GERRY | ÉTATS-UNIS

6 AVRIL 1927 – 20 JANVIER 1996

Voici un des maîtres du saxophone baryton et certainement celui qui l'imposa en tant qu'instrument soliste. Gerry Mulligan a su se faire remarquer par une sonorité cool très pure, presque mate, tout autant que par ces subtils arrangements et bien sûr grâce à son quartette en association avec le trompettiste Chet Baker. Arrangeur de grand talent, il donnera au célébrissime *Birth of the Cool,* de Miles Davis, quelques-unes de ses plus belles plages, dont *Venus de Milo* et *Jeru*.

Après avoir pris le temps de s'initier au piano, à la clarinette et au saxo alto Gerry Mulligan entre en 1946 dans l'orchestre du batteur Gene Krupa. Deux ans plus tard, il participe à la création de *Birth of the Cool* avec le nonette de Miles Davis, puis il commence à écrire des arrangements pour le percutant *big band* de Stan Kenton tout en enregistrant avec le trompettiste Chet Baker. Cette association va rapidement faire de Gerry Mulligan un musicien très recherché, voire une vedette, notamment à cause de ce quartette sans piano qu'ils ont fondé, ce qui les force à trouver un habile équilibre entre sonorités et harmonies. En 1960, il réunit 13 musiciens et forme le Concert Jazz Band qui aura pour mission d'interpréter ses propres arrangements. N'obtenant pas le succès voulu, il le dissout, après quoi il repartira en tournée, enregistrera avec plusieurs musiciens – Stan Getz, Lee Konitz, Johnny Hodges, Paul Desmond – et sera de tous les festivals.

Bouche à oreille

Influences

LESTER YOUNG (saxophone ténor) *Lester Young : The Jazz Giants,* Verve

A influencé

NICK BRIGNOLA (saxophone baryton) *Raincheck,* Reservoir

RONNIE CUBER (saxophone baryton) *The Scene is Clean,* Milestone

QUELQUES COMPAGNONS DE ROUTE

AL COHN (saxophone ténor) *Al and Zoot,* Decca

ZOOT SIMS (saxophone ténor) *Blues for Two,* Original Jazz Classics

GERRY MULLIGAN QUARTET : THE ORIGINAL QUARTET WITH CHET BAKER Pacific Jazz 407-2, 2 CD

Tirées du magnifique coffret de quatre disques intitulé *The Complete Pacific Jazz Recordings of the Gerry Mulligan Quartet with Chet Baker,* ces 42 pièces sont les plus belles et les plus représentatives des années de gloire de Gerry Mulligan en compagnie du trompettiste Chet Baker. En lieu et place de la partition de piano, les deux musiciens se font tour à tour écho sur des structures souples et parfaitement dynamiques dont l'esthétique cool n'exclut pas le swing, qu'il s'agisse de *Bernie's Tune,* de *Darn that Dream* ou de *My Funny Valentine.*

MULLENIUM : GERRY MULLIGAN Columbia / Legacy 678

Très belle compilation de quelques-uns des grands moments de Mulligan qui vous évitera de courir chez les disquaires à la recherche de la perle rare, plus particulièrement en ce qui concerne son travail avec le grand orchestre de Gene Krupa en tant qu'arrangeur : *How High The Moon, Disc Jockey Jump...* Quant au saxophoniste Mulligan, il est éblouissant, entouré qu'il est de stars comme Zoot Sims, Charlie Rouse, Lee Konitz, Bob Brookmeyer... À se procurer rapidement !

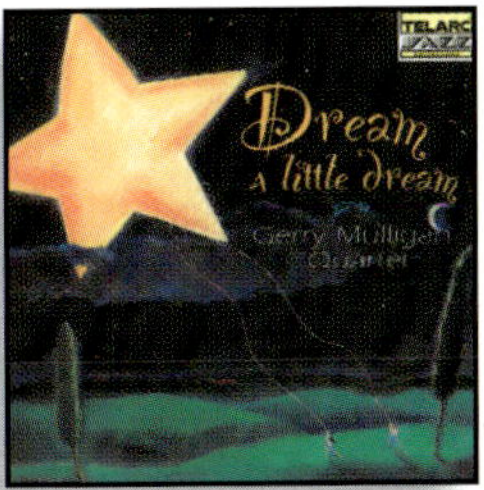

DREAM A LITTLE DREAM Telarc Jazz 364

Enregistré peu de temps avant son décès en 1994, *Dream a Little Dream* est l'un des plus beaux disques de cet immense saxophoniste. Après 40 ans de carrière, le temps ne semblait pas avoir de prise sur cette sonorité douce et chaleureuse. Avec son trio régulier ; Ted Rosenthal (piano), Dean Johnson (contrebasse) et Ron Vincent (batterie), il revisite quelques grands standards, dont *My Shining Hour, They Say It's Wonderful, My Funny Valentine...* Classique et émouvant.

19 FÉVRIER 1955 –

À 46 ans, le saxophoniste David Murray a plus d'une centaine d'enregistrements derrière lui ! Toujours en quête de rencontres musicales, artiste engagé, il sera de tous les événements et de toutes les grandes formations (il en met lui-même plusieurs sur pied). Que ce soit au sein du World Saxophone Quartet (l'une des plus belles machines de jazz), avec le groupe de rap Positive Black Soul, en *big band* ou avec son quartette régulier. David Murray étonne parce qu'il fait l'unité du jazz. On retrouve dans son jeu des éléments du jazz nouvelle-orléans, du free jazz et des hommages non déguisés à ces géants que furent Ben Webster, Coleman Hawkins, John Coltrane et le dernier survivant de la dynastie, Sonny Rollins.

C'est d'ailleurs après avoir entendu jouer ce dernier qu'il fera du saxophone ténor son instrument de prédilection. Pour parfaire ses connaissances musicales, il s'inscrit au Ponoma College de Los Angeles ; il y fait bientôt la rencontre non seulement de l'influent critique et poète Stanley Crouch, qui dirige alors le Black Music Infinity, mais aussi de ceux qui deviendront ses compagnons de route, Arthur Blythe, « Butch » Morris, James Newton et Frank Lowe. Après avoir fait partie de diverses formations, il fonde en 1976 – avec Hamiet Bluiett, Julius Hemphill et Oliver Lake – le World Saxophone Quartet qui aura une carrière sans pareille, tant en termes de concerts que d'enregistrements. Ne se contentant jamais de faire une chose à la fois, David Murray collaborera au fil des années avec l'élite du free jazz aussi bien qu'avec des « aventuriers » tels que James « Blood » Ulmer, Anthony Braxton, Cecil Taylor, Randy Weston ou Georges Arvanitas.

QUELQUES COMPAGNONS DE ROUTE

GEORGES ARVANITAS (piano)
3 A.M., Pretoria

JOHN HICKS (piano)
Luminous, Evidence

IDRIS MUHAMMAD (batterie)
Make it Count, Fantasy

RANDY WESTON (piano)
Volcano Blues, Antilles

FOR AUNT LOUISE : DAVID MURRAY QUARTET DIW 901

En compagnie de ses musiciens, John Hicks au piano, Idris Muhammad à la batterie et Fred Hopkins à la contrebasse, David Murray signe ici une de ses œuvres les plus achevées. Qu'il soit ému – *Fantasy Rainbow* –, qu'il s'amuse – *Boogie Real Slow* – ou qu'il se souvienne – *Fishin' and Missin' You* – *For Aunt Louise* –, sa sonorité est tout aussi pure, entrecoupée d'envolées soudaines souvent jusqu'à l'aigu, sans toutefois briser la mélodie.

DAVID MURRAY : FO DEUK REVUE. Justin Time 94-2

Autres temps, autres rencontres ! Lors d'un passage dans la ville de Dakar en mai 1996, Murray rencontre la pauvreté, la misère, mais aussi de formidables musiciens-chanteurs, dont le groupe de rap sénégalais Positive Black Soul. « *Fo Deuk*, écrit David Murray, est un disque où la mémoire est audible ; la tradition se déplace pour rencontrer ses enfants, et l'histoire revient de ses sources. » Disque musique du monde donc, auquel Positive Black Soul donne d'entrée de jeu le ton avec *Too Many Hungry People*.

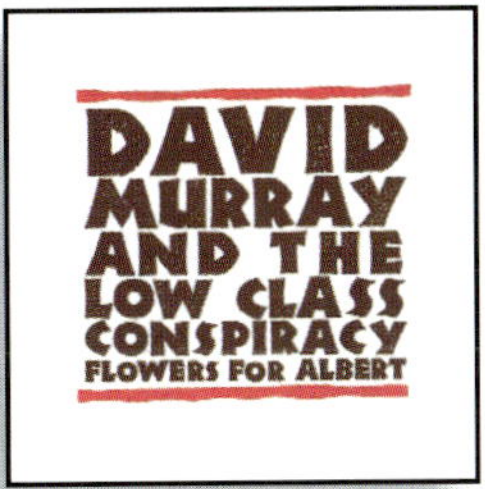

DAVID MURRAY AND THE LOW CLASS CONSPIRACY : FLOWERS FOR ALBERT

West Wind 2039

Cet hommage à l'artiste « maudit » que fut le saxophoniste Albert Ayler n'est pas de tout repos : un jazz à tous vents, bruits de révolte, beaucoup de dissonance... un menu pour oreille avertie ! Avec Don Pullen au piano, Fred Hopkins à la basse, Stanley Crouch à la batterie et Butch Morris au cornet.

24 SEPTEMBRE 1923 – 7 JUILLET 1950

Comme trop de ses confrères, Theodore Navarro, dit « Fats », sera passé tel un météore dans le ciel du jazz. Miné par la tuberculose et les abus de drogue, il s'éteindra à l'âge de 26 ans, mais non sans avoir eu le temps, cependant, de participer aux plus belles heures du bop naissant. Malheureusement, il n'a laissé qu'une dizaine de disques, dont les plus importants sont ceux qu'il a réalisés pour la firme Blue Note en compagnie du pianiste Tadd Dameron. La richesse de sa sonorité et son swing enlevant en auront inspiré plus d'un, dont Clifford Brown. Peut-être ont-ils vu en lui, selon les termes d'Alain Gerber, « un modèle d'équilibre parce qu'il concilie avec la plus grande pertinence la science harmonique, la fraîcheur mélodique et l'audace rythmique. À une première audition, il apparaîtra surtout comme un admirable mélodiste. [...] En lui, nous reconnaissons un disciple de l'improvisateur de *West End Blues* ayant comme Armstrong pour idéal la production d'une ligne mélodique parfaite[15]. »

Parmi les solistes du be-bop, il se distinguera en peu de temps par ses lignes fluides, ses attaques vives mais moins périlleuses que celles de Dizzy Gillespie, un son puissant et une rare économie de notes. Ce qui fait dire à Philippe Carles : « C'est Clifford Brown, écriront les historiens de jazz, qui réalisera les rêves de Navarro. Mais la mince discographie qu'il a laissée contient assez de perfection et de pure émotion pour qu'il soit possible de suggérer autre chose : l'essentiel, Navarro l'avait joué. Après, c'est une autre histoire[16]. »

Fats Navarro débute sa carrière de musicien à 14 ans, non comme trompettiste mais comme saxophoniste ténor dans l'orchestre de Walter Johnson, à Miami. À 20 ans, il entre dans le grand orchestre d'Andy Kirk, les Clouds of Joy, dont la vedette est alors Howard McGhee ; c'est grâce à ce dernier qu'il fera la connaissance de Roy Eldridge et de Dizzy Gillespie qui, deux ans plus tard, le recommandera chaudement à Billy Eckstine lorsque lui-même le quittera. Navarro y restera 18 mois, puis entreprendra une série de collaborations avec les géants du bop, le batteur Kenny Clarke, le trompettiste Kenny Dohram, la saxophoniste Illinois Jacquet, le vibraphoniste Lionel Hampton... Sa rencontre la plus décisive sera celle du pianiste et arrangeur Tadd Dameron avec qui il signera ses plus beaux enregistrements. Au début de 1950, alors qu'il est déjà très diminué par la maladie et l'usage de drogues, il participe aux séances du Jazz at the Philharmonic et accepte un dernier engagement au Birdland avec Charlie Parker, Bud Powell et Max Roach.

THE COMPLETE BLUE NOTE AND CAPITOL RECORDINGS OF FATS NAVARRO AND TADD DAMERON Blue Note 373 2 3, 2 CD

Ces 36 plages, dont quelques prises alternatives, représentent l'essentiel de ce que le trompettiste Fats Navarro a enregistré. Ses sessions avec le trompettiste Howard McGhee (11 octobre 1948) et avec le pianiste Tadd Dameron (26 septembre 1947) comptent parmi les plus beaux moments, de même que les pièces en compagnie du pianiste Bud Powell tirées de *The Amazing Bud Powell volume 1.* Il vous sera aussi permis de comparer les styles de Fats Navarro et de Miles Davis, puisque celui-ci apparaît sur quatre plages avec le pianiste Tadd Dameron. Outre Fats Navarro, c'est la crème du jazz qui est au rendez-vous: Dexter Gordon, Kenny Clarke, Curly Russell, Sonny Rollins, Tommy Potter, Roy Haynes et quelques autres. Un achat indispensable pour moins de 30 dollars.

4 JUIN 1932 - 28 OCTOBRE 1975

C'est beaucoup plus en tant que compositeur et arrangeur que Oliver Nelson est entré dans la légende, ayant lui-même fait passer en second sa carrière de saxophoniste. On lui doit entre autres *The Blues and the Abstract Truth,* une des œuvres les plus remarquables du jazz, tant par la finesse des compositions que par la subtilité des arrangements. Il a aussi été l'arrangeur de Sonny Rollins pour *Alfie,* de Thelonious Monk pour *Monk's Blues,* et de Jimmy Smith et Wes Montgomery pour *The Dynamic Duo.*

Après avoir étudié le piano et le saxophone, et alors qu'il travaille comme chauffeur d'autobus, Nelson décroche rapidement divers engagements auprès d'orchestres alors en vogue. En 1950, il fait partie de l'orchestre de rhythm and blues du très populaire saxophoniste et chanteur Louis Jordan. Après avoir fait son service militaire dans le grand orchestre de la marine américaine, il décide d'étudier la composition et la théorie musicale, et ce n'est qu'en 1959 qu'il enregistre son premier disque. On le retrouve par la suite dans l'orchestre de Quincy Jones, mais c'est surtout ses talents d'arrangeur qui retiennent de plus en plus l'attention, non seulement des jazzmen, mais aussi des réalisateurs de télévision et de cinéma. C'est pourquoi, dans les dernières années de sa vie, il ne jouera presque plus, mis à part quelques tournées en Angleterre, en Allemagne et au Japon.

Bouche à oreille

Influences

GIL EVANS (pianiste, compositeur) *Out of the Cool,* Impulse!
JOHNNY HODGES (saxophone alto) *Everybody Knows Johnny Hodges,* Impulse!
GEORGE RUSSELL (compositeur, pianiste) *Jazz Workshop,* Bluebird

QUELQUES COMPAGNONS DE ROUTE

PAUL CHAMBERS (contrebasse) *Whims of Chambers,* Blue Note
HANK JONES (piano) *Groovin' High,* Muse
LEON THOMAS (chanteur) *In Berlin,* Flying Dutchman

THE BLUES AND THE ABSTRACT TRUTH Impulse! 154

Une magnifique composition dont on découvre peu à peu toute la subtilité par le jeu de musiciens d'exception: Bill Evans au piano, Eric Dolphy au saxophone alto et à la flûte, Freddie Hubbard à la trompette, Paul Chambers à la contrebasse, Roy Haynes à la batterie, Oliver Nelson aux saxophones alto et ténor, et George Barrow au saxophone baryton. La pièce la plus importante en est *Stolen Moments,* un très long blues méditatif qui, entonné à l'unisson par les cuivres, laisse ensuite la trompette, la flûte, le piano et le sax alto s'exprimer tour à tour en solos, tous remarquables. Quant à *Cascades,* c'est un modèle de pur bop, toujours avec les cuivres en contrepoint.

MORE BLUES AND THE ABSTRACT TRUTH Impulse! 212

Faisant suite, trois ans après, au disque précédent, *More Blues and the Abstract Truth* est une autre manière (peut-être moins impressionnante que la première) d'entendre le blues. Cette fois, Oliver Nelson dirige un petit orchestre qui interprète quatre de ses compositions: *Blues and the Abstract Truth, One for Bob, The Critic's Choice* et *One for Phil,* qui provient du disque *The Definitive Jazz Scene*. Les autres pièces sont du saxophoniste Johnny Hodges; *Blues O'Mighty, Theme from Mr. Boadway* du pianiste Dave Brubeck, *Midnight Blue* de Neal Hefti, etc. Tous les arrangements sont signés de la main d'Oliver Nelson et ils mettent en vedette les impressionnants musiciens que sont Pepper Adams (saxophone baryton), Phil Woods (saxophone alto), Thad Jones (trompette) et Ben Webster (saxophone ténor).

PARKER CHARLIE | ÉTATS-UNIS

29 AOÛT 1920 – 12 MARS 1955

Le plus important saxophoniste alto de l'histoire du jazz, Charlie Parker, qu'on surnommait « Bird » ou « Yardbird », se situe au même rang que Louis Armstrong en ce qui concerne l'influence qu'il a exercée non seulement sur tous les musiciens, mais sur la conception même du jazz. Improvisateur de génie, il a osé dégager les structures harmoniques de leur carcan traditionnel en jouant sur les registres et les tempos, tout en conservant sa cohérence à la mélodie. « Un jour, dira-t-il, je me suis rendu compte qu'en utilisant les notes supérieures des accords comme ligne mélodique, et en les accompagnant de la progression harmonique adéquate, je pourrais jouer ce que j'entendais intérieurement. C'est ainsi que je suis venu au monde[17]. » C'est ce qu'a si bien fait ressortir Clint Eastwood dans le très beau film *Bird,* alors qu'il met en scène un jeune Charlie Parker venu se frotter à de grands musiciens lors d'un *jam session* et qui y va de nouveaux accords sur un morceau très connu ; le batteur, décontenancé par l'audace de ce musicien en herbe, détache sa cymbale et la lui lance avec mépris, lui signifiant par là qu'il ferait mieux de revoir ses gammes… Ce n'est pas Charlie Parker qui se trompait, mais le batteur qui était en retard sur l'époque. Le musicien Gene Ramey parlait ainsi de Charlie Parker et de ses découvertes harmoniques, bien avant que ce dernier ne devienne une légende : « Il passe ses journées à étudier les douze gammes suivant le cycle complet de do à si, et à s'entraîner au blues dans chacun des douze tons, fasciné au passage par ses découvertes tonales et modales. Charlie, qui avait été la risée des musiciens dans les jams était soudain devenu un saxophoniste que les autres écoutaient. Il avait perdu sa sonorité de guimauve et en avait acquis une bien à lui, incisive, nette, presque sans vibrato[18]. » En peu de temps, soit l'espace d'une dizaine d'années, Parker aura complètement bouleversé les codes d'improvisation

du jazz, en plus de lui donner quelques grandes pièces devenues depuis des classiques : *Donna Lee, Relaxin' at Camarillo, Billie's Bounce, Scrapple from the Apple* et *Confirmation.*

Charlie Parker a 11 ans quand sa mère lui offre son premier saxophone. Kansas City, sa ville natale, étant alors le foyer des meilleurs orchestres, il devient vite un habitué des *jam sessions* où il entendra notamment le pianiste Art Tatum et le saxophoniste Lester Young, qui auront sur lui une grande influence. À 17 ans, alors qu'il fait partie de l'orchestre de Jay McShann, il commence à toucher aux drogues dures qui lui coûteront la vie. Au début de la vingtaine, il fréquente assidûment les *boppers* qui se réunissent au Monroe's et au Minton's, confirmant ainsi ses préférences musicales. Il travaille un temps avec Earl Hines, puis avec Billy Eckstine ; c'est là qu'il rencontre Dizzy Gillespie avec lequel il formera en 1944-1945 un quintette qui fera autorité auprès de tout le mouvement bop. En 1946, il part pour la côte ouest et travaille durant quelques mois avec le Jazz at the Philharmonic ; brisé par ses excès, il est hospitalisé à Camarillo pour dépression nerveuse. De retour à New York, il forme un nouveau quintette avec Max Roach, Duke Jordan, Tommy Potter et un jeune trompettiste du nom de Miles Davis, des musiciens en compagnie desquels il enregistrera une partie de ses chefs-d'œuvre. S'ouvre enfin une période plus faste pour lui, alors qu'il est invité en Europe pour une série de concerts et que le producteur Norman Granz décide de s'occuper de sa carrière ; on va même jusqu'à donner son nom à un club de jazz, le Birdland. Mais le bonheur sera de courte durée, car sa santé décline rapidement. Il s'éteint en 1955 à l'âge de 35 ans chez la baronne mécène et amie des musiciens, Nica de Koenigswater.

THE CHARLIE PARKER STORY Savoy 0105

Malgré le titre, il ne s'agit là que des débuts de Parker en tant que leader, et pourtant s'y révèle déjà tout son génie. En ce 25 novembre 1945, entouré de Miles Davis, Dizzy Gillespie, Max Roach, Curly Russell et Sadik Hakim, il bouleverse bien des tabous avec 16 de ses plus grandes pièces: *Billie's Bounce, Now's the Time* et le fulgurant *Koko* qui a de quoi donner bien des maux de tête à celui qui ose l'aborder. C'est l'histoire du jazz qui s'écrit!

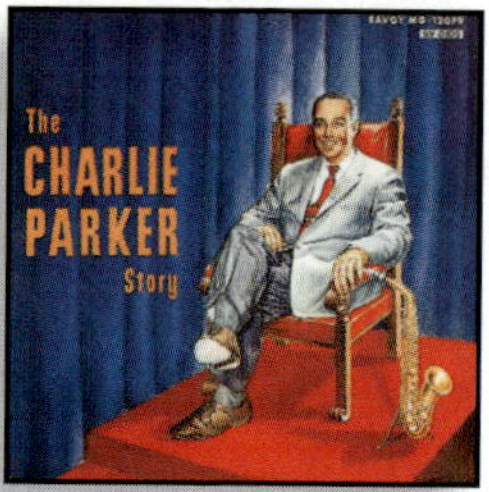

THE COMPLETE DIAL SESSIONS Jazz Classics 5010, 4 CD

C'est dans une atmosphère assez lourde que se déroulent ces sessions hollywoodiennes au cours desquelles Parker, manifestement au bout du rouleau, enregistre le tragique *Lover Man,* la version originale et deux prises alternatives de *Moose the Mooche,* ainsi que *A Night in Tunisia* qui comprend un de ses plus beaux solos. À le suivre tout au long de ces 89 plages, on reste saisi tout autant par son génie musical que par son extrême sensibilité, celle-ci étant particulièrement palpable dans *Yardbird Suite, Relaxin' at Camarillo* ou *How Deep is the Ocean?* Il n'est pas toujours facile de se procurer ce coffret, mais la recherche en vaut la peine, aussi bien pour les interprétations de Parker que pour celles des solistes qui l'accompagnent, Miles Davis, Dizzy Gillespie ou Howard McGhee à la trompette, Dodo Marmarosa ou Erroll Garner au piano et J.J. Johnson au trombone.

THE COMPLETE CHARLIE PARKER ON VERVE Verve 837-141, 10 CD

Un monstre qui contient tout ce que le saxophoniste a enregistré pour la maison de disques Verve entre 1949 et 1954. Heureusement, chacun des disques est vendu séparément (prises alternatives comprises), ou mieux, en condensé qui tient en deux disques (ouf!): *Confirmation: The Best of the Verve Years!*

Nos coups de cœur iront d'abord aux sessions du Jazz at the Philharmonic alors que Parker croise le fer avec les saxophonistes Lester Young et Flip Phillips, ainsi que les trompettistes Roy Eldridge et Dizzy Gillespie, puis nous passerons au magnifique *Bird with Strings* et, enfin, à cette rencontre du grand Parker avec le percussionniste Machito et le chef d'orchestre Chico O'Farrill qui débouchera sur le classique *Afro-Cuban Jazz Suite.*

BIRD AND DIZ Verve 133-2

Malgré ce qu'on pourrait penser, Dizzy Gillespie et Charlie Parker ont peu enregistré ensemble (leur association prendra fin en 1946). En 1950, sur invitation du producteur Norman Granz, ces deux leaders du bop se retrouvent en studio avec une rythmique maison, Buddy Rich à la batterie, Curly Russell à la contrebasse et, à la demande expresse de Gillespie, le très imprévisible Thelonious Monk! Et comme par magie, jaillit un feu d'artifice: Dizzy et Bird s'entendent comme larrons en foire sur des thèmes essentiels du bop, *Bloomdido, Leap Frog, Relaxing with Lee, Mohawk...* tandis que Monk distille discrètement sa folie créatrice.

JAZZ AT MASSEY HALL Debut / Original Jazz Classics

Selon certains, en cette soirée de 1953 au Massey Hall de Toronto, eut lieu le concert du siècle. Sur scène, en une étonnante conspiration, sont réunis les monstres sacrés Dizzy Gillespie, Charlie Parker, Bud Powell, Max Roach et Charles Mingus autour de l'essence même du bop: *Perdido, All the Things You Are, Wee, Hot House, A Night in Tunisia* et un *Salt Peanuts* plus explosif que jamais!

15 AOÛT 1925 –

Pour qui suit un tant soit peu l'histoire du jazz, il est impossible de ne pas connaître Oscar Peterson, le jazzman montréalais qui s'est à ce jour le plus illustré sur la scène internationale et qui a joué aux côtés des plus grands, non seulement parce qu'il était le pianiste attitré de Verve, mais surtout à cause de son remarquable sens du swing et de son étonnante versatilité. Fort apprécié du grand public, il a aussi été bien accueilli par la critique puisqu'il a reçu sept Grammy Awards, qu'il a été décoré de l'Ordre du Canada, et que le Festival international de jazz de Montréal a créé un prix en son honneur!

Pianiste précoce, il forme son premier trio à l'âge de 22 ans avant d'être remarqué par le producteur Norman Granz qui l'entend un soir à la radio. Le prenant sous son aile, il l'engage pour les prestigieuses tournées du Jazz at the Philharmonic, lui donnant ainsi la chance de jouer aux côtés des Coleman Hawkins, Charlie Parker, Stan Getz, Dizzy Gillespie, Billie Holiday et plusieurs autres. Parallèlement à ses activités de pianiste maison chez Verve, Peterson formera plusieurs trios, notamment avec le contrebassiste Ray Brown et le batteur Ed Thigpen (sûrement le plus important). Pianiste recherché, il jouera au fil du temps avec le guitariste Joe Pass, l'harmoniciste Toots Thielemans, le trompettiste Clark Terry ou le vibraphoniste Milt Jackson. Après 1990, affaibli par des ennuis de santé, ses prestations se font de plus en plus rares.

Bouche à oreille

A influencé

CYRUS CHESNUT (piano) *Revelation*, Atlantic

BENNY GREEN (piano) *Greens*, Blue Note

QUELQUES COMPAGNONS DE ROUTE

BUDDY RICH (batterie) *This One's for Basie*, Verve

CLARK TERRY (trompette) *Oscar Peterson Trio with Clark Terry*, Mercury

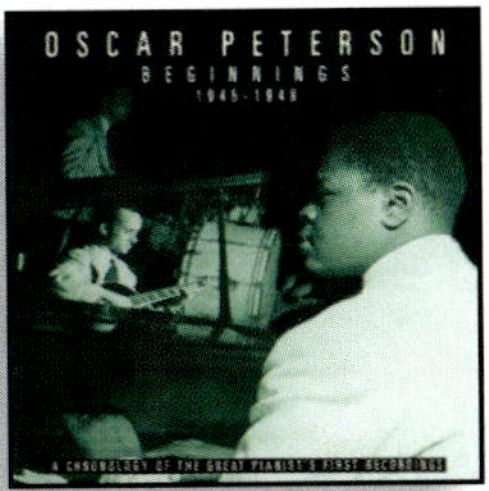

OSCAR PETERSON: BEGINNINGS, 1945-1949 RCA/Victor 105-2

À l'écoute de ces deux enregistrements réalisés entre 20 et 24 ans, on comprend pourquoi le producteur Norman Granz a «sauté» sur ce jeune prodige. Virtuose à la manière de Teddy Wilson et surtout de Art Tatum, il surprend par sa rapidité d'exécution et sa vitalité. On reste pantois devant le tempo infernal de *I Got Rhythm* ou le swing sans faille de *The Sheik of Araby*, qui n'est pas sans rappeler celui de Count Basie. Réalisés avec des musiciens locaux, ces deux disques majeurs présentent un répertoire tout ce qu'il y a de plus classique quant au choix, mais non dans l'interprétation: *Somebody Loves Me, Sweet Lorraine, The C Jam Blues, China Boy...*

OSCAR PETERSON TRIO LIVE AT CBC STUDIOS, 1960 Just a Memory 507-2
WE GET REQUESTS Verve 047-2

Déniché dans les voûtes de CBC, qui renferment bien des trésors (!), ce *Trio Live* rend compte des grandes années de l'ami Oscar en compagnie du contrebassiste Ray Brown et du batteur Ed Thigpen. Un swing élégant, un raffinement et une rare sobriété dans l'interprétation suffiraient à justifier l'immense popularité de Peterson. Mais à cela, il faut ajouter une joie de vivre, sa marque de commerce pour ainsi dire, particulièrement manifeste dans *My Heart Stood Still, I Got Plenty O' Nothin'* ou *Dancing on the Ceiling.*

Beaucoup plus connu, *We Get Requests* est un disque de facture grand public avec des classiques comme *The Girl from Ipanema, People* ou *The Days Of Wine and Roses,* ce qui n'enlève rien à la richesse de la sonorité ni à l'inventivité harmonique de Peterson.

EXCLUSIVELY FOR MY FRIENDS: THE LOST TAPES MPS / Verve 096-2

Dans les années 60, Oscar Peterson a enregistré quelques disques de très grande qualité pour le label MPS. En 1995, la compagnie Verve, propriétaire du défunt label, a ressorti quelques-uns de ces merveilleux enregistrements. Avec ses complices Ray Brown et Ed Thigpen, ou avec le bassiste Sam Jones et le batteur Bob Durham, Oscar Peterson livre une partie de son secret: swing constant, justesse de la note et sobriété.

28 DÉCEMBRE 1962 - 6 JANVIER 1999

Voici un autre musicien parti trop tôt, emporté par la maladie alors qu'il poursuivait une carrière extraordinaire. Doté d'une technique impeccable qu'il exploitait avec brio, Michel Petrucciani avait su en fort peu de temps conquérir le cœur de tous les *fans* de jazz avec un swing inimitable, le lyrisme de ses ballades et un répertoire varié qui allait de Bill Evans à Duke Ellington, à qui il rendra hommage dans le très beau *Promenade with Duke*.

Avant de se lancer à corps perdu dans le jazz, Michel Petrucciani avait étudié le piano classique pendant huit ans. Dès l'âge de 12 ans, il donne des concerts avec son père qui est guitariste et son frère, bassiste. En 1977 (il vient d'avoir 15 ans), on peut le voir jouer avec l'un des pères du be-bop, le batteur Kenny Clarke. En 1981, il enregistre ses premiers disques avec le batteur Aldo Romano et le regretté contrebassiste Jean-François Jenny-Clark, et en 1982, il joue en duo avec le saxophoniste Lee Konitz. C'est cette même année qu'il décide de s'installer en Californie où il rencontre bientôt le saxophoniste Charles Lloyd avec qui il partira en tournée mondiale. Toujours aux États-Unis, il enregistre deux disques remarquables avec le contrebassiste Palle Danielsson et le batteur Elliott Zigmund : *Live at the Village Vanguard* et *Pianism*. Par la suite, Petrucciani accompagnera le trompettiste Freddie Hubbard, le saxophoniste Joe Henderson ainsi que l'organiste Eddy Louiss pour le merveilleux disque *Conférence de presse*.

Bouche à oreille

Influences

ERROLL GARNER (piano) *Plays Gershwin and Kern*, Telarc
BUD POWELL (piano) *The Genius of Bud Powell*, Blue Note
ART TATUM (piano) *The Art Tatum Solo Masterpieces*, Pablo

QUELQUES COMPAGNONS DE ROUTE

EDDY LOUISS (orgue) *Eddy Louiss Trio*, Dreyfus
CHARLES LLOYD (saxophone ténor) *The Call*, ECM

MICHEL PETRUCCIANI AU THÉÂTRE DES CHAMPS-ÉLYSÉES Dreyfus 570-2, 2 CD
Un soir, au théâtre des Champs-Élysées, seul sur scène, le pianiste concocte un medley de 40 minutes à partir de ses pièces favorites, puis y va de l'extraordinaire ballade *Night Sun in Blois*. Le deuxième disque, tout aussi étonnant, commence par un hommage à Monk, *I Mean You/Round About Midnight,* suivi du grand classique *Even Mice Dance/Caravan* et d'un *Besame Mucho* fort émouvant.

EDDY LOUISS – MICHEL PETRUCCIANI : CONFÉRENCE DE PRESSE Dreyfus 568-2
À la Maison de la radio en 1994, devant un parterre d'amis, l'organiste Eddy Louiss et le pianiste Michel Petrucciani improvisent plutôt sur des idées musicales que sur des thèmes choisis. Quelle rencontre ! De celles que l'on aimerait voir et entendre plus souvent ! Uniquement pour la pièce *Les Grelots,* on achète immédiatement, à moins que ce ne soit pour le somptueux *So What*. Que dire d'autre?

TRIO IN TOKYO : MICHEL PETRUCCIANI – STEVE GADD – ANTHONY JACKSON
Dreyfus 605-2
« S'il est une qualité qui résume le mieux la personnalité et la musique de Michel Petrucciani, c'est bien la générosité », dit Pascal Anquetil dans les notes du livret... ce que démontre une fois de plus le pianiste, en ce novembre de 1997, en exécutant avec sa joie de vivre et son exubérance coutumière sept de ses compositions, dont *Love Letter, Cantabile* et *Training,* ainsi que le *So What* de Miles Davis. Un autre disque à mettre dans sa besace.

27 SEPTEMBRE 1924 – 1ER AOÛT 1966

Reconnu à l'unanimité comme le plus grand pianiste de l'ère bop, Bud Powell est aussi une des figures les plus tragiques de l'histoire du jazz. Dans le film *Autour de minuit,* le réalisateur Bertrand Tavernier a su rendre toute la douleur de cet artiste hypersensible et malmené par la vie, par l'histoire d'un saxophoniste (incarné par Dexter Gordon) à la recherche constante d'un peu de chaleur humaine. Malgré son existence difficile, Powell deviendra un géant du jazz, y imposant plusieurs de ses innovations tant harmoniques que techniques, et surtout à cause de son style personnel – swing étincelant, vélocité, émotion et sens du tragique. Bill Evans rendra un jour le témoignage suivant : « Si je devais choisir un seul musicien pour son intégrité artistique, pour l'originalité incomparable de sa création, mais aussi pour la grandeur de son œuvre, ce serait Bud Powell. Personne ne lui arrive à la cheville. »

Né dans une famille de musiciens et ayant étudié un temps la musique classique, Powell quitte l'école très tôt pour se consacrer au jazz. En 1941, on le retrouve au Minton's Playhouse où il se lie d'une profonde amitié avec le pianiste Thelonious Monk, qui lui dédiera un jour une de ses plus belles compositions,

In Walked Bud, et écrira même tout spécialement pour lui le célèbre *52nd Street Theme*. Après un passage dans l'orchestre du trompettiste Cootie Williams au cours duquel se manifestent déjà ses dons exceptionnels, il accompagne Dizzy Gillespie, Charlie Parker, Sonny Stitt, J.J. Johnson... À la même époque, en butte à la ségrégation raciale et victime de la brutalité des policiers new-yorkais, il commence à souffrir de violentes migraines et bientôt de dépressions de plus en plus graves. En 1947, il enregistre les premiers disques sous son nom, dont *The Amazing Bud Powell,* mais déjà sa santé est chancelante et c'est le début des internements en hôpital psychiatrique. Il trouvera quand même la force d'enregistrer quelques grands chefs-d'œuvre pour Verve entre 1949 et 1951, *Parisian Thoroughfare, Un Poco Loco* et *Glass Enclosure.*

En 1956, il part en tournée en Europe et s'installe définitivement à Paris en 1959. Il y fait la connaissance d'un jeune homme fou de jazz, Francis Paudras, grâce auquel il retrouve enfin un certain équilibre. En 1963, il revient aux États-Unis, joue au Birdland et meurt trois ans après, atteint par la tuberculose. Francis Paudras racontera longuement son amitié avec Bud Powell dans le très beau livre *La danse des infidèles,* qui servira de base au film *Autour de minuit,* de Bertrand Tavernier.

THE AMAZING BUD POWELL Volume 1 (1949 et 1951) Blue Note 503
THE AMAZING BUD POWELL Volume 2 (1951 et 1953) Blue Note 504
C'est l'entrée en scène officielle d'un immense pianiste, en compagnie de rythmiques plus que talentueuses : Fats Navarro à la trompette, Sonny Rollins au saxophone ténor et, pour le volume 1, Tommy Potter à la contrebasse, Roy Haynes et Max Roach à la batterie, remplacés pour le volume 2 par George Duvivier et Curly Russell à la contrebasse, Max Roach et Art Taylor à la batterie. Bud Powell, en pleine forme malgré sa fragilité, fait un tabac avec *Bouncing with Bud, Dance of the Infidels, 52nd Street Theme* et trois belles versions de *Un Poco Loco.* Dans le volume 2, on retrouve *Glass Enclosure* (qui n'est pas sans évoquer ses années d'internement), et de solides interprétations de *A Night in Tunisia, It Could Happen to You* et quelques autres. On peut se procurer l'intégrale de ces années Blue Note, en quatre CD, sous le titre *The Complete Blue Note and Roost Recordings* (Blue Note 083).

BUD POWELL : THE JAZZ GIANTS Verve 832-2
Une des grandes années du pianiste (1949) qui a dans ses cartons trois nouvelles compositions : *Tempus Fugue-It, I'll Keep Loving You* et *Celia* (pour sa fille). L'enregistrement est impeccable, les partenaires, à la hauteur (Max Roach à la batterie, Ray Brown à la contrebasse), et un Bud Powell qui fait étalage de sa technique et de sa fougue dans *Cherokee.*

THE COMPLETE BUD POWELL ON VERVE Verve 669-2, 5 CD
En cinq disques compacts, tout ce que Bud Powell a enregistré pour Verve entre 1949 et 1956, et dont les meilleurs sont *Bud Powell Piano Solos, The Genius of Bud Powell, Jazz Giant* et *The Artistry of Bud Powell.* Le magnifique livret présente 150 pages de souvenirs et d'appréciations des musiciens qui l'ont côtoyé. Un travail très soigné, pour les amoureux fous de Bud Powell.

BUD POWELL – DON BYAS : A TRIBUTE TO CANNONBALL Columbia / Legacy 186
Parue la première fois sous le nom du saxophoniste Don Byas, la réédition en CD fait apparaître le nom de Powell comme co-leader de cette session. Toutes les pièces font partie du grand patrimoine bop : *All The Things You Are, Just One of Those Things, Good Bait...* sans oublier la très belle composition du contrebassiste français Pierre Michelot, *Jackie My Little Cat.* On en profitera pour découvrir ou redécouvrir ce saxophoniste sous-estimé que fut Don Byas, ainsi que le contrebassiste Pierre Michelot, le batteur Kenny Clarke et le trompettiste Idrees Sulieman.

BUD POWELL : A PORTRAIT OF THELONIOUS Columbia / Legacy 187
Dans la foulée du disque précédent et des années françaises du pianiste, voici un hommage à son grand ami Thelonious Monk dans lequel, loin de faire du Monk, Powell revoit à sa manière les grandes compositions du maître, *Off Minor, Thelonious, Monk's Mood, Ruby, My Dear,* auxquelles s'ajoutent quelques pièces, dont notamment *There Will Never Be Another You* ou *No Name Blues,* du saxophoniste Earl Bostic. Un Bud Powell très en forme soutenu par deux colosses : le contrebassiste Pierre Michelot et le batteur Kenny Clarke.

23 JANVIER 1910 – 16 MAI 1953

Avec Charlie Christian et Wes Montgomery, le guitariste manouche Django Reinhardt fait partie de ce cercle restreint qui aura une influence considérable sur le rôle de la guitare dans le monde du jazz. Django Reinhardt/ Stéphane Grappelli : le couple indissociable du quintette du Hot Club de France et le miroir de toute une époque grâce à des pièces aussi connues que *Manoir de mes rêves*, *Nuages* et *Minor Swing*. Fabuleux technicien aux prouesses vertigineuses, Django est le maître des couleurs avec un phrasé tout particulier qui rejoint les inventions harmoniques de Charlie Parker et de Dizzy Gillespie. Autodidacte, il avait une imagination infinie et il sut très bien saisir le mouvement qui prenait forme autour du jazz au début des années 30, sans jamais perdre sa sonorité ni son sens inné du rythme.

Né en Belgique au sein d'une communauté manouche, Django a 12 ans lorsqu'il commence à apprendre seul la guitare et le banjo. Gravement brûlé dans un incendie alors qu'il est jeune adulte, sa main gauche est mutilée ; il fera tout pour lui redonner son agilité. Alors qu'il travaille sur la Côte d'Azur en 1931, c'est le peintre Emile Savitry qui lui fait découvrir Duke Ellington et Louis Armstrong. Revenu à Paris, il fait la connaissance, en 1934, au hasard d'un *jam,* du pianiste Stéphane Grappelli avec qui il se lie d'amitié. Ils décident bientôt de fonder un quintette tout à fait particulier composé de trois guitares, d'un violon et d'une basse et qu'ils appelleront Quintette du Hot Club de France (du nom de l'organisme qui les parraine). Le succès est immédiat et le public, aussi bien européen qu'américain, découvre ce guitariste merveilleux qui a su allier son héritage folklorique à une sonorité jazz hors du commun. Popularité oblige, mais aussi par amour de la musique, il joue avec les grands musiciens américains de passage à Paris : Benny Carter, Coleman Hawkins, le violoniste Eddie South... En 1939, la guerre étant déclarée, il choisit de rester en France tandis que Grappelli part pour Londres. Il forme donc un nouveau quintette avec le clarinettiste Hubert Rostaing et le batteur Pierre Fouard, dont un des plus grands succès, en ce temps d'Occupation, sera le troublant *Nuages.* Après la guerre, en 1947, il tentera de reconstituer une formation avec Stéphane Grappelli, mais leur association ne durera guère. Il continuera à jouer aux côtés de jeunes musiciens, mais semblera de plus en plus attiré vers la pêche et la peinture. Il meurt en 1953, frappé par une congestion cérébrale.

DJANGO REINHARDT ET LE QUINTETTE DU HOT CLUB DE FRANCE, FEATURING STÉPHANE GRAPPELLI Jazz Archives / EPM 522

«Entre 1934 et 1937, comme l'écrit François Billard dans le livret, le Quintette du Hot Club de France vécut ses plus belles années, celles de la jeunesse où s'affirmait pourtant sa plus belle maturité.» Tiré de la collection Jazz Archives / EPM qui fait un travail extraordinaire dans le domaine de la réédition, voici le célèbre quintette en pleine heure de gloire (1935-1937), avec Stéphane, Django et ce fameux «french sound». Il y a *Dinah, Tiger Rag* (pour sa vitesse d'exécution), le sublime *Body and Soul* et *Djangology.*

PÊCHE À LA MOUCHE : DJANGO REINHARDT THE GREAT BLUE STAR SESSIONS, 1947-1953 Verve 418 2, 2 CD

Un coffret essentiel qui réunit tous les enregistrements du génial Gitan pour la firme Blue Star. Trente-trois perles où Django, au fil des séances, est accompagné par Hubert Rostaing (clarinette), Joseph Reinhardt (guitare), Maurice Vander (piano), Pierre Michelot (contrebasse), Jean-Louis Viale (batterie)... Plus présent encore qu'au sein du Hot Club de France, on ne se lasse pas du *Manoir de mes rêves,* tout comme du fantomatique *Nuages.* Aux amateurs de blues, Django réserve quelques surprises avec *Django's Blues, Blues for Barclay* et *Blues for Ike.* Essentiel.

7 SEPTEMBRE 1930 –

À 71 ans, « Le Colosse » du jazz est le dernier des géants, celui qui depuis 1947 aura traversé toutes les époques du jazz, non sans peine cependant, car toute sa vie, Rollins aura douté de lui-même et de sa musique. Saxophoniste à la sonorité puissante « héritée » de son maître Coleman Hawkins, qu'il rencontrera uniquement pour le sublime *Sonny Meets Hawk* (BMG), Rollins est aussi un improvisateur plus qu'audacieux, passant sans préavis de la jubilation à l'ironie et de l'humour à la violence grâce à son inventivité sans limites. Si son langage musical est essentiellement bop et hard bop, il y intègre souvent des rythmes antillais ou calypso qui ensoleillent son répertoire, comme *St. Thomas* ou *Don't Stop The Carnival.*

Dès le début de sa carrière, Rollins côtoie les vedettes de l'heure : en 1949 il travaille avec Art Blakey et Bud Powell, en 1951, avec Miles Davis, en janvier 1956, avec Max Roach et Clifford Brown, et la même année, avec John Coltrane pour un enregistrement inoubliable, *Tenor Madness.* Les années 60 seront marquées par sa rencontre avec le trompettiste Don Cherry et l'exploration de nouveaux matériaux comme dans *Our Man In Jazz* et *The Bridge.* Oscillant entre les retraites volontaires, hanté par la nécessité de se remettre en question, et les retours enthousiastes une fois sa sérénité retrouvée, il enregistrera (souvent en quartette) un nombre impressionnant de disques qui, sans être aussi révolutionnaires que les premiers, témoigneront à tout coup de son extraordinaire vitalité.

Bouche à oreille

Influences

JOHN COLTRANE (saxophone ténor) *Ballads,* Impulse !
COLEMAN HAWKINS (saxophone ténor) *Night Hawk,* Original Jazz Classics

A influencé

JAMES CARTER (saxophone ténor) *Chasin' the Gypsy,* Atlantic
BRANFORD MARSALIS (saxophone ténor) *Requiem,* Columbia

QUELQUES COMPAGNONS DE ROUTE

CLIFFORD BROWN (trompette) *Clifford Brown with Strings,* Verve

TOMMY FLANAGAN (piano) *Ballads and Blues,* Enja

TENOR MADNESS Original Jazz Classics 124

Un des grands classiques de Sonny Rollins où apparaît, pour une plage, le tout jeune John Coltrane. Une bataille de titans pour la première pièce, *Tenor Madness,* qui vaut à elle seule l'achat du disque. Mais il y a aussi *When Your Lover Has Gone* et *My Reverie.* Un grand disque et une bonne introduction.

SAXOPHONE COLOSSUS Prestige 7079-2

Des solistes impressionnants – Tommy Flanagan au piano, Max Roach à la batterie et Doug Watkins à la contrebasse – soutiennent celui qu'on appelle désormais Le Colosse, amoureux du calypso, qui introduit pour la première fois son célèbre *St. Thomas.* Avec son extraordinaire versatilité, il passe ensuite à la bouleversante ballade *You Don't Know What Love Is,* pour terminer avec son étrange *Blue 7.* Un de ses disques les plus importants, ne serait-ce que par l'inventivité dont il témoigne.

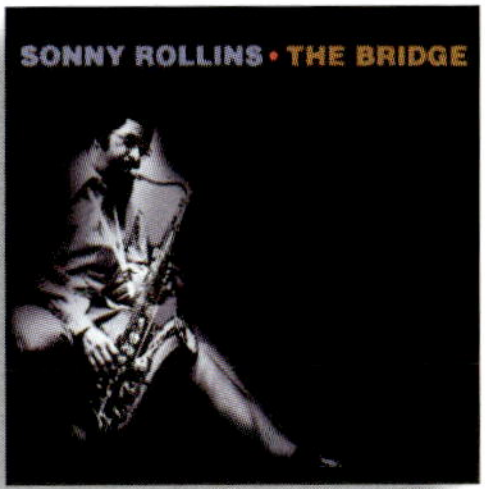

THE BRIDGE RCA / Victor 518-2

Après sa première retraite, de1959 à 1961, durant laquelle, selon la légende, il allait chercher de nouvelles inspirations sur le pont de Williamsburg, Rollins revient à la tête d'un quartette composé du guitariste Jim Hall, du bassiste Bob Cranshaw et du batteur Ben Riley. Pacifié, confiant mais n'ayant rien perdu de sa sonorité, il nous livre les fruits de sa longue réflexion : *Without A Song, The Bridge* et *God Bless The Child,* qui met notamment en valeur le jeu du guitariste.

24 MAI 1937 –

En vertu de son engagement pour la cause noire et pour la culture afro-américaine, Archie Shepp, grande personnalité du jazz moderne, en dépasse cependant largement le cadre de même que celui des mouvements qui l'ont traversé. Car si, comme bien d'autres, il a subi l'influence de John Coltrane, il est resté profondément attaché à la grande tradition du gospel et du blues, qu'il ne manque pas de chanter ou de réciter lors de ses spectacles. Et aujourd'hui plus qu'hier encore, il revendique l'importance de la mémoire dans le jazz et le retour aux grands créateurs, qu'ils s'appellent Ellington, Monk, Bechet ou Coltrane. En tant que saxophoniste, il se montre d'ailleurs fidèle à cet héritage grâce à une sonorité profonde et chaude marquée d'une légère acidité que l'on peut apprécier notamment dans ses duos avec le pianiste Horace Parlan pour l'étiquette Steeple Chase.

C'est à la suite de sa rencontre avec John Coltrane (qui produira son premier disque – *Four For Trane)* que Archie Shepp opte pour le saxophone ténor plutôt que pour le saxophone alto, la clarinette ou le piano qu'il avait aussi appris. Cet homme fascinant et passionné de culture poursuit par ailleurs des études en littérature et a déjà une pièce de théâtre à son actif! Au début des années 60, il collabore avec le pianiste Cecil Taylor, puis dirige une formation avec le trompettiste Bill Dixon, avant de participer à la fondation du New York Contemporary Five. En 1965, il enregistre avec John Coltrane le fulgurant *Ascension,* puis, sous son propre nom, des œuvres qui feront de lui une des grandes figures du free jazz – *Mama Too Tight, Fire Music* et *The Way Ahead* – qui sont en quelque sorte un condensé de la culture noire américaine et de ses influences sur le jazz. Quelques années plus tard, il enregistrera en duo avec le pianiste Horace Parlan deux superbes disques – *Trouble in Mind* (Steeple Chase) et *Looking at Bird* (Steeple Chase) – destinés à faire revivre les sources du jazz et à en promouvoir l'inépuisable richesse. S'il est devenu moins actif sur la scène du jazz, c'est qu'il se consacre depuis de nombreuses années à l'enseignement, notamment de l'histoire du jazz, mais il n'en continue pas moins de fréquenter les grands festivals.

MAMA TOO TIGHT Impulse! 9134
Un disque majeur enregistré en 1966, en pleine période free jazz, avec une partie de son avant-garde, Charlie Haden à la contrebasse, Grachan Moncur III et Roswell Rudd au trombone, Tommy Turrentine à la trompette, Howard Johnson au tuba, Beaver Harris à la batterie et Perry Robinson à la clarinette. La première pièce, 18 minutes et des poussières, a de quoi surprendre puisqu'elle contient une version écourtée du classique d'Ellington *Prelude to a Kiss* et de deux autres pièces dites du répertoire public, *The Break Strain-King Cotton* et *Dem Basses*. C'est bruyant, c'est fou et ça swingue terriblement. *Mama Too Tight* est un très beau funk traité sur le mode des *marching bands* de La Nouvelle-Orléans, tandis que la ballade *Theme for Ernie* laisse transparaître l'émotivité du saxophoniste.

FIRE MUSIC Impulse! 158
Un titre sur mesure pour cet enregistrement étrange dont le déroulement est aussi imprévu que la danse du feu... avec cette fois l'intégrale de *Prelude to a Kiss,* une version déstructurée de *The Girl from Ipanema* et deux interprétations, dont une *live,* de *Hambone,* une composition de Shepp. Parmi les musiciens, on retrouve Joe Chambers (batterie), Marion Brown (saxophone alto) et Virgil Jones (trompette).

ROSWELL RUDD & ARCHIE SHEPP: LIVE IN NEW YORK Emarcy / Universal 482-2
2001, de grandes retrouvailles entre vieux amis qui ont fait les beaux jours du free: Archie Shepp et le trombone Roswell Rudd. Si les deux vétérans se sont un peu assagis, ce disque profondément marqué par le blues et le swing est résolument festif, comme dans *Keep your Heart Right* et *Bamako,* avec la participation de Reggie Workman (contrebasse), Andrew Cyrille (batterie), Grachan Moncur III (trombone) et du poète Amire Baraka.

25 AOÛT 1933 –

La carrière de Wayne Shorter se divise essentiellement en trois étapes, indissociables des grandes époques du jazz moderne : son séjour dans les Jazz Messengers, dont il deviendra même le directeur musical, sa collaboration avec Miles Davis, de 1964 à 1970, et enfin sa participation au groupe Weather Report, y compris en tant que fondateur. Musicien minimaliste, il déploie une force peu commune au saxophone ténor, marquée par l'emploi de tonalités étranges, et un sens aigu de l'improvisation qui transportent souvent l'auditeur dans des mondes sonores peu explorés. Miles Davis (pourtant peu porté sur les compliments) dira de son saxophoniste : « Wayne a toujours été du genre à faire des expériences sur la forme plutôt que sans elle. C'est pourquoi je le pensais parfait pour l'orientation que je voulais donner à ma musique. Wayne était alors la seule personne de ma connaissance à écrire comme Bird. [...] Wayne nous a apporté une sorte de curiosité[19]. »

C'est par la radio que Wayne Shorter découvre le jazz, et ses premières amours ont pour noms Thelonious Monk, Charlie Parker, Coleman Hawkins et Lester Young. Après quatre ans d'études musicales, il fait son service militaire, puis entre dans le grand orchestre de Maynard Ferguson. Recommandé par Lee Morgan, il remplace le saxophoniste Hank Mobley, des Jazz Messengers, qui a quitté en pleine tournée. Il en sera bientôt le directeur musical, ce qui ne l'empêchera pas d'enregistrer en tant que leader de petits chefs-d'œuvre comme *'Juju'* et *« Speak No Evil »*. À l'été de 1964, il joint Miles Davis et son quintette. Cette période qui voit la naissance du jazz-rock s'avère déterminante pour lui, alors qu'il s'ouvre à d'autres cultures musicales et à des sonorités inconnues, nécessaire évolution dont profitera largement le groupe Weather Report, qu'il mettra sur pied quelque temps après son départ de chez Davis. À la fin des années 80, ayant définitivement quitté Weather Report, il s'associe au pianiste-claviériste Herbie Hancock au sein du VSOP et enregistre avec lui *1 + 1* (qui remportera un Grammy Award) et, tout récemment, *High Life*.

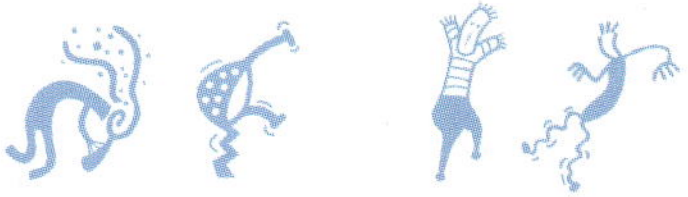

'JUJU' Blue Note 644 2 6
C'est au milieu de 1964, juste avant son entrée chez Miles Davis, que Shorter enregistre ce disque, à coup sûr un de ses plus beaux, avec McCoy Tyner au piano, Elvin Jones à la batterie et Reggie Workman à la contrebasse. Le terme «envoûtant», dont on qualifie souvent sa sonorité, prend ici tout son sens, particulièrement avec *Mahjong,* méditatif à souhait, ou encore *House of Jade,* qui s'ouvre sur une superbe introduction du pianiste. Question de faire durer le plaisir, la version CD offre des plages alternatives de *Juju* et *House of Jade.*

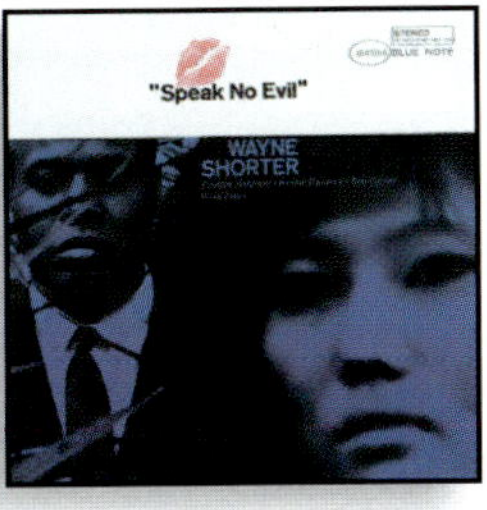

«SPEAK NO EVIL» Blue Note 001 2 7
Toujours l'année 1964, et Wayne Shorter vient de faire son entrée dans le quintette de Miles Davis. «*Speak No Evil*» est d'une tout autre facture que *'JuJu'.* Le saxophoniste affiche ici une sonorité beaucoup plus musclée et des thèmes hard bop puissants. La pièce *Speak No Evil* annonce déjà la couleur, tandis que *Infant Eyes* et *Wild Flower,* deux ballades aux tempos fort différents, illustrent on ne peut mieux avec quel art le saxophoniste maîtrise la composition, aussi complexe soit-elle. On retiendra le travail important de Freddie Hubbard (trompette), Herbie Hancock (piano), Ron Carter (contrebasse) et Elvin Jones (batterie).

HIGH LIFE Verve 224-2
En 1995, après plusieurs années de silence, Shorter fait un retour sur disque accompagné, entre autres, du bassiste Marcus Miller et de la claviériste Rachel Z. Dans ce *High Life,* il met toute la gamme des saxophones – alto, baryton, ténor et soprano – au service d'un jazz tout terrain assez commercial, mais non dénué d'originalité.

2 SEPTEMBRE 1928 –

Pianiste accompli, compositeur de talent, directeur musical et arrangeur d'une des plus belles formations de jazz de l'après-guerre – les Jazz Messengers –, Horace Silver est aussi un des plus grands représentants du hard bop et du jazz funk. Sans être éblouissant ou spectaculaire comme Thelonious Monk, Art Tatum ou Erroll Garner, il a su bâtir des modèles rythmiques très vivants, marqués par un retour au gospel ainsi qu'au rhythm and blues. Au cours de sa très longue carrière (loin d'être terminée!), Silver a composé quelques très beaux morceaux qui se sont rapidement imposés comme standards, *Nica's Dream, Song for my Father* (certainement le plus célèbre), *Sister Sadie, Peace, Opus De Funk, Señor Blues,* et dont certains ont fait l'objet de récupération par des groupes d'acid-jazz, notamment US3.

C'est grâce au saxophoniste Stan Getz, qui le premier enregistre ses compositions, que le pianiste Horace Silver débute sa carrière en 1950. Après avoir passé un an avec ce dernier, il travaille avec plusieurs grands jazzmen dont Coleman Hawkins, Terry Gibbs, Lester Young et Lou Donaldson, pour ne nommer que ceux-là. En 1953, il rencontre le batteur Art Blakey avec qui il crée les Jazz Messengers et dont il devient le directeur musical. Au bout de trois ans, il quitte le groupe et forme son propre ensemble où se succédera la fine fleur du hard bop, les saxophonistes Hank Mobley, Stanley Turrentine et Joe Henderson, les trompettistes Junior Cook, Blue Mitchell et Art Farmer... Il en sera ainsi jusqu'à la fin des années 70, alors qu'il décidera de ralentir ses activités pour se consacrer davantage à ses enregistrements, entre autres sous sa propre marque, Silveto Records. Depuis, il a enregistré pour Sony Music, puis pour le label Impulse!

Bouche à oreille

Coup de pouce

STAN GETZ (saxophoniste ténor) *People Time,* Polygram

QUELQUES COMPAGNONS DE ROUTE

DONALD BYRD (trompette)
Chant, Blue Note

ART FARMER (trompette)
Blues on Down, Chess

ART BLAKEY AND THE JAZZ MESSENGERS Columbia / Legacy 265

C'est la dernière année de Silver en tant que directeur musical des Jazz Messengers. À la tête d'une équipe de musiciens plus que talentueux, qu'ils soient jeunes ou chevronnés, Hank Mobley au saxophone ténor, Donald Byrd à la trompette, Doug Watkins à la contrebasse et Art Blakey à la batterie, il orchestre un hard bop haut de gamme finement travaillé et percutant qui fera à jamais sa notoriété, entre autres avec ses propres compositions – *Nica's Dream* et *Ecaroh* –, mais aussi, sur fond de samba, *The End Of A Love Affair* (qui met en vedette le tout jeune trompettiste Donald Byrd) et le très spécial *Infra-Rae* du saxophoniste Hank Mobley. On ne se surprend plus de l'immense popularité dont jouiront dès le départ Art Blakey et ses Jazz Messengers.

SONG FOR MY FATHER : THE HORACE SILVER QUINTET Blue Note 185 2

Le disque fut un énorme succès, et la pièce *Song For My Father,* un vrai tube ! Une superbe ballade qui, dès les premières mesures, résume le style du pianiste : sobriété, courtes phrases qui s'attachent à la mélodie et harmonisation des différents instruments. Cette réédition nous réserve quelques surprises puisqu'elle contient quatre plages inédites enregistrées avec un quintette différent... ce qui nous permet d'entendre successivement les trompettistes Carmell Jones et Blue Mitchell, les saxophonistes Joe Henderson et Junior Cook entre autres. Outre la pièce titre, on se régalera avec la superbe ballade *Lonely Woman* (composition d'Horace Silver), suivie du bouleversant blues *Sighin' and Cryin'.*

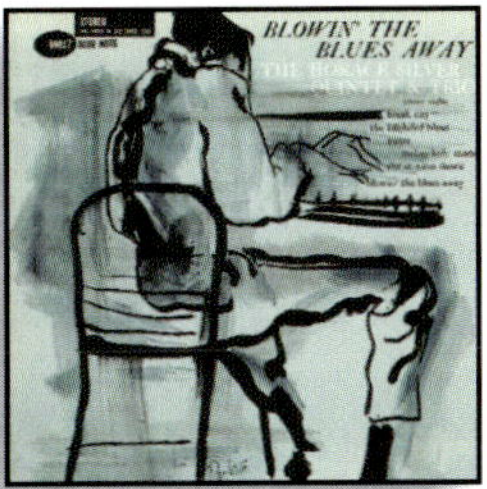

BLOWIN' THE BLUES AWAY Blue Note 5342 2 3

Parce que le blues est une composante essentielle dans l'œuvre du pianiste Horace Silver, on ne saurait se passer de cet enregistrement qui contient un autre joyau du funk, *Sister Sadie,* sans compter *The Baghdad Blues* et *Peace,* une ballade en forme de blues. Comme le note le critique Bob Blumenthal dans le livret, « le quintette de Horace Silver fonctionne comme le grand orchestre de Count Basie, mais à une échelle plus compacte ». Nous n'allons certainement pas le contredire, alors que sa formation, aussi réduite soit-elle, le soutient de façon exceptionnelle. On s'arrêtera aussi sur *Peace,* autre belle ballade sur format de blues, ainsi que *Baghdad Blues.*

8 DÉCEMBRE 1925 –

Maître à penser d'un système (le sien!), Jimmy Smith est celui qui a révolutionné l'utilisation de l'orgue Hammond, le fameux B-3. Personnage haut en couleur, pas toujours très sympathique («les autres n'ont fait que me copier!»), il s'impose sur scène par un swing dévastateur, et cela même encore aujourd'hui, malgré ses 76 ans bien sonnés. S'il ne fut pas le premier à employer l'orgue (Fats Waller, «Wild Bill» Davis, Milt Buckner), c'est son approche orgue-guitare-batterie qui a sonné le renouveau de cet instrument grâce auquel il apportait par les harmonies du bop et du hard bop, une bonne dose de rhythm and blues et un son *churchy*. Même s'il abuse parfois des vieux trucs du métier, par exemple les longues notes souvent répétées, il n'en est pas moins un musicien inventif et un technicien de haut vol, ce qui lui a permis entre autres de transposer du pédalier à la main gauche la touche des lignes de basse, certainement sa plus grande innovation technique. De tous les organistes de la jeune génération, aucun n'a pu éviter l'influence de Jimmy Smith.

Fils de pianiste professionnel, Jimmy Smith commence par étudier le piano pour se tourner, dans la vingtaine, vers l'orgue Hammond. Il connaît rapidement le succès et sa réputation ne fait que grandir avec des albums comme *The Sermon!, Confirmation, House Party* et *The Cat*. À partir des années 60, il enregistre continuellement, et avec de très grands musiciens comme les guitaristes Wes Montgmorey et Kenny Burrell, les saxophonistes Lou Donaldson, Stanley Turrentine et Ike Quebec, ou encore le trompettiste Lee Morgan. Durant cette période faste, il ouvre un club de jazz avec sa femme, ce qui lui permettra, au début des années 80, de ralentir considérablement ses activités. Après son départ de la firme Blue Note en 1985, il faudra attendre le début des années 90 pour le voir enregistrer à nouveau, alors qu'il signe avec la maison Polygram.

Bouche à oreille

A influencé

JOEY DEFRANCESCO (orgue) *All of Me*, Columbia
SHIRLEY SCOTT (orgue) *Blue Seven*, Original Jazz Classics
JOHN PATTON (orgue) *Let 'em Roll*, Blue Note

QUELQUES COMPAGNONS DE ROUTE

KENNY BURRELL (guitare) *Moon and Sand*, Concord
TINA BROOKS (saxophone ténor) *Minor Move*, Blue Note

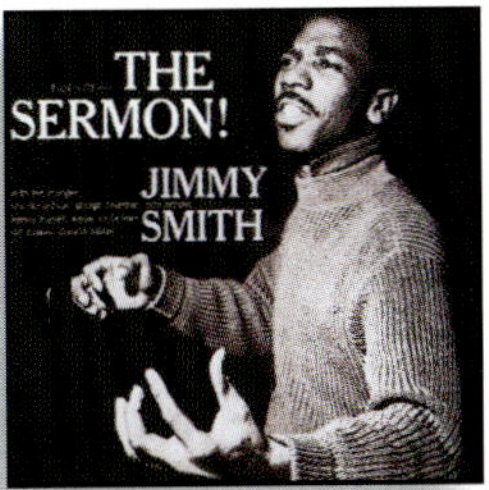

THE SERMON (1958) Blue Note 541 2 9
Un des disques majeurs de l'organiste Jimmy Smith qui, véritablement, discourt de façon lumineuse sur sa méthode : longues notes soutenues, mobilité, absence de notes en blocs *(blocks chords)* qui caractérisaient le style de ses prédécesseurs et souplesse dans l'instrumentation et l'accompagnement. Pour parfaire la démonstration, il a réuni le guitariste Kenny Burrell, le trompettiste Lee Morgan, les saxophonistes Lou Donaldson et Tina Brooks, et le batteur Art Blakey. La seconde pièce, *J.O.S.* fondée sur la rapidité, prolonge l'exercice de manière époustouflante alors que la session se conclut en douceur par la très belle ballade *Flamingo*.

THE CAT Verve / Master Edition 756-2
L'organiste est ici accompagné d'un grand orchestre (ce ne sera pas la seule fois) sous la direction de Lalo Schifrin, à qui l'on doit entre autres le thème de la série télévisée *Batman*. De ce concert impressionnant où l'organiste « sonne » quelquefois aussi fort que l'orchestre, on retiendra, parmi des thèmes assez commerciaux, *Theme From Joy House, Main Title From The Carpetbaggers, The Cat* et un blues écrit pour l'acteur Alain Delon, *Delon's Blues*.

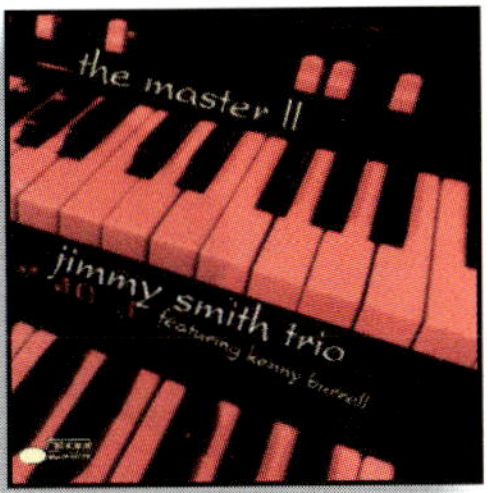

THE MASTER II Blue Note 466 2 4
Du grand Jimmy Smith, enregistré au Japon en 1993 devant public, avec son complice Kenny Burrell et le batteur Jimmie Smith. S'il épate la galerie avec un *Mack the Knife* roublard et inventif, il retrouve toute sa sensibilité pour le superbe *Summertime,* de même que pour *Stormy Monday*.

13 OCTOBRE 1909 – 5 NOVEMBRE 1956

Un musicien ensorcelant ayant séduit tant le pianiste classique Wladimir Horowitz que le poète Jean Cocteau qui voyait en lui un Chopin fou! «Dieu est dans la salle», dit en l'entendant Fats Waller, qui n'était pas le dernier des pianistes, tandis que Stéphane Grappelli ne voulut pas croire que l'incroyable *Tiger Rag* était exécuté par un seul pianiste: «Un jour, j'ai cru entendre deux pianistes jouer *Tiger Rag,* et je me suis précipité dans la cabine pour essayer de trouver le disque. Le préposé, regardant l'étiquette, me dit: "Il y a deux pianistes, Art et Tintin." Dès mon retour à Paris, je suis allé chez un disquaire et je me suis aperçu que *Tiger* avait été enregistré par un seul pianiste, Art Tatum[20].» Tatum, c'est la virtuosité, une rapidité d'exécution incroyable et deux mains qui virevoltent à force égale. Un pied dans le stride et l'autre dans la modernité, il fut pour beaucoup le pianiste de l'impossible.

Presque aveugle à la naissance, il apprend très jeune non seulement le piano, mais aussi la guitare et le violon. Particulièrement doué, il commence sa carrière dès l'adolescence dans des clubs locaux. En 1932, il arrive à New York et enregistre pour la firme Brunswick quatre solos, dont le célèbre *Tiger Rag.* Passé au rang de vedette, il devient le pianiste attitré d'une des boîtes de jazz les plus florissantes de New York, l'Onyx Club, puis forme un trio (qui fera un malheur) avec le contrebassiste Slam Stewart et le batteur Tiny Grimes. Repéré par le producteur Norman Granz, il enregistre entre 1953 et 1955 une série de pianos solos – certainement les plus beaux de l'histoire du jazz – qui totalise plus de huit heures; son testament, en quelque sorte, puisqu'il meurt soudainement d'une crise d'urémie en 1956.

Bouche à oreille

A influencé

ERROLL GARNER (piano) *The Original Misty,* Mercury

OSCAR PETERSON (piano) *Time After Time,* Pablo

QUELQUES COMPAGNONS DE ROUTE

ROY ELDRIDGE (trompette) *Little Jazz,* Columbia

JO JONES (batterie) *The Main Man,* Original Jazz Classics

ART TATUM'S FINEST HOUR Verve 761-2

Cette compilation d'une rare qualité rassemble en effet les plus grands moments du pianiste, dont l'inimitable *Tiger Rag,* bien sûr, ainsi que *Sweet Lorraine* et *Tea for Two,* tirés de ses *Classics Early Solos (1934-1937)*; mais s'y trouvent aussi des pièces moins connues comme cet hallucinant *Yesterdays* avec son introduction presque visionnaire, de même que *Jitterbug Waltz,* qui provient de la série de solos enregistrée dans les années 50.

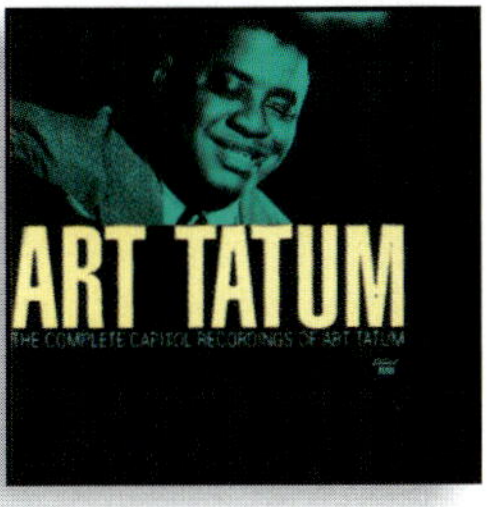

THE COMPLETE CAPITOL RECORDINGS OF ART TATUM Capitol 325 2 3

Sont ici réunis 20 solos gravés en 1949 lors d'un passage à Los Angeles, ainsi que neuf pièces rares interprétées en compagnie du bassiste Slam Stewart et du guitariste Everett Barksdale. Si les solos sont moins athlétiques et exubérants que ceux des *Early Solos,* ils nous laissent d'autant plus apprécier la délicatesse et le raffinement de ce pianiste au doigté magique dont l'influence sera marquante, notamment chez Erroll Garner et Oscar Peterson.

GOD IS IN THE HOUSE : ART TATUM High Note 7030

Il s'agit là d'une petite curiosité enregistrée en partie dans l'appartement de Jerry Newman, un fou de jazz. Même si le son est moyen, on écoutera avec recueillement ces quelques plages où Art Tatum donne une version très personnelle du grand classique *Georgia on my Mind,* ainsi que de *Sweet Lorraine.*

15 MARS 1933 –

Voilà un pianiste qui n'aura jamais été très accessible et qui, notamment à cause de ses idées très avant-gardistes, fut loin de faire l'unanimité parmi ses contemporains. Avec Cecil Taylor, il faut mettre de côté ses idées reçues sur le jazz (même les plus folles) et faire son entrée sur un terrain «miné» qui demande une écoute très attentive ainsi qu'une grande ouverture d'esprit. Non content de se servir de son piano comme d'un instrument de percussion, ce qui est un spectacle en soi, il fait fi de toutes les notions habituelles de structure harmonique et de tempo. John Coltrane eut cette réflexion: «Personnellement, je préfère jouer avec un pianiste, parce qu'il vous apporte un certain soutien, mais pas lorsque le pianiste s'appelle Cecil Taylor. [...] C'est bien trop compliqué[21]!» Pour sa part, Charles Mingus s'exclamera: «C'est de la merde! Les morceaux que Gil Evans lui a écrits, ça va encore, mais après[22]!» En dépit de ces anathèmes, Taylor fut, quoi qu'on en dise, un des grands du free jazz et un défricheur de premier plan.

Après avoir étudié le piano, surtout classique, Cecil Taylor se passionne très vite pour les percussions, ce qui transparaît bien évidemment dans son jeu! En 1952, il se rend à Boston pour y étudier l'harmonie, la composition et les arrangements; il découvre et écoute toute une flopée de pianistes, Bud Powell, Mary Lou Williams, Dave Brubeck... Après ses premiers engagements avec le trompettiste Hot Lips Page, puis le saxophoniste Johnny Hodges, il forme en 1953 un premier groupe qui, mal reçu, se disperse assez vite. Au début des années 60, alors qu'il est déjà considéré comme un des chefs de file du free jazz, il enregistre en compagnie du saxophoniste Jimmie Lyons ce qui sera les meilleurs disques de sa carrière. Comme les compagnies de disques se montrent plutôt réticentes à son endroit, il fonde en 1970 sa propre étiquette, Unit Core. Sans jamais faire de concessions sur sa conception de la musique, il partage son temps entre des enregistrements solos ou en compagnie de différents musiciens et ensembles comme Max Roach (1979), Art Ensemble of Chicago (1985), le saxophoniste Peter Brotzmann (1986).

FOR OLIM Soul Note 1150

Enregistré en 1986 au festival de musique improvisée de Berlin, *For Olim* est un moment fort dans la carrière de Cecil Taylor, alors qu'il présente certaines de ses œuvres les plus achevées, dont *Olim,* qui se déroule sur 17 minutes, et l'énigmatique *The Question,* une musique très sombre, marquée par des ruptures de tons, des explosions de notes qui claquent sur des tempos frénétiques. Dépaysement garanti!

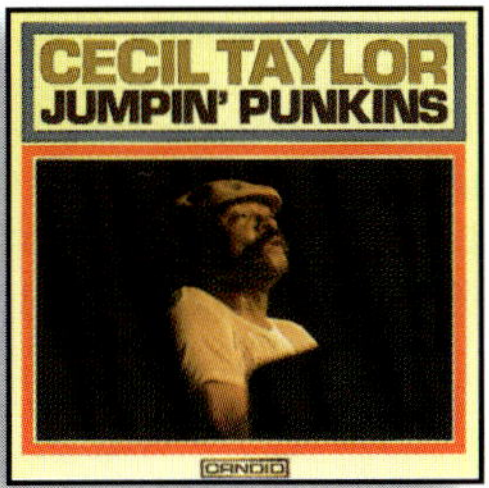

JUMPIN' PUNKINS Candid 79013

Ce disque de 1961 est somme toute de facture assez classique. Cecil Taylor dirige alors un petit orchestre *all stars*: Clark Terry à la trompette, Archie Shepp au saxophone ténor, Steve Lacy au saxophone soprano, Roswell Rudd au trombone, Billy Higgins à la batterie... Au menu, une composition du Duke, *Things ain't What they Used to Be*, quelque peu étrange dans sa rythmique mais très agréable et, de son fils Mercer, un très beau et très ellingtonien *Jumpin' Punkins*. À ne pas rater, la très belle ballade *I Forgot* écrite par Taylor et qui met en évidence le saxophoniste Archie Shepp.

T

29 AVRIL 1922 –

Arrivé aux États-Unis en 1952 avec 2000 dollars en poche et son harmonica, Jean-Baptiste « Toots » Thielemans est devenu l'harmoniciste numéro un, y compris au palmarès du magazine *Down Beat*. Personnage attachant qui ne se départit jamais de son humour et rarement de son sourire, Toots ne sait rien refuser, qu'il s'agisse de jingles, de publicité ou de cinéma ; c'est ainsi qu'il sera « l'harmonica » dans des films comme *Midnight Cow Boy* et *Jean de Florette*, et pour des séries télévisées dont *Sesame Street*. Toutes ces activités ne l'ont pourtant jamais détourné du jazz, en particulier du bop, et grâce à son étonnante facilité à s'adapter à tous les courants, il jouera avec les plus grands – Miles Davis, Jaco Pastorius, Bill Evans, Quincy Jones, Zoot Sims, Martial Solal, Shirley Horn. Son plus grand succès restera sa propre composition *Bluesette,* dans laquelle on découvre aussi ses talents de siffleur.

Après avoir appris l'accordéon quand il était petit, il se tourne vers l'harmonica, puis lorsqu'il entendra Django Reinhardt, il courra s'acheter une guitare. À la Libération, il découvre le bop (auquel il restera fidèle sa vie durant) et tout l'univers de Charlie Parker. Engagé en 1950 par le clarinettiste Benny Goodman pour une tournée européenne, il décide par la suite d'émigrer aux États-Unis. Au début, faute de permis de travail, il ne peut faire plus que de participer aux *jam sessions* du Birdland, où il côtoie son idole Charlie Parker. En 1953, le pianiste George Shearing l'engage comme guitariste dans son prestigieux trio, dont il fera partie jusqu'en 1959. Il forme alors son propre groupe avec lequel il part en tournée en Europe, puis il fait un long séjour en Suède. C'est là qu'il compose en 1963 son célèbre *Bluesette*. Sa carrière lancée, il collabore avec le chef d'orchestre et compositeur Quincy Jones, enregistre plusieurs musiques de films, dont *Midnight Cow Boy,* et travaille avec des personnalités aussi diverses que Paul Simon, Peggy Lee, Oscar Peterson ou Jaco Pastorius. Au milieu des années 80, il se laisse attirer par la musique brésilienne et enregistre avec la chanteuse Shirley Horn. Aujourd'hui âgé de 78 ans, il est toujours une des têtes d'affiche des grands festivals.

Bouche à oreille

Influences

CHARLIE PARKER (saxophone alto) *Bird at High-Hat,* Blue Note

DJANGO REINHARDT (guitare) *Pêche à la mouche,* Verve

Même instrument

HENDRIK MEURKENS : *October Colors,* Concord

QUELQUES COMPAGNONS DE ROUTE

JACO PASTORIUS (basse) *World of Mouth,* Warner

GEORGE SHEARING (piano) *Grand Piano,* Concord

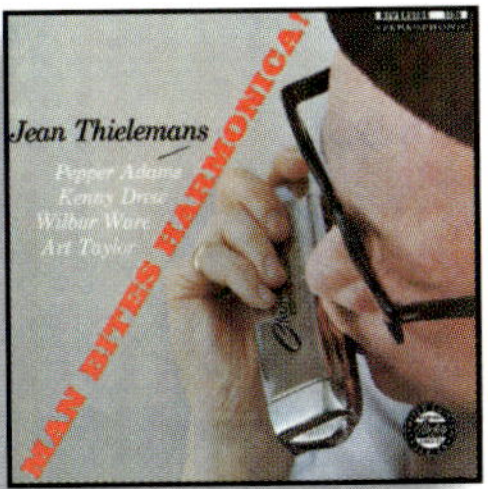

MAN BITES HARMONICA Original Jazz Classics 1738-2
Jean Thielemans, qui ne se fait pas encore appeler Toots, a réuni pour cet enregistrement de 1957, un de ses premiers en terre américaine, une solide équipe: Pepper Adams au saxophone baryton, Art Taylor à la batterie, Kenny Drew au piano et Wilbur Ware à la contrebasse, ce qui donne lieu à de superbes interprétations: *East of the Sun, Strutting with Some Barbecue* (un classique de Louis Armstrong), de même que *18th Century Ballroom* et *Imagination* rendus avec finesse par un Thielemans qui a repris sa guitare.

THE VERY BEST OF TOOTS THIELEMANS: HARD TO SAY GOODBYE
Emarcy / Universal 384-2
Une compilation mais aussi un hommage à l'harmoniciste et au guitariste, avec des musiciens et des chanteurs de tous horizons, dont le très subtil guitariste belge Phillip Catherine pour *Good Morning Heartache* et la chanteuse Shirley Horn pour *Corcovado (Quiet Nights of Quiet Stars)*. Après quelques thèmes de séries télévisées *(Baantjer* et *De Kline Blonde Dood)* surviennent les plus beaux moments, d'abord avec le réjouissant *Bluesette*, puis avec *My Funny Valentine* en duo avec le pianiste Louis Van Dijk.

CHEZ TOOTS Private Music 160-2
Que de petits bijoux qui font partie du répertoire de la chanson française: *Sous le ciel de Paris* et *La vie en rose* avec la chanteuse Diana Krall, *Hymne à l'amour, Les Moulins de mon cœur* et le si romantique *Temps des cerises* avec le guitariste Philip Catherine.

T

27 MARS 1924 – 3 AVRIL 1990

Pour bien des spécialistes, Sarah Vaughan est LA chanteuse du jazz moderne... Grande dame de l'histoire du jazz, au même titre que Billie Holiday et Ella Fitzgerald, elle fut assurément la star du mouvement bop en vertu de sa parfaite maîtrise des harmonies et des structures, mais aussi grâce à sa voix riche et chaude, à son registre exceptionnel qui lui permet de sauter du baryton le plus grave au plus pur soprano, et à un sens peu commun de l'improvisation. Virtuose du *scat,* sachant mieux que personne moduler volume et sonorité, elle osera aborder tous les styles. De plus, il y a chez elle une grâce, une désinvolture et, une élégance qui lui feront gagner le cœur de tous les publics, et cela jusqu'à la fin de sa carrière.

Née dans une famille de musiciens amateurs (son père est guitariste et sa mère fait partie d'une chorale), Sarah Vaughan suivra des cours de piano et d'orgue avant de commencer à chanter. En 1943, elle se présente au concours pour amateurs du célèbre Appolo, de Harlem. Elle y gagne un prix, de même qu'une généreuse alliée en la personne de la chanteuse Ella Fitzgerald qui lui prodigue de précieux conseils. Elle est bientôt engagée comme chanteuse et pianiste dans le *big band* de Earl Hines et, l'année suivante, elle entre dans l'orchestre que vient de former le chanteur Billy Eckstine avec entre autres Dizzy Gillespie et Dexter Gordon.

En 1944, elle enregistre son premier disque, puis devient la chanteuse attitrée de l'orchestre de John Kirby. À partir de 1946, elle décide de poursuivre seule sa carrière et connaît un succès presque immédiat grâce à l'appui, d'abord de Miles Davis et de Clifford Brown, puis des saxophonistes Paul Quinichette et Cannonball Adderley, et de nombreux autres importants solistes du be-bop. Les concerts, les tournées et les enregistrements se succéderont, y compris avec de grands orchestres symphoniques comme ceux de Londres et de Cleveland, ou encore sous la direction de Quincy Jones et Ernie Wilkins.

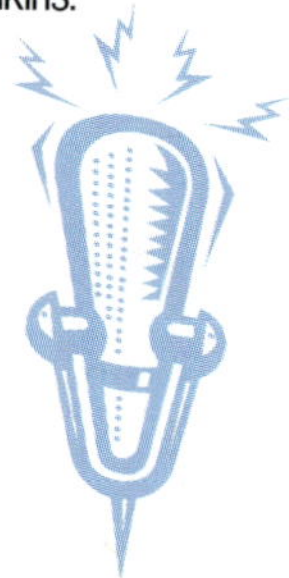

SARAH VAUGHAN Emarcy 641-2

C'est là un des plus beaux disques de Sarah Vaughan, enregistré alors qu'elle est au faîte de la renommée (1950-1960); elle y est accompagnée de musiciens de grand talent: Paul Quinichette au saxophone ténor, Herbie Mann à la flûte et Clifford Brown à la trompette, qui signe ici quelques-uns de ses plus beaux chorus, tout particulièrement avec *September Song*. La section rythmique, composée du batteur Roy Haynes, du contrebassiste Joe Benjamin et du pianiste Jimmy Jones, contribue à rendre mémorable cette session qui immortalise quelques grands standards du jazz dont *Lullaby of Birdland* et *April in Paris*. Sublime.

VIVA ! VAUGHAN Verve / Master Edition 374-2

Sous la direction du saxophoniste Frank Foster qui, pour certaines des pièces, a adjoint des cordes à son orchestre, Sarah Vaughan reprend d'abord des morceaux au goût du jour, *The Boy From Ipanema, Quiet Nights* et *Jive Samba,* pour terminer avec quelques classiques du jazz, dont *Shiny Stockings, Avalon* et *Tea for Two*. Malgré le côté très commercial de l'aventure, la grande Sarah tire son épingle du jeu sans entacher sa réputation de Diva du jazz.

SARAH VAUGHAN : IN THE CITY OF LIGHTS Justin Time / SRC / INA, 2 CD

Ce concert encore inédit avait été enregistré au théâtre musical du Châtelet à Paris en 1985. Il a miraculeusement refait surface en 1999. Accompagnée de Frank Collet au piano, de Bob Maize à la contrebasse et de Harold Jones à la batterie, Sarah Vaughan y livre un véritable tour de chant jazz pur... et dur. C'est donc avec délice qu'on la retrouve dans *Summertime, Fascinatin' Rhythm,* un *Just Friends* enlevant et l'émouvant *Send in the Clowns*...

WALLER FATS

ÉTATS-UNIS

21 MAI 1904 – 15 DÉCEMBRE 1943

Chanteur *entertainer*, au sens populaire du terme, Fats Waller fut en son temps une vedette, mais aussi un immense pianiste, certainement le plus grand représentant du stride. Son style très personnel se caractérise par le jeu puissant de sa main gauche qui assure la base du rythme et la main droite toute dédiée à la mélodie. Un bon vivant qui a profité de la vie – un peu trop diront certains – et qui a influencé bon nombre de pianistes, dont les plus éminents furent Duke Ellington, Count Basie, Erroll Garner et, dans une moindre mesure, le génie inlassable que fut Art Tatum. «L'image qu'il faut retenir de Fats Waller, écrit-on dans *Le grand atlas du Jazz,* est celle d'un grand musicien et d'un virtuose capable d'émouvoir aussi bien à l'orgue qu'au piano. [...] Il fut sans doute un des premiers musiciens de jazz, sinon le premier, à utiliser [l'orgue]... Grâce à une technique sans défaut acquise dès sa prime jeunesse, il sut le faire sonner de façon très personnelle, le plier surtout aux exigences du langage jazzistique. Si bien que tous les organistes de jazz seront les enfants (ou les petits-enfants) de Fats Waller.» Sans oublier le fait qu'on doit à ce pianiste et chanteur quelques-unes des plus belles pièces du répertoire jazz, dont *Honeysuckle Rose, Ain't Misbehavin', Squeeze Me* et *Alligator Crawl.*

C'est son père, pasteur baptiste, qui apprend au jeune Fats les rudiments du piano. Après avoir gagné un concours d'amateurs, il rencontre le célèbre pianiste James P. Johnson qui l'aidera à améliorer sa technique et, surtout, à utiliser sa main gauche comme assise rythmique. Extrêmement doué, infatigable travailleur, il est de tous les spectacles, collabore avec chanteurs et chanteuses, participe à des comédies musicales, enregistre notamment avec Fletcher Henderson et Jack Teagarden, et fait même des séjours en Europe. En 1929, il forme son ensemble, le Fats Waller and His Rhythm, avec lequel il enregistrera au fil des ans plus de 300 titres.

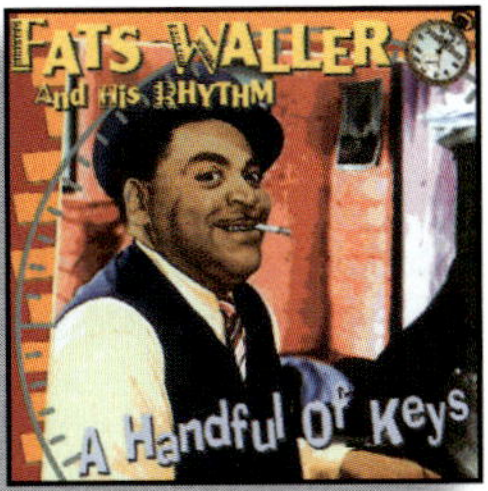

FATS WALLER AND HIS RHYTHM: A HANDFULL OF KEYS
Buddha Records / BMG 603-2
Quelques faces fascinantes enregistrées durant l'année 1938 avec ses musiciens: Herman Autrey à la trompette, Gene Sedric à la clarinette ou au saxophone ténor, Al Casey à la guitare, Cedric Wallace à la contrebasse et Slick Jones à la batterie. Fats Waller présente ses pièces, avec sa gouaille et son humour coutumiers, à un public plus qu'enthousiaste. Tous les classiques y sont: *Ain't Misbehavin', The Joint is Jumpin', Honeysuckle Rose*... et il chante! Retenons surtout un *I Got Rhythm* incendiaire, *The Flat Foot Floogie,* plein de fantaisie, et le toujours saisissant *St. Louis Blues.* L'annonceur maison lui lancera: «Vous êtes en train de nous rendre fous!»

FATS WALLER: TAKE IT EASY Columbia River 872
Une petite compilation fort heureuse de 17 pièces toujours avec son ensemble *The Rhythm.* Au menu: *Alligator Crawl, Honeysuckle Rose, Ain't Misbehavin'* et deux superbes interprétations de *Christopher Columbus* et de *Dinah.*

1970-1985

Profondément marqués par les conceptions « libératrices » de Miles Davis, le pianiste Joseph Zawinul et le saxophoniste Wayne Shorter, qui ont longuement collaboré avec lui, ainsi que le contrebassiste Miroslav Vitous, sentent l'urgence de propager ce jazz fusion en s'ouvrant à tous les courants et aux musiques du monde au-delà de toute étiquette. Ils forment donc un groupe dont le nom évocateur, Weather Report, symbolise cette perpétuelle volonté de changement qu'ils veulent imprimer au jazz, non seulement dans ses rythmes et ses harmonies, mais aussi en adoptant bientôt toute la gamme des synthétiseurs et autres « lutheries électroniques ». L'histoire même de la formation témoigne de son audacieuse recherche d'idées novatrices et de styles inédits : au fil de ses 15 ans d'existence y défileront nombre de musiciens qui façonneront aussi bien sa sonorité que son répertoire, dont les batteurs Alphonzo Mouzon, Peter Erskine, Omar Hakim, Eric Gravatt, les percussionnistes Mino Cinelu et Airto Moreira, les bassistes Andrew White et Jaco Pastorius, le flûtiste Hubert Laws, le guitariste Ralph Towner.

Bouche à oreille

A influencé

CHICK COREA (piano) *My Spanish Heart*, Verve

HERBIE HANCOCK (piano) *Headhunters*, Columbia

Quelques membres

PETER ERSKINE (batterie) *Time Being*, ECM

HUBERT LAWS (flûte) *My Time will Come*, Music Masters

HEAVY WEATHER Columbia / Legacy 65108

Disque d'or en 1977, *Heavy Weather* marque l'entrée mémorable au sein du groupe de Jaco Pastorius qui, non content de révolutionner l'usage de la basse électrique, en enrichira le répertoire avec des compositions comme *Teen Town*. Le désir constant d'innovation s'affirme ici avec l'emploi abondant des claviers et une fusion harmonieuse des genres hautement manifestes dans des pièces qui font maintenant partie du patrimoine jazz-rock : *Birdland* (qui sera admirablement repris par le groupe Manhattan Transfer), *Rumba Mama* et *Havona*.

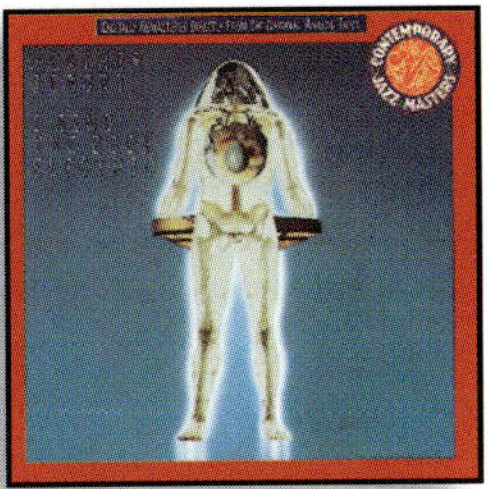

WEATHER REPORT : I SING THE BODY ELECTRIC Columbia 46107

Hypnotique, aérien, *I Sing the Body Electric* est tout entier marqué par la présence du saxophoniste Wayne Shorter qui s'y taille la part du lion. Par ailleurs, et notamment à cause de la complexité des harmonies, il est sûrement moins commercial que *Heavy Weather*, mais le timbre envoûtant des synthétiseurs, surtout dans les trois dernières plages enregistrées au Japon devant public, le place au rang des plus beaux concerts de rock.

SWEETNIGHTER : WEATHER REPORT Columbia 976

Ne serait-ce qu'avec *Boogie Woogie Waltz* ou *125th Congress*, toute la puissance inventive du groupe éclate ici avec ses rythmes funk, l'utilisation des pédaliers wah wah pour la guitare électrique et le martèlement constant des batteurs percussionnistes. Et le lyrisme de Wayne Shorter donne le ton à cette éternelle poursuite de la beauté.

27 MARS 1909 – 20 SEPTEMBRE 1973

Un des grands saxophonistes de la période dite du middle jazz dont l'influence première fut Coleman Hawkins, Ben Webster, affectueusement surnommé « The Brute » mais qui était en fait un musicien au cœur tendre, un amoureux des ballades qu'il ponctuait de longues notes vibrées au moyen d'une technique toute particulière (dont il abusait peut-être) qui consistait à laisser passer l'air entre ses lèvres et l'anche de son saxophone. Dès la première note, on reconnaît ce ténor classique, *swingman* chaleureux et attentif, mais aussi capable de fougue quand le tempo s'emballe.

Après des études de violon et de piano, Webster entreprend sa carrière dans les plus grands orchestres de jazz des années 30 : il passera ainsi chez Benny Moten, chez Fletcher Henderson, Benny Carter et Cab Calloway, pour enfin être remarqué par Duke Ellington avec qui il interprétera quelques pièces majeures : *Cotton Tail* et *All to Soon* (1940-1943). L'ayant quitté, il forme son propre groupe, mais il joint bientôt les rangs d'autres grands orchestres comme celui de John Kirby ou de Henry Allen, puis il retourne chez Duke Ellington (1948-1949). En 1953, il fait partie de l'orchestre de Count Basie tout en participant aux tournées du Jazz at the Philharmonic. Il s'établit définitivement à Copenhague en 1965 et y terminera ses jours.

Bouche à oreille

Influences

BENNY CARTER (saxophone alto) *Further Definitions*, Impulse !
COLEMAN HAWKINS (saxophone ténor) *Body and Soul*, RCA

A influencé

SCOTT HAMILTON (saxophone ténor) *Tenorshoes*, Concord
DAVID MURRAY (saxophone ténor) *The Hill*, Black Saint

QUELQUES COMPAGNONS DE ROUTE

HOTS LIPS PAGE (trompette) *1938-1940*, Classics

JIMMY ROWLES (piano) *Jimmy Rowles, Volume 2*, Contemporary

BEN WEBSTER AND ASSOCIATES Verve / Master Edition 022-2
En avril 1959, de vieux amis décident de bavarder un peu autour d'un grand classique tiré du répertoire ellingtonien, *In a Mellow Tone* (20 min.). Y prenant goût, ils enchaînent avec des compositions du copain Ben – *De-Dar, Young Bean* et *Budd Johnson* – pour se laisser sur un symbolique *Time After Time*, du duo Styne/Cahn. Tout un *jam*, avec de grands acteurs de la période swing et du middle jazz qui n'ont plus rien à prouver : Coleman Hawkins, le père du saxophone ténor, l'étincelant trompettiste Roy Eldridge, Budd Johnson, et une section rythmique qui réunit le pianiste Jimmy Jones, le bassiste Ray Brown, le guitariste Les Spann et le batteur Jo Jones, l'âme du grand orchestre de Count Basie. Faut-il ajouter que l'atmosphère est plus que joyeuse, alors qu'ils jouent en chœur... et de tout cœur. De Webster, le leader, on retiendra le splendide *Time After Time* ainsi que ses prestations « musclées » en compagnie de Coleman Hawkins dans *In a Mellow Tone* et *Young Bean*.

THE SOUL OF BEN WEBSTER Verve 475-2, 2 CD
Un album double assez curieux qui contient trois enregistrements de l'époque, dont un seul sous le nom de Ben Webster, *The Soul of Ben Webster,* tandis que pour les deux autres il est soliste invité : *Gee, Baby Ain't I Good to You,* du trompettiste Harry Edison, et *Blues-a-Plenty,* du saxophoniste vedette de l'orchestre de Duke Ellington, Johnny Hodges. *The Soul of Ben Webster* est un joli morceau de swing grâce auquel on découvre un musicien sous estimé, le trompettiste Art Farmer.

Sous la direction de Harry Edison, puis de Johnny Hodges, Ben Webster se montre une fois de plus grand mélodiste, généreux et inimitable...

MUSIC FOR LOVING : BEN WEBSTER WITH STRINGS Verve / Take 2 774-2, 2 CD
Une surprise dans ce disque double où, dit-on, sont réunies les sessions d'enregistrement de Ben Webster avec orchestre à cordes, auxquelles s'ajoutent quelques pièces tirées d'un album paru au Japon. Étonnamment, ce n'est plus Webster qu'on retrouve dans les huit dernières plages, mais bien le grand saxophoniste baryton Harry Carney, lui aussi accompagné par des cordes... Que des ballades, mais du grand art qui nous permet de réentendre ce merveilleux pianiste que fut Teddy Wilson. Pour soirées au coin du feu !

4 DÉCEMBRE 1955 –

Comme pour bien d'autres instrumentistes et chanteurs, le répertoire de Cassandra Wilson ne se limite pas au jazz (et c'est tant mieux) puisqu'elle interprète si joliment et avec beaucoup de sensualité *Love is Blindness,* du groupe U2, ou encore *I'm so Lonesome I Could Cry,* du chanteur country Hank Williams. Refusant qu'on l'enferme dans une catégorie, un genre ou un style, elle fait sienne cette magnifique définition tirée du *Jazz Hot* d'octobre 2000 : «… le jazzman est encore un rebelle, un individu qui exprime une personnalité à travers le jazz et l'improvisation.» Avec sa voix riche, son timbre clair et un rare sens du rythme, mais aussi son audace et son énergie, on comprend qu'elle soit aujourd'hui une star internationale toutes tendances confondues.

Grâce à son père, bassiste de jazz et professeur de musique, Cassandra apprend dès son jeune âge le piano et la guitare, tout en s'initiant au jazz grâce à l'influence de Monk, Ellington, Fitzgerald… Au début de la vingtaine, elle est guitariste et chanteuse dans différents groupes de musique folk et de rhythm and blues. C'est sa rencontre avec le batteur Alvin Fielder qui sera déterminante pour elle, alors que celui-ci lui fait découvrir le be-bop, l'engage dans sa formation et… l'épouse ! Après leur séparation, elle fait un bref séjour à La Nouvelle-Orléans où elle croise le pianiste Ellis Marsalis, puis elle part pour New York où elle fait la connaissance de quelques-uns des musiciens avant-gardistes Steve Coleman, Lonnie Plaxico et Graham Haynes, qui formeront bientôt le collectif M-Base auquel elle se joindra. En 1985, elle enregistre avec les musiciens du M-Base un premier disque sous son nom, *Point Of View,* qui sera suivi d'une dizaine d'autres, ce qui ne l'empêche pas de prêter son concours, pour leurs propres disques, aux musiciens David Sanchez *(Street Scenes)*, Courtney Pine *(Modern Jazz Stories)*, Wynton Marsalis *(Blood on the Field)*.

Bouche à oreille

Influences

BILLIE HOLIDAY (chanteuse) *Lady in Satin,* Columbia
CARMEN McRAE (chanteuse) *Carmen sings Monk,* Novus
NINA SIMONE (chanteuse) *The Ultimate Nina Simone,* Verve

QUELQUES COMPAGNONS DE ROUTE

STEVE COLEMAN (saxophone alto) *Curves of Life,* RCA
GRAHAM HAYNES (cornet) *Nocturne Parisian,* Muse

NEW MOON DAUGHTER Blue Note 861 2 6
Un superbe disque qui s'ouvre sur la tragique chanson de Billie Holiday, *Strange Fruit*. De sa voix chaude et sensuelle, admirablement soutenue par le cornettiste Graham Haynes, Cassandra Wilson rend hommage à cette grande dame du jazz qui, toute sa vie, eut à lutter contre le racisme. Le ton change par la suite avec une très belle interprétation de *Love Is Blindness,* du groupe U2, *Death Letter,* de Son House et *I'm So Lonesome I Could Cry,* de Hank Williams. Un petit bijou qui doit aussi son excellence à la présence du contrebassiste Lonnie Plaxico, du cornettiste Graham Haynes et du percussionniste Cyro Baptista.

TRAVELING MILES Blue Note 123 2 5
Certainement le plus personnel des albums de la chanteuse, qui vous invite à un voyage dans l'univers musical du trompettiste Miles Davis. Au menu: *Seven Steps, Someday My Prince Will Come, Time After Time* et l'incontournable *Blue in Green*. Sans jamais copier Miles, Cassandra Wilson revisite à sa façon cet univers si particulier. Splendide et cool!

JACKY TERRASSON & CASSANDRA WILSON: RENDEZ VOUS Blue Note 484 2 0
Cassandra Wilson était bien au *Rendez Vous* pour ce moment de belle complicité avec le pianiste Jacky Terrasson, autre star de la scène new-yorkaise. Et les suites en sont fort heureuses: *Old Devil Moon, It Might As Well Be Spring* et un espiègle *Tea For Two*!

FONDÉ EN 1977

Brillant et inventif (peut-être un peu moins ces dernières années), le World Saxophone Quartet, fondé il y a plus de 20 ans par le ténor David Murray, le baryton Hamiet Bluiett et les altos Julius Hemphill et Oliver Lake, reste après toutes ces années un ensemble puissant, toujours à l'avant-garde, ouvert à tous les courants du jazz et s'inscrivant en cela dans la grande tradition de la musique noire américaine. Par ailleurs, comme ils ne sont pas soutenus par une section rythmique, les quatre saxos forment un chœur *a cappella,* ce qui rappelle évidemment la polyphonie des negro spirituals à l'origine du jazz. Aujourd'hui comme hier, que ce soit avec son album consacré à Duke Ellington, dans son hommage à l'un de ses fondateurs (Julius Hemphill) ou en s'adjoignant des percussions africaines, ce quatuor est toujours surprenant.

En 1976, les quatre saxophonistes regroupés pour un concert à La Nouvelle-Orléans se donnent le nom de The Real New York Saxophone Quartet. C'est en 1977 qu'ils deviennent officiellement le World Saxophone Quartet ; ils commencent aussitôt à enregistrer pour différentes étiquettes (Black Saint, Elektra) et entreprennent une série de tournées qui les mènera aux quatre coins de la planète. En 1981 et 1982, ils se produisent en compagnie du M'Boom de Max Roach. L'année 1986 sera en quelque sorte une année hommage à Duke Ellington, en concert et sur disque. Par la suite, abordant à peu près tous les genres, ils enregistrent beaucoup, dont un disque de rhythm and blues où ils reprennent de grands classiques comme *Night Train, Sittin' on the Dock of the Bay, Try a Little Tenderness*. En 1990, c'est le début de leur collaboration avec des percussionnistes africains, et en 1993, c'est le départ de Julius Hemphill, qui sera d'abord remplacé par Arthur Blythe, puis au fil des ans par James Spaulding, Eric Person et John Purcell.

Bouche à oreille

A influencé

ROVA SAXOPHONE QUARTET (ensemble) *Long on Logic,* Sound Aspects

QUELQUES COMPAGNONS DE ROUTE

BASS FONTELLA (chanteuse) *No Ways Tired,* Elektra

AMINA CLAUDINE MYERS (orgue) *Amina,* Novus

WORLD SAXOPHONE QUARTET: DANCES AND BALLADS Elektra / Nonesuch 164-2
Chacun des musiciens ayant mis la main au saxophone, si on peut dire, ce disque est fort représentatif du WSQ, avec ses 10 compositions originales qui oscillent de la ballade, *For Lester,* de David Murray, à la danse, *Hattie Wall* de Hamiet Bluiett, et *Dance Until Dawn (For Little Anthony)* de David Murray. Une suite cohérente, jamais abstraite, et qui est un modèle de travail et de réflexion.

WORLD SAXOPHONE QUARTET WITH FONTELLA BASS: BREATH OF LIFE
Elektra / Nonesuch 309
Fait de blues et de swing, ce *Breath of Life* doit beaucoup à la chanteuse Fontella Bass et à l'organiste Amina Claudine Myers qui apportent aux saxophonistes un feu, une couleur très proche du gospel, ce qui n'est pas pour leur déplaire! *Jest a Little* s'ouvre avec les saxophones à l'unisson qui, par la suite, s'expriment tour à tour en solos. *Song for Camille,* un long blues, donne la vedette au baryton Hamiet Bluiett, tandis que dans *Suffering with the Blues,* Fontella Bass, de sa voix rauque et douce, touche à l'essence même de la mémoire afro-américaine.

REQUIEM FOR JULIUS Justin Time 137-2
Quand l'un des leurs vient à partir, les membres du WSQ lui rendent hommage. Dans le cas présent, c'était l'un des fondateurs: le saxophoniste et compositeur Julius Hemphill. C'est loin d'être triste, puisque ce *Requiem for Julius* est free à souhait, et il me semble que cela fait belle lurette que le WSQ n'a pas «sonné» avec autant de justesse.

YOUNG LESTER | ÉTATS-UNIS

27 AOÛT 1909 – 15 MARS 1959

Lester Young fait partie de ces musiciens dont le style tout à fait personnel a suscité une « révolution » dans l'esthétique du jazz. C'est en effet par « sa totale décontraction dans l'acte de création spontanée[23] » que Young inspirera un style cool, en opposition à celui de Coleman Hawkins, qu'adopteront bon nombre de saxophonistes dont Stan Getz, Lee Konitz, Paul Quinichette, Wayne Marsh, et qui deviendra un véritable mouvement, au début des années 50, principalement avec Miles Davis.

Surnommé « Pres », (Le Président) par la chanteuse Billie Holiday, Lester Young était un personnage solitaire, instable, blessé très jeune par la vie, que le critique de jazz Alain Gerber décrit ainsi dans sa biographie intitulée *Lester Young* : « Dans les *jams* de Kansas City, le message du Pres n'était pas toujours déchiffré, mais il passait. Il passait en force. L'envoyeur ne l'avait pas glissé dans une bouteille à la mer, mais accroché à une torpille. Dénommée swing par les meilleurs experts. On pouvait contester ce que disait Lester : on ne résistait pas à sa façon de le dire. “Jamais je n'ai rencontré personne qui pût swinguer comme lui, soulignait Buck Clayton. Son aptitude à négocier les accords tenait du prodige ; combinée au sens du rythme qui était le sien, elle n'eut jamais d'égale.” Le “sens du rythme”, pense-t-on, exercerait une sorte de pouvoir vaudou. D'où émanerait cette loi occulte : qui obéit au tempo se rend maître du Temps[24]. »

Après avoir joué dès son enfance de la batterie dans l'orchestre de son père, Young apprend le saxophone alto pour finalement lui préférer le ténor. Comme tant d'autres de ses confrères, il fera ensuite la tournée des orchestres, Bennie Moten, Walter Page et ses Blue Devils et Fletcher Henderson, avant d'être engagé en 1936 par Count Basie auprès duquel il connaîtra ses premières heures de gloire avec quelques-uns de ses plus beaux solos dans *Jumpin' at the Woodside, One O'Clock Jump, Roseland Shuffle, Swinging the Blues (Count Basie and The Complete Decca Recordings).* De son jeu apparaît une nouvelle esthétique qui est éloignée – mais non moins torride – de celle des saxophonistes aux attaques lourdes. C'est aussi à ce moment qu'il rencontrera celle qu'il appellera son âme sœur, la chanteuse Billie Holiday.

En décembre 1940, il quitte l'orchestre de Basie pour des raisons obscures ; il dirige durant quelques mois un combo de musiciens à New York, puis va joindre le groupe de son frère Lee Young. En 1943, il revient dans l'orchestre de Count Basie et cette même année il fait une apparition mémorable dans un tout petit film tourné par la Warner, *Jammin' The Blues,* qui fascinera plus d'un musicien. En 1944, il est convoqué par l'armée : « Le soldat Young est aussitôt pris en grippe par un adjudant qui lui interdit de jouer du saxophone. Blessé lors d'un entraînement, il doit subir une intervention chirurgicale, à la suite de quoi les autorités militaires lui intentent un procès pour détention de drogues ; emprisonné pendant une année dans les quartiers disciplinaires de l'armée [...], il tombera malade et sera finalement relâché 10 mois plus tard. Cette expérience brise Lester Young. De retour à la vie civile, le musicien se replie sur lui-même, créant un mur infranchissable entre lui et un monde qui l'a violemment agressé[25]. »

Pris en main par le producteur Norman Granz, il participera aux tournées du JATP et enregistrera encore quelques chefs-d'œuvre en *free-lance* (pour le label Aladdin). À partir de 1952, il partage son temps entre ses tournées en Europe et ses engagements en Amérique. Il meurt subitement en 1959, quelques jours après son dernier concert au Blue Note.

PRES AND TEDDY: THE LESTER YOUNG / TEDDY WILSON QUARTET Verve 270-2
Un des disques les plus émouvants, et peut-être le plus achevé, de Lester Young, enregistré vers la fin de sa vie alors qu'on le disait diminué! Entouré d'une extraordinaire rythmique, Jo Jones à la batterie, Gene Ramey à la contrebasse et le chaleureux et inventif pianisteTeddy Wilson, il interprète avec sa maîtrise coutumière *All of Me*, *Our Love is Here to Stay*... et avec mélancolie, *Louise* ou *Prisoner of Love.* Sublime, pour le saxophoniste et ses collègues!

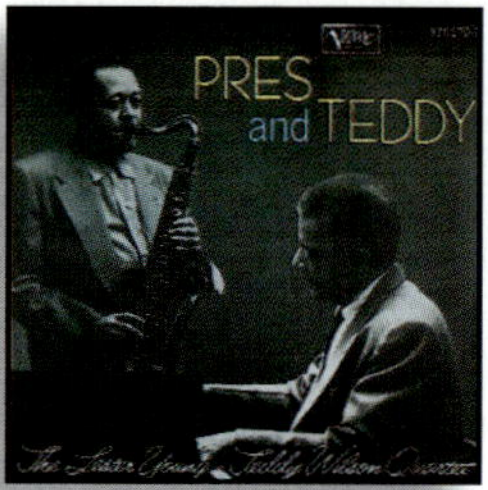

THE COMPLETE ALADDIN RECORDINGS OF LESTER YOUNG Blue Note 787 2 5, 2 CD
Enregistrées en 1947 et 1948 après ses «années de plomb» dans l'armée, ces sessions apportent un éclairage essentiel sur le travail de Young. Libre à vous de choisir entre celles avec le pianiste Nat «King» Cole (certainement les plus beaux) ou avec le trompettiste Howard McGhee. On aura un faible pour sa rencontre avec la chanteuse Helen Humes. Toujours le même désir de simplicité et de perfection, et un immense plaisir à déchiffrer les notes de ce saxophoniste lunaire.

THE COMPLETE LESTER YOUNG STUDIO SESSIONS ON VERVE 087-2, 8 CD
Comme ce sont les enregistrements studios que Lester Young a réalisés pour la compagnie Verve, il faut exclure les prestations publiques au sein du Jazz at the Philharmonic (qui sont disponibles séparément). Mais ne boudons pas le plaisir puisque sont réunis les enregistrements – entre autres – avec Teddy Wilson et Harry «Sweet» Edison, ou à Paris en compagnie du pianiste René Urtreger. En prime, les deux seuls interviews où l'on entend sa voix, la plus passionnante étant celle réalisée par le journaliste François Postif.

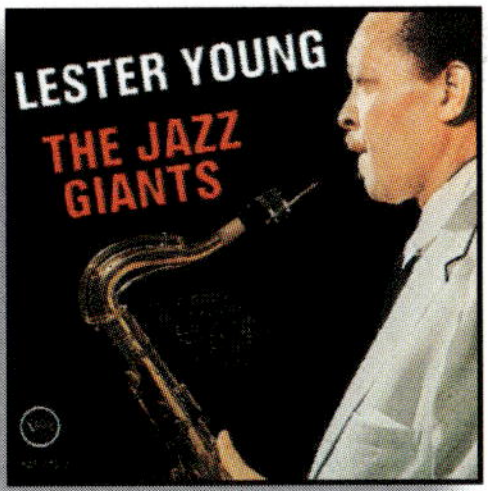

LESTER YOUNG: THE JAZZ GIANTS Verve 672-2

C'est en effet en compagnie de géants Roy Eldridge à la trompette, Teddy Wilson au piano, Freddie Green à la guitare, Vic Dickenson au trombone, Jo Jones à la batterie et Gene Ramey à la contrebasse que Lester Young se livre ici. Si l'usure se fait sentir, il nous fait entendre dès la première plage un *I Guess I'll Have To Change My Plan* particulièrement émouvant, tout comme le *This Year's Kisses.* On l'entend presque chuchoter: «Et la tendresse, bordel!»

MUSICIENS QUÉBÉCOIS

MES COUPS DE CŒUR

RÉMI BOLDUC Saxophoniste (ténor)
Renaissance Effendi
Saxophoniste puissant et original – que l'on ne voit pas assez sur la scène montréalaise –, Rémi Bolduc se situe dans la tradition de Jackie McLean, tout en ayant été influencé par le saxophoniste new-yorkais Steve Coleman avec lequel il a collaboré. Son œuvre la plus récente, *Renaissance,* est empreinte de lyrisme tant par son rythme que dans ses mélodies dont les arrangements sont par ailleurs somptueux.

FRANÇOIS BOURASSA Pianiste
Cactus Lost Chart
En 1985, le pianiste François Bourassa remportait le Grand Prix du Festival international de jazz de Montréal. Depuis, il a bâti un univers tout particulier où l'on retrouve la mémoire des Bill Evans, Keith Jarrett et Bud Powell, souvent teinté de fortes influences classiques. L'arrivée dans son trio du saxophoniste André Leroux qui, à l'automne 2000, faisait un malheur à New York, est l'annonce d'autres beaux jours...

ALAIN CARON Contrebassiste (basse électrique)
Rhythm' Jazz Avant-Garde
Membre fondateur du groupe Uzeb, élu deux fois bassiste de l'année par la prestigieuse revue *Bass Player,* Alain Caron est toujours aussi présent sur la scène jazzistique. Adepte d'un jazz fusion très funky, il est toujours à la recherche de nouvelles aventures musicales, que ce soit avec le trompettiste Tiger Okoshi, le pianiste Hilario Duran ou, surtout, avec Le Band, point d'ancrage de toutes ses audaces.

MICHEL CUSSON Guitariste et compositeur
Omertà I et II Audiogram
Comme son ami Alain Caron, avec qui il a fondé le groupe Uzeb, Michel Cusson s'intéresse à tout : musiques de films, – *L'automne sauvage, La comtesse de Bâton Rouge, Riopelle* –, musiques de téléséries et thèmes d'émission – *Omertà, Tag, Le Grand Journal, Arcand* et autres. Excellent improvisateur, il ne se refuse jamais un *jam* ou une rencontre inusitée, par exemple avec le trompettiste Mark Isham. Bref, il n'a pas fini d'étonner son public.

JEAN DEROME Saxophoniste et flûtiste
Jean Derome et les Dangereux Zhoms Ambiances magnétiques
Un des plus grands représentants de la musique actuelle au Québec, Jean Derome ne se laisse surtout pas enfermer dans un genre, car il peut aussi bien composer pour la troupe de danse Ô Vertigo que « réinventer » l'univers de Monk qu'il connaît par cœur.

LORRAINE DESMARAIS Pianiste

Bleu Silence Scherzo

Grand Prix du Festival international de jazz de Montréal en 1984, Lorraine Desmarais remportait en 1986 le premier Prix de la Great American Jazz Piano Competition, à Jacksonville en Floride. Pianiste intense, explosive parfois, et dotée d'un sens du rythme exceptionnel, elle a signé deux enregistrements remarquables avec le trompettiste Tiger Okoshi et a travaillé avec le saxophoniste Paquito D'Rivera et le percussionniste Don Alias.

MICHEL DONATO Contrebassiste

Marée... Bass avec Georges Arvanitas Label Bleu

Le plus grand contrebassiste montréalais qui a remplacé un soir – à pied levé – le contrebassiste Charlie Haden. Michel Donato, c'est aussi cet autre soir du Festival international de jazz de Montréal (cinq, pour être plus précis) où lors d'une «carte blanche», il donnait libre cours à son inspiration en compagnie de Henri Texier, Alain Caron et quelques autres. Au cours de ces 30 ans de carrière, cet homme doux et affable aura joué avec Dizzy Gillespie, Oscar Peterson, Zoot Sims, Sonny Stitt et Thelonious Monk.

NORMAND GUILBEAULT Contrebassiste

Hommage à Mingus SRC

De Michel Donato à Normand Guilbeault, il n'y a qu'un pas à franchir. S'il n'est pas son fils spirituel, il prolonge magnifiquement son travail, avec une préférence marquée pour l'œuvre du contrebassiste Charles Mingus. On lui doit notamment une pièce ambitieuse en hommage au héros manitobain Louis Riel – *Riel: Plaidoyer musical pour la réhabilitation d'un juste.*

CHARLES PAPASOFF Saxophoniste (baryton)

Painless Nisapa

Qu'il soit à la tête de l'International Baryton Conspiracy ou sur une scène de danse avec la chorégraphe Myriam Nésy ou avec son propre trio, Charles Papasoff manifeste tout autant d'inventivité tant comme instrumentiste que comme compositeur. En cela, il est tout à fait dans la lignée de Hamiet Bluiett et de son mentor Pepper Adams.

YANNICK RIEU Saxophoniste (ténor)

Little Zab Effendi

Très influencé par John Coltrane à ses débuts, Yannick Rieu, que l'on ne voit que trop rarement à Montréal, est un artiste de haut rang qui se classait en 1988 parmi les 20 saxophonistes à surveiller, selon la revue *Down Beat*. Yannick Rieu a commencé sa carrière dans la formation de Bernard Primeau (fortement inspirée des Jazz Messengers de Art Blakey), mais peut-être à cause de son discours très personnel, il préfère poursuivre son chemin en *free-lance*... Espérons que grâce à *Little Zab* (qui a remporté un Félix pour le meilleur disque de jazz), nous le verrons plus souvent.

VIC VOGEL Pianiste et chef d'orchestre

Vic Vogel Big Band Live VV Records.

On ne compte plus les musiciens montréalais qui doivent leur notoriété à Vic Vogel, une véritable institution dans le monde du jazz à Montréal. Il en est d'ailleurs aussi la mémoire. Au cours de sa très longue carrière, qu'il a entreprise vers l'âge de 15 ans comme pianiste, il a accompagné Dizzy Gillespie, Slide Hampton et Cannonball Adderley, sans oublier sa collaboration avec le compositeur André Matthieu pour la musique des Jeux olympique de Montréal, en 1976.

KAREN YOUNG Chanteuse et compositrice

Nice Work if You Can Get It Ursh

Unique Karen Young qui, depuis des années, est considérée comme une des grandes chanteuses de jazz au Canada. Après avoir fait les beaux jours des amateurs de jazz en duo avec Michel Donato, elle s'est peu à peu tournée vers d'autres formes musicales – musique latine, chants bulgares, cantiques et musiques du monde. Ne pas se cantonner dans un genre, tel est son credo, et cela lui réussit fort bien!

MUSICIENS EUROPÉENS

MES COUPS DE CŒUR

GEORGES ARVANITAS Pianiste

Cocktail for Three Pretoria / Sketch

C'est le propriétaire du Paris Jazz Corner, Arnaud Boubet, qui m'avait fait découvrir ce *Cocktail for Three* (1953), de Georges Arvanitas. On aurait cru entendre Bud Powell! Homme discret, Georges Arvanitas n'a jamais obtenu la reconnaissance qu'il méritait. Excellent pianiste, il fut un accompagnateur sensible recherché par tous les musiciens de passage. Il a notamment signé avec le saxophoniste David Murray. Il y a quelques années, il enregistrait un disque sublime: *The Ballad Artistry of David Murray*. Un moment inoubliable.

EMMANUEL BEX Organiste

3 Pee Wee

L'un des rares organistes à ne pas avoir subi l'influence du démentiel Jimmy Smith. Emmanuel Bex, c'est la joie de vivre, l'esprit de Larry Young (complices de Miles Davis) sans oublier ses «inventions urbaines» avec son Steel Bex. Sur *3,* on entend la voix du regretté Maurice Cullaz qui récite un *Hymne à l'amour...* celui du jazz!

CLAUDE BOLLING Pianiste et chef d'orchestre

Bolling Plays Ellington Columbia

D'abord formé au piano classique, Claude Bolling s'initie au jazz dès l'adolescence. Grand admirateur de Art Tatum et surtout de Duke Ellington, dont il sera l'émule et l'ami, il donnera à son *band* une sonorité riche dans la plus pure tradition du swing. Mais il travaillera aussi beaucoup avec des musiciens classiques, en plus d'écrire à l'occasion des musiques de films, dont *Borsalino,* de Jacques Deray.

PHILIP CATHERINE Guitariste

Blue Prince Dreyfus

Depuis toujours, Philip Catherine a été considéré comme le digne successeur de son compatriote, le guitariste René Thomas. Mais il y a aussi du Django chez lui, et une douceur qui nous rappelle Chet Baker, avec qui il a passé de bons moments. Son dernier disque, *Blue Prince,* dédié à la mémoire de ce grand musicien, plaira à tous ceux qui aiment un jazz très mélodique, joué avec beaucoup de finesse et de cœur.

BARBARA DENNERLEIN Organiste

That's Me Enja

Une des très rares femmes dans le monde du jazz à toucher l'orgue Hammond B-3. Adepte d'un jazz vigoureux et très funky, Barbara Dennerlein met son public en joie, sans rien sacrifier de sa rigueur ni de la pureté de sa musique. Qu'elle soit en compagnie de l'organiste Joey deFrancesco ou du redoutable joueur de trombone Ray Anderson, elle tire admirablement son épingle du jeu.

CHRISTIAN ESCOUDÉ Guitariste

At Duc des Lombards Gitanes / Jazz

Au Duc des Lombards, en 1996, le guitariste Christian Escoudé a dialogué deux soirs durant avec l'organiste Emmanuel Bex et le batteur Bruno Ziarelli. Une rencontre magique avec un musicien plus que chaleureux, qui sait émouvoir, notamment par ses accents tsiganes, et pour qui le jazz tout comme l'amitié sont synonymes de *feelings* et d'atomes crochus.

PAOLO FRESU Trompettiste

Wanderlust BMG

Ce jeune musicien sarde allie à une technique sans faille une rare émotivité, ce en quoi il se rapproche de Chet Baker, à qui, en compagnie de son confrère Enrico Rava, il rend un fort bel hommage avec *Shades of Chet*. Paolo Fresu, c'est en quelque sorte le poète de l'errance et des nuits sans fin.

DANIEL HUMAIR, PIERRE MICHELOT et RENÉ URTREGER Batteur, contrebassiste, pianiste

Humair, Urtreger, Michelot Sketch / Harmonia Mundi

Un trio exceptionnel qui, avec ses trois disques de 1960, 1979 et 1999, résume 40 ans de jazz et de complicité. Des géants qui ont accompagné et accompagnent encore les plus grands musiciens de ce monde. Comme le dit si bien Alain Gerber: «Ils ont 20 ans tous les jours.» Qui viendra dire après que le jazz ne conserve pas!

MICHEL PORTAL Saxophoniste, clarinette basse et bandonéoniste

Any Way Harmonia Mundi

L'homme de toutes les tempêtes et de toutes les aventures qui occupe dans le monde du jazz une place unique. Qu'il soit soliste pour le répertoire de Brahms, Schubert ou Mozart, avec son Michel Portal Unit ou en duo avec le batteur Bernard Lubat, ce multi-instrumentaliste est de la classe des «corsaires» qui hantent les mers du jazz pour faire avancer les choses.

JACKY TERRASSON Pianiste

Reach Blue Note

Un pied en France, l'autre en Amérique, Terrasson est devenu en l'espace de quelques années une des coqueluches du jazz new-yorkais. Rien n'effraie ce pianiste talentueux, rapide comme l'éclair, qui conjugue le moderne et le classique d'une façon magistrale. *Reach* est un très bel exemple de cette fougue qui lui est propre, mais il faudra aussi se procurer un superbe enregistrement qu'il a réalisé en compagnie de la chanteuse Cassandra Wilson.

NOTES

1. Gérard Arnaud et Jacques Chesnel. *Les grands créateurs du jazz,* préface de Claude Nougaro, Paris, Bordas, 1993, 256 p.
2. Michel Boujut. *Louis Armstrong,* Paris, Éditions Plume, 1998, 143 p.
3. Pascal Anquetil. « Bill Evans, 20 ans après », *Jazzman,* septembre 2000.
4. Philippe Carles et André Clergeat (dir.). *Les incontournables du jazz,* Paris, Fillipachi, 1992, 280 p. « coll. Jazz/Fillipachi ».
5. « Dans le vocabulaire du jazz, chant en onomatopées ; si l'utilisation de syllabes sans signification est d'usage courant dans toutes les musiques populaires, la légende veut que le style ait été créé par Louis Armstrong en 1926 lors de l'enregistrement de *Heebie* Jeebies* dans lequel, ayant oublié les paroles, il leur aurait substitué des onomatopées [...] » (Jean-Paul Levet, *« Talkin' That Talk ». Le langage du blues et du jazz,* Paris, Hatier, 1992, 310 p.)
6. Philippe Carles, André Clergeat et Jean-Louis Comolli. *Dictionnaire du jazz,* Paris, Robert Laffont, 1994, coll. « Bouquins », 1383 p.
7. Philippe Carles et André Clergeat (dir.). *Les incontournables du jazz, op. cit.*
8. Noël Balen. *Billie Holiday, corps et âme,* Paris, Éditions Mille et une nuits, 2000, 135 p.
9. Luc Delannoy. *Billie Holiday,* Paris, Éditions Librio, 2000, 87 p.
10. Noël Balen. *Op. cit.*
11. Philippe Adler et Pierre de Chocqueuse. *Passeport pour le jazz : les grands CD des grands du jazz,* Paris, Balland, 1995, 393 p.
12. Jean Wagner. *Guide du jazz,* Paris, Éditions Syros, 5e édition entièrement remise à jour par François Hofstein et Jean-Paul Ricard, 1998, 238 p.
13. Gérard Arnaud et Jacques Chesnel. *Op. cit.*
14. Alan Lomax. *Mister Jelly Roll,* Grenoble, Presses Universitaires de Grenoble, 1980.
15. Philippe Carles, André Clergeat et Jean-Louis Comolli. *Dictionnaire du jazz, op. cit.*
16. Philippe Carles et André Clergeat. *Les incontournables du jazz, op. cit.*
17. Arnaud Gérard et Jacques Chesnel. *Op. cit.*
18. Collectif. *Le grand atlas du jazz,* Paris, Éditions Atlas, 2000, 341 p.
19. Noël Balen. *L'odyssée du jazz*, Paris, Lina Levi, 1993, 767 p.
20. Collectif. *Le grand atlas du jazz,* Paris, Éditions Atlas, 2000, 341 p.
21. Noël Balen. *L'odyssée du jazz*, *op. cit.*
22. Noël Balen. *L'odyssée du jazz*, *op. cit.*
23. Gérard Arnaud et Jacques Chesnel. *Op. cit.*
24. Alain Gerber. *Lester Young,* Paris, Fayard, 2000, 290 p.
25. *Le grand atlas du jazz,* Paris, Éditions Atlas, 2000, 341 p.

GLOSSAIRE

Acid-jazz : Terme ambigu apparu à la fin des années 80 pour désigner un style qui associe, par échantillonnage, le rap au jazz, au funk et au soul des années 60 et 70. Les principales caractéristiques en sont l'utilisation des claviers, Fender Rhodes ou orgue Hammond, parfois une section de cuivres, et l'apport de pièces échantillonnées. Les représentants de ce mouvement sont US 3, St-Germain et Galliano.

Arrangement : Architecture musicale organisant, pour un morceau donné, le rôle des divers instruments ou sections instrumentales ; polyphonie destinée à « mettre en son » une mélodie qui sert de point de départ (d'après le *Dictionnaire du jazz*).

Be-bop : Un des plus importants mouvements du jazz apparu au début des années 40, dont les chefs de file furent Charlie Parker (saxophone alto), Dizzy Gillespie (trompette), Thelonious Monk (piano) et Kenny Clarke (batterie). En rupture avec le jazz traditionnel et ses contraintes, sa continuité rythmique et mélodique, ces musiciens privilégient les tempos irréguliers tout en recherchant de nouveaux accords, une nouvelle tonalité. Ils modifieront aussi en profondeur le rôle de la section rythmique en donnant à chacun des instruments beaucoup plus d'autonomie et de visibilité.

Funk (ou soul jazz) : Style musical apparu au milieu des années 50, très rythmé, très expressif et qui prônait un retour aux valeurs musicales et sociales des *work songs* et du gospel (le mot *funk* signifie littéralement odeur du corps). Parmi les grands représentants de ce style se trouvent le pianiste Horace Silver *(Opus De Funk)* et le saxophoniste Cannonball Adderley *(Mercy, Mercy, Mercy!)*. À des degrés divers et un peu plus tard, s'y joindront des groupes comme Sly and the Family Stone et Funkadelic.

Hard bop : Un des courants du bop apparu au début des années 50, principalement en réaction au jazz cool et dont le maître à penser fut le batteur Art Blakey (avec ses Jazz Messengers). Selon lui, il était essentiel d'intégrer au schéma du bop les éléments principaux du blues et du gospel en tant que sources du jazz.

Free jazz : Pour certains, c'est n'importe quoi, et pour d'autres, c'est absolument tout ! Une chose est certaine, on ne peut passer à côté de cette explosion qui secoua le jazz et dont les principaux artificiers sont ou furent : John Coltrane (saxophone ténor), Don Cherry (trompette de poche), Albert Ayler (saxophone ténor), Archie Shepp, Ornette Coleman, Cecil Taylor, Sun Ra, etc. Dans son ensemble, le free jazz semble rejeter toutes les structures de musique existantes pour une véritable liberté harmonique qui allait de pair avec la révolte des années 60 et toutes ses contestations politiques. La question est toujours en suspens...

Jazz cool (ou west coast): En opposition au jazz hot, celui des *boppers*, le jazz cool se définit par une recherche de sonorités douces. Si l'un des plus grands représentants en fut, à ses débuts, le trompettiste Miles Davis avec *Birth of the Cool*, ce mouvement fut largement dominé par des musiciens blancs, dont Chet Baker, Paul Desmond, Zoot Sims, Gerry Mulligan et, de nos jours encore, Lee Konitz.

Jazz latin (ou latin jazz): «Latin jazz, dit Luc Delannoy dans *Caliente, une histoire du latin jazz* (Denoël), est le nom contemporain d'un genre musical très ancien, au confluent des cultures africaines, caribéennes et européennes.» Bien avant que Dizzy Gillespie n'introduise les percussions latines dans le be-bop grâce à son percussionniste cubain Chano Pozo, le trompettiste Mario Bauza, Cubain lui aussi, avait au début des années 40 écrit son fameux *Tanga*. Le jazz latin conjugue donc jazz et musiques latines, qu'elles viennent de Cuba, du Pérou ou de la Colombie.

Jazz fusion (ou jazz-rock): Terme hybride et fourre-tout qui désigne l'intégration au jazz des composantes du rock, avec son lot d'instruments électriques et électroniques. Miles Davis en fut le chef de file, suivi par des groupes comme Weather Report, Uzeb et autres. On pourra y voir aussi la fusion du jazz avec les musiques du monde.

Jazz modal: Le disque *Kind of Blue*, de Miles Davis, est l'exemple parfait de cette «nouvelle couleur» que le musicien apportait à son œuvre en ayant recours à d'autres modes que celui des gammes classiques, majeures ou mineures. Cela signifie, en termes simples, prendre comme tonique, dans chacune de ces gammes, une autre note que la première.

Jazz Nouvelle-Orléans: Certainement le plus connu de tous, parce que la figure de Louis Armstrong y est omniprésente. C'est la forme première du jazz, la plus classique, née de la rencontre de diverses cultures, de leurs rythmes propres, des mélodies blues, dans une ville qui s'avéra propice à cet amalgame, La Nouvelle-Orléans, en Louisiane.

Middle jazz (ou jazz mainstream): Ensemble des styles qui succédèrent à ceux de La Nouvelle-Orléans et de Chicago, et qui restèrent en vogue jusqu'à l'apparition du be-bop au début des années 40, sans pour autant disparaître complètement *(Le Petit Larousse illustré)*.

Swing: C'est d'abord et avant tout le principe essentiel du jazz, le dénominateur commun de tous ses avatars. Comme l'a si bien dit Duke Ellington: «*It Don't Mean a Thing (If It Ain't Got that Swing).*» Le swing est aussi l'un des plus importants courants du jazz des années 30 et 40, dont les principaux acteurs furent Count Basie, Duke Ellington, Lionel Hampton, Benny Goodman et Artie Shaw. Au point de vue structure musicale, il se caractérise surtout par une grande richesse mélodique et par le poids équivalent donné aux quatre temps de la mesure. C'est aussi l'époque où on accorde de plus en plus d'importance aux solistes et à leur virtuosité.

BIBLIOGRAPHIE

ADLER, Philippe et Pierre DE CHOCQUEUSE. *Passeport pour le jazz: Les grands CD des grands du jazz,* Paris, Balland, 1995, 393 p.

ADLER, Philippe et Pierre DE CHOCQUEUSE. *Passeport pour le jazz: Les grands CD du jazz moderne, 1944-1997,* Paris, Balland, 1998, 409 p.

ARNAUD, Gérard et Jacques CHESNEL. *Les grands créateurs de jazz,* préface de Claude Nougaro, Paris, Bordas, 1993, 256 p.

BALEN, Noël. *L'Odyssée du jazz,* Paris, Lina Levi, 1993, 767 p.

BALEN, Noël. *Billie Holiday, corps et âme,* Paris, Éditions Mille et une nuits, 2000, 135 p.

BERGEROT, Frank et Arnaud MERLIN. *L'épopée du jazz. Du blues au bop* et *Au-delà du bop,* Paris, Gallimard, 1991, 157 p., coll. « Découvertes ».

BERGEROT, Frank. *Miles Davis,* Paris, Seuil, 1996, 189 p.

BILLARD, François et Gilles TORDJMAN. *Duke Ellington,* Paris, Seuil, 1994, 222 p.

BOUJUT, Michel. *Louis Armstrong,* Paris, Éditions Plume, 1998, 143 p.

CARLES, Philippe, André CLERGEAT et Jean-Louis COMOLLI. *Dictionnaire du jazz,* Paris, Robert Laffont, 1994, 1383 p., coll. « Bouquins ».

CARLES, Philippe et André CLERGEAT (dir.) *Les incontournables du jazz,* Paris, Collection Jazz / Fillipachi, 1992, 280 p.

CARLES, Philippe et Jean-Louis COMOLLI. *Free Jazz, Black Power,* Paris, Folio, 2000, 435 p.

COLLECTIF. *Le grand atlas du jazz,* Paris, Éditions Atlas, 2000, 341 p.

COOK, Richard et Brain MORTON. *The Penguin Guide to Jazz on CD,* New York, Penguin, 1998, 1745 p.

DELANNOY, Luc. *Billie Holiday,* Paris, Éditions Librio, 2000, 87 p.

DELANNOY, Luc. *Caliente, une histoire du latin jazz,* Paris, Denoël, 2000, 348 p.

GERBER, Alain. *Lester Young,* Paris, Fayard, 2000, 296 p.

HODEIR, André. *Hommes et problèmes du jazz,* Marseille, Parenthèses/Epistrophy, 1981, 260 p.

HOLIDAY, Billie et William DUFTY. *Lady Sings the Blues,* New York, Doubleday, 1956.

HOLIDAY, Billie et William DUFTY. *Lady Sings the Blues,* Marseille, Éditions Parenthèses, 1984, 330 p.

MOUELLIC, Gilles. *Jazz et cinéma,* Paris, Collection Essais / Cahiers du Cinéma, 2000, 256 p.

PAUDRAS, Francis. *La danse des infidèles,* Paris, Éditions de l'Instant, 1986, 320 p.

PÉAN, Stanley. *Toute la ville en jazz,* Montréal, Éditions Trait d'Union, 1999, 245 p.

PIAZZA, Tom. *Setting the Tempo. Fifty Years of Great Jazz Liner Notes,* New York, Doubleday, 1996, 369 p.

POSTIF, François. *Interviews et portraits de musiciens de jazz et de blues,* Paris, Éditions Outre-Mesure, 1998, 446 p.

TERCINET, Alain. *West Coast Jazz,* Marseille, Parenthèses/Epistrophy, 1986, 354 p.

VIAN, Boris. *Chroniques de jazz,* Paris, Livre de Poche, 1981, 415 p.

VIAN, Boris. *Écrits sur le jazz,* Paris, Livre de Poche, 1981, 696 p.

WAGNER, Jean. *Guide du jazz,* Paris, Éditions Syros, 5e édition entièrement remise à jour par François HOFSTEIN et Jean-Paul RICARD, 1998, 238 p.

YANOW, Scott (dir.). *All Music Guide to Jazz,* 3e édition, San Francisco, Miller Freeman Books, 1998, 1378 p.

YANOW, Scott. *Bebop,* San Francisco, Miller Freeman Books, 2000, 389 p.

MAGAZINES

Jazz Hot, Paris, mensuel, depuis 1935
Jazz Magazine, Paris, mensuel, depuis 1954
Jazzman, Paris, mensuel, depuis 1992
Down Beat, Illinois (USA), mensuel, depuis 1936

COFFRETS ET ANTHOLOGIES

The Blue Note Years : 1939-1999, Édition du 60e anniversaire Blue Note, 7 CD
Impulse ! Jazz : A 30 Years Celebration, Impulse !, 3 CD
The Complete Jazz at the Philarmonic on Verve : 1944-1949, Verve, 10 CD
The West Coast Jazz : An Anthology of California Jazz, Contemporary, 4 CD
The Prestige Records, Story Prestige, 4 CD
The Verve Story : 1944-1994, 50e anniversaire Verve, 4 CD
The 1940's Mercury Sessions, (série limitée à 20 000 exemplaires), Mercury / Verve, 7 CD
Birth of Be-Bop, Wichita-New York : 1940-1945, Frémeaux et associés, 2 CD
Monterey Jazz Festival : 40 Legendary Years, Malpaso / Warner, 2 CD
Siné : Vive le jazz, Frémeaux et associés [accompagné d'un livret plein d'humour, parfois féroce...]
Blue Box 2 : The Finest in Jazz Vocalist, Blue Note, 4 CD
Festival international de jazz de Montréal. 20 ans de musique, Musicor, 4 CD

SITES INTERNET JAZZ

www.allmusic.com : Un site gigantesque, complément direct du *All Music Guide* dirigé par Scott Yanow. Les traductions françaises laissent à désirer, mais...
www.citizenjazz.com : De très bonnes recensions de disques et l'actualité du jazz, le tout rédigé par des gens qui aiment le jazz. Sans prétention.
www.jazzmagazine.com : Le pendant du célèbre magazine, et tout aussi impeccable.
www.jazzhot.net : Le pendant virtuel d'un autre grand magazine, *Jazz Hot,* avec une sélection de critiques de disques à télécharger.
www.allaboutjazz.com : Un autre très gros site avec discographies complètes, critiques de disques et actualités du jazz.
users.skynet.be/sky19290/ : 100 disques de jazz pour une discothèque idéale. Des heures de plaisir.
www.multimania.com/saxoweb : Pour les fous du saxophone, toutes époques confondues.
www.parisjazzcorner.com : Le disquaire de référence à Paris. Achat, vente et disques rares (CD et vinyles).
www.allaboutjazz.com : Un site très documenté.

INDEX DES MUSICIENS CITÉS

A

Abrams, Richard, 18
Adderley, Julian «Cannonball», 12, 13, 64, 69, 71, 91, 93, 128, 176, 199, 218
Adderley, Nat, 12
Ali, Rashied, 62
Alias, Don, 67, 235
Al-Khabyyr, Nasir Abdul, 143
Allen, Geri, 60, 114
Allen, Henry, 224
Allen, Marshall, 163
Ammons, Gene, 50, 127
Anderson, Ray, 237
Anderson, Wessel, 12, 158
Armando, Ray, 25
Armstrong, Lil, 15
Armstrong, Louis, 9, 14-17, 30, 39-40, 94, 96-97, 116-117, 129, 168, 188, 200, 217
Arvanitas, Georges, 182, 235-236
Atkins, Chet, 44
Autrey, Herman, 221
Avenel, Jean-Jacques, 152-153
Ayler, Albert, 20-21, 183
Ayler, Don, 20

B

Bailey, Derek, 166
Baker, Chet, 10, 22-23, 36-37, 102, 115, 165, 180-181, 237
Baptista, Cyro, 227
Barbieri, Gato, 24-25, 45, 114, 115
Barker, Danny, 75
Barksdale, Everett, 213
Baron, Joey, 47, 78-79, 99
Barron, Kenny, 26-27, 44, 102-103, 113-114
Barrow, George, 187
Bartz, Gary, 26, 66
Basie, Count, 9, 18, 28-29, 43, 48, 55, 80, 94, 107, 126, 131, 140, 193, 209, 220, 224-225, 230-231
Bass, Fontella, 228-229
Bauza, Mario, 104, 120
Bechet, Sidney, 9, 30-31, 128, 152, 157, 179
Beck, Jeff, 161
Beiderbecke, Bix, 54, 93
Bellson, Louie, 96
Belmondo, Lionel, 39
Belmondo, Stéphane, 39
Benjamin, Joe, 219
Bennett, Tony, 28
Berlin, Irving, 84, 97
Berigan, Bunny, 132
Berry, Chu, 28, 50, 117
Bex, Emmanuel, 236-237
Bigard, Barney, 15, 17, 86, 179
Blackwell, Ed, 52-53, 58-59, 154
Blade, Brian, 165
Blakey, Art, 13, 32-33, 36, 93, 112-113, 138, 158, 174, 202, 208-209, 211, 235
Blanton, Jimmy, 86, 114
Bley, Carla, 24, 34-35, 44-45, 98, 115
Bley, Paul, 34, 36-37, 114
Bluiett, Hamiet, 134-135, 182, 228-229, 235
Blythe, Arthur, 182, 228
Bobo, Willie, 66
Bostic, Earl, 199
Bowie, Lester, 18, 50
Braxton, Anthony, 46, 58, 182
Brecker, Michael, 166
Brecker, Randy, 25, 40
Broadbent, Alan, 115
Brookmeyer, Bob, 60, 140, 181
Brooks, Tina, 210-211
Brotzmann, Peter, 214
Brown, Clifford, 40-41, 68, 120, 184, 202, 218-219
Brown, Lawrence, 48-49
Brown, Marion, 205
Brown, Marshall, 148
Brown, Ray, 39, 96, 124, 142, 150, 170, 192-193, 198, 225
Brubeck, Dave, 42-43, 72, 187, 214
Buckner, Milt, 116, 210
Bunnett, Jane, 30, 134
Burns, Ralph, 126
Burrell, Kenny, 166-167, 210-211
Burton, Gary, 34, 44-45, 102, 166
Byard, Jaki, 76-77, 134
Byas, Don, 16, 50-51, 199
Byrd, Charlie, 102
Byrd, Donald, 10, 118, 136-137, 208-209
Byron, Don, 46-47, 78, 99, 135

C

Caine, Uri, 46-47, 78-79
Calhoun, Eddie, 136
Calloway, Cab, 224
Carney, Harry, 10, 51, 85, 87, 225
Caron, Alain, 234-235
Carroll, Joe, 105
Carter, Benny, 12, 48-49, 106, 128, 140, 144, 200, 224
Carter, James, 50-51, 119, 122, 146, 202

Carter, Kent, 152
Carter, Regina, 50-51
Carter, Ron, 11, 25-26, 69, 71, 207
Cary, Dick, 17
Casey, Al, 221
Catherine, Philip, 160, 237
Catlett, Sidney
Ceccarelli, André, 39
Chaloff, Serge, 10, 102, 126-127
Chambers, Dennis, 161
Chambers, Joe, 205
Chambers, Paul, 62-64, 69-70, 93, 113, 141, 174, 186-187
Cherry, Don, 20, 24, 36, 52-53, 58-59, 114-115, 152, 202
Christensen, Jon, 139
Christian, Charlie, 54-55, 79, 106-107, 176, 200
Christianson, Denny, 11
Cinelu, Mino, 27, 222
Clapton, Eric, 14, 160
Clark, Sonny, 109
Clark, Terry, 68, 110, 140, 142-143, 156, 174, 192, 215
Clarke, Kenny, 32, 70, 104, 109, 112, 148-149, 170-171, 184-185, 194, 199
Clarke, Stanley, 38, 66-67
Clayton, Buck, 28-29, 55, 132, 230
Cobb, Arnette, 112
Cobb, Jimmy, 64, 70, 164
Cobham, Billy, 160-161
Cohn, Al, 127, 180
Cole, Nat «King», 56-57, 136, 150-151, 232
Cole, Natalie, 57
Coleman, George, 69, 136-137
Coleman, Ornette, 36, 52-53, 58-60, 76, 114, 152, 166, 170
Coleman, Steve, 46, 60-61, 226, 234
Coltrane, Alice, 114
Coltrane, John, 9, 11, 20-21, 27, 50, 54, 59, 62-65, 69-71, 76, 108, 113, 122, 152, 156, 163, 167, 173, 182, 202-204, 214, 235
Cooder, Ry, 99
Cook, Junior, 208-209
Cooper, Bob, 144
Copland, Aaron, 99
Corea, Chick, 44-45, 66-67, 102, 118-119, 222
Coryell, Larry, 44, 160
Cranshaw, Bob, 203
Crawford, Ray, 136
Crosby, Bing, 28
Crosby, Israel, 136
Crouch, Stanley, 86, 182-183
Cugny, Laurent, 92
Cusson, Michel, 234
Cyrille, Andrew, 114, 205

D

Dameron, Tadd, 40, 184-185
Dance, Stanley, 86
Danielsson, Palle, 139, 194
Davis, Miles, 6, 12-14, 22, 27, 32, 34, 40, 48, 62, 64, 66, 68-71, 77, 83, 88, 90, 92, 108, 118, 120, 136-138, 148, 156, 160, 175, 180, 185, 189-190, 195, 202, 206-207, 216, 218, 222, 227, 230
Davis, Robert, 83
Davis, Steve, 64
de Lucia, Paco, 160-161
De Francesco, Joey, 161, 210, 237
DeJohnette, Jack, 68, 71, 138, 166
Delaunay, Charles, 171
Dennerlein, Barbara, 237
Desmarais, Lorraine, 143, 235
Desmond, Paul, 42-43, 72-73, 128, 149, 180
Di Meola, Al, 66, 160-161
Dibango, Manu, 52
Dickenson, Vic, 233
Dixon, Bill, 204
Docteur John, 74-75
Dodds, Bobby, 179
Dodds, Johnny, 15, 179
Dolphy, Eric, 9, 18, 46, 54, 59, 62, 65, 76-77, 168, 187
Don Moye Famoudou, 18
Donaldson, Lou, 26, 40, 208, 210-211
Douglas, Dave, 78-79
Dresser, Mark, 78
Drew, Kenny, 63, 217
Driscoll, Kermit, 99
Durham, Bob, 193
Duvivier, George, 198

E

Eckstine, Billy, 32, 184, 189, 218
Edison, Harry
Egan, Mark, 167
Eldridge, Roy, 28, 40, 57, 80-81, 97, 123, 132, 184, 190, 212, 225, 233
Elling, Kurt, 82-83
Ellington, Duke, 9-10, 12, 15-16, 18, 27, 39, 47-49, 83-84, 86-87, 92, 97, 108, 110, 115, 123-126, 128-129, 152-153, 155, 159, 168,

194, 200, 220, 224-225, 228, 236
Ellington, Mercer, 215
Ellis, Herb, 95-96, 124
Ellis, Ray, 133
Erskine, Peter, 222
Eubanks, Robin, 60
Evans, Bill, 13, 56, 64, 66, 68-70, 88, 90-91, 102, 118, 136, 141, 148, 164, 187, 194, 196, 216, 234
Evans, Gil, 8, 69-70, 92-93, 148, 186, 214
Evans, Herschel, 28-29

F

Faddis, Jon, 92
Fame, Georgie, 160
Farlow, Tal, 160
Farmer, Art, 208, 225
Farrell, Joe, 66
Favors, Malachi, 18
Feldman, Mark, 78-79
Ferguson, Maynard, 10, 48, 144-145, 206
Few, Bobby, 152
Fielder, Alvin, 226
Fitzgerald, Ella, 15, 34, 38, 80, 94, 96-97, 130, 154, 218
Flanagan, Tommy, 10-11, 64, 95, 142, 177, 202-203
Fol, Raymond, 23
Ford, Ricky, 120
Foster, Frank, 28, 219
Fouard, Pierre, 200
Fournier, Vernell, 136
Freeman, Bud, 106
Freeman, « Von », 82
Freeman, Russ, 22-23
Friedlander, Erik, 78
Frisell, Bill, 98-99, 154
Fuller, Curtis, 63, 93
Fuller, Walter, 104

G

Gadd, Steve, 67, 195
Gales, Larry, 175
Garbarek, Jan, 139
Garcia, Russell, 96
Gardiner, Ronnie, 20
Garland, Red, 62-63, 136
Garner, Erroll, 100-101, 136, 143, 190, 194, 208, 212-213, 220
Garrett, Kenny, 68, 119
Garrison, Jimmy, 58, 62, 64
Gaskin, Victor, 13
Geggie, John, 135
Gershwin, George, 84, 97, 119, 143
Gershwin, Ira, 97
Getz, Stan, 9, 26-27, 44, 66, 89, 102-103, 126-127, 149, 168, 180, 192, 208, 230
Gibbs, Terry, 208
Gilberto, Astrud, 103
Gillespie, Dizzy, 9, 22, 26-28, 38, 40, 48-49, 57-58, 62, 68, 80-81, 102, 104-105, 108, 120, 123, 126, 140-141, 168-170, 184, 189-192, 197, 200, 218, 235-236
Gilmore, David, 61
Giordano, Charlie, 51
Giuffre, Jimmy, 22-23, 36, 126-127, 152
Golson, Benny, 32-33
Gomez, Eddie, 89
Goodman, Benny, 10, 54-55, 80-81, 106-107, 116-117, 131-132, 158, 216
Gordon, Dexter, 52, 108-109, 112, 116, 146, 185, 196, 218
Gordon, Wycliffe, 158
Gottlieb, Danny, 167
Grappelli, Stéphane, 9, 27, 44, 51, 79, 110-111, 115, 200-201, 212
Gravatt, Eric, 222
Gray, Wardell, 52, 108
Green, Freddie, 28-29, 70, 233
Green, Grant, 166
Grenadier, Larry, 165, 167
Grey, Al, 97, 140
Griffin, Johnny, 109, 112-113, 116, 121, 146, 173
Griffith, Miles, 159
Grimes, Tiny, 212
Grossman, Steve, 122
Gunn, Russel, 120
Gustin, Gérard, 23

H

Haden, Charlie, 24, 27, 34, 36, 52-53, 58-59, 98, 114-115, 138, 149, 154, 166, 205, 235
Hadi, Shafi, 169
Haig, Al, 102
Hakim, Omar, 222
Hakim, Sadik, 190
Hall, Al, 129
Hall, Jim, 72-73, 89, 96, 98, 166-167, 203
Hamilton, Chico, 76
Hampton, Lionel, 40, 44, 49, 55, 105-106, 108, 112, 116-117, 124, 168, 176, 184
Hampton, Slide, 48, 141, 236
Hancock, Herbie, 66, 68-69, 71, 77,

118-119, 158, 176, 206-207, 222
Handy, John, 168
Handy, W.C., 17, 47, 116, 129
Hanrahan, Kip, 134
Hargrove, Roy, 42, 113, 120-121
Harper, Arthur, 141
Harrell, Tom, 155
Harris, Beaver, 205
Harrison, Donald, 46
Hart, Antonio, 12, 39, 120
Hart, Billy, 36
Hawkins, Coleman, 36, 49-50, 54, 108, 110, 112, 115-118, 122-125, 173, 175, 182, 192, 200, 202, 206, 208, 224-225, 230
Haynes, Graham, 52, 120, 226-227
Haynes, Roy, 27, 44, 66-67, 77, 102, 120, 141, 173, 185, 187, 198, 219
Heath, Jimmy, 141
Heath, Percy, 13, 71, 170, 177
Hefti, Neal, 28-29, 48, 187
Hemphill, Julius, 18, 50, 98, 182, 228-229
Henderson, Eddie, 27, 119
Henderson, Fletcher, 15, 32, 48, 80, 106, 124, 220, 224, 230
Henderson, Joe, 121, 194, 208-209
Hendricks, Jon, 82-83
Hendrix, Jimi, 92
Henry, Ernie, 174
Herman, Woody, 102, 126-127, 154
Herring, Vincent, 78
Hicks, John, 120, 182-183
Higgins, Billy, 36, 52-53, 58-59, 215
Hill, Teddy, 81, 104-105
Hines, Earl, 15, 48, 56, 104, 108, 110, 189, 218
Hirt, Al, 158
Hodges, Johnny, 11-12, 16, 30, 43, 48-49, 62, 72, 85-87, 107, 116-117, 128-129, 132, 180, 186-187, 214, 225
Holiday, Billie, 29, 31, 34, 38, 81, 94, 130-133, 177, 192, 218, 226-227, 230-231
Holland, Dave, 36, 71
Hooker, John Lee, 157
Hopkins, Fred, 183
Horn, Shirley, 216-217
House, Son, 227
Hubbard, Freddie, 26, 59, 76-77, 90, 118, 120, 141, 187, 194, 207
Humes, Helen, 29, 232
Humphries, Lex, 64
Hurst, Robert, 158

J

Jackson, D.D., 134-135
Jackson, Mahalia, 87
Jackson, Milt, 44, 71, 116, 170-171, 174, 192
Jackson, Paul Jr, 118
Jacquet, Illinois, 57, 116-117, 122, 184
Jamal, Ahmad, 56, 100, 136-137
James, Harry, 106
Jarman, Joseph, 18
Jarrett, Keith, 32, 114, 136, 138-139, 164, 234
Jefferson, Eddie, 82
Jenny-Clark, Jean-François, 152, 194
Johnson, Eddie, 83
Johnson, Howard, 25, 45, 146, 205
Johnson, J.J., 57, 124, 139-141, 190
Johnson, Jay Jay, 197
Johnson, James P., 220
Johnson, Marc, 89
Jones, Benny, 74
Jones, Carmell, 209
Jones, Elvin, 11, 62, 64, 93, 207
Jones, Hank, 12-13, 49, 110, 114, 186
Jones, Harold, 219
Jones, Jimmy, 219, 225
Jones, Jo, 28, 55, 95, 112, 129, 212, 225, 232-233
Jones, Jonah, 132
Jones, Oliver, 142-143
Jones, Philly Joe, 26, 62-63, 68, 71, 91, 93
Jones, Quincy, 49, 146-147, 186, 216, 218
Jones, Sam, 13, 129, 193
Jones, Slick, 221
Jones, Thad, 10, 28-29, 38, 60, 187
Jones, Virgil, 205
Jordan, Clifford, 141
Jordan, Duke, 189
Jordan, Louis, 186
Joseph, Charles, 74

K

Kay, Connie, 13, 170
Keezer, Geoff, 120
Kelly, Wynton, 26, 64, 69-70, 113
Kennedy, Joe Jr, 137
Kenton, Stan, 144-145, 148, 180
Kern, Jerome, 67, 97

King, B.B., 157
Kirby, John, 218, 224
Kirk, Andy, 68, 79, 184
Kirk, Roland, 30, 146-147, 168
Kirkland, Kenny, 156-158
Klucevsek, Guy, 79, 99
Knepper, Jimmy, 93, 169
Konitz, Lee, 72, 115, 148-149, 180-181, 194, 230
Krall, Diana, 56, 150-151, 217
Krupa, Gene, 80-81, 106-107, 180-181
Kyle, Billy, 15

L

La Barbera, Joe, 89
Labèque, Katia, 160-161
Lacy, Steve, 30, 34, 45, 52, 92-93, 152-153, 215
Ladnier, Tommy, 31
LaFaro, Scott, 58-59, 89-90, 114
Laird, Rick, 161
Lake, Oliver, 18, 61, 182, 228
Lateef, Yusef, 26, 76
Laws, Hubert, 222
Levy, Lou, 39
Lewis, John, 58, 69, 147, 161, 170-171
Lewis, Mel, 38, 60, 154
Little Booker, 76, 78
Lloyd, Charles, 138, 194
Lockwood, Didier, 110
Louiss, Eddy, 102-103, 194-195
Lovano, Joe, 6, 154-155
Lowe, Frank, 182
Lubat, Bernard, 102-103, 238
Lunceford, Jimmie, 144
Lyons, Jimmie, 214

M

Machito, 190
Maize, Bob, 219
Malone, Russell, 151
Mance, Junior, 164
Mandel, Johnny, 28, 151
Mangual, Luis, 25
Mann, Herbie, 219
Manne, Shelly, 144
Mantilla, Ray, 25
Mantler, Mike, 35
Marable, Lawrence, 115
Margitza, Rick, 68
Marmarosa, Dodo, 190
Marsalis, Branford, 32, 69, 121, 156-157, 202
Marsalis, Ellis, 156-157, 226
Marsalis, Wynton, 32, 50, 120, 158-159, 226
Marsh, Wayne, 148-149, 230
Marshall, Royal, 29
Martin, Jean, 135
Mason, Harvey, 118
Maupin, Bennie, 118
Mays, Lyle, 166-167
McBride, Christian, 42, 113, 121, 151, 155, 165
McCurdy, Roy, 13
McDuff, Jack, 154
McGhee, Howard, 184-185, 190, 232
McLaughlin, John, 68, 71, 160-161
McLean, Jackie, 32, 128, 169, 234
McPherson, Fraser, 142
McRae, Carmen, 38, 226
McShann, Jay, 189
McVea, Jack, 57
Medeski, John, 75, 162
Mehldau, Brad, 149, 164-165
Mercer, Johnny, 97
Merrill, Helen, 40-41
Merritt, Jymie, 33
Metheny, Pat, 114-115, 160, 166-167
Michelot, Pierre, 22-23, 70, 109, 199, 201, 237
Middleton, Velma, 15, 17
Miley, Bubber, 179
Miller, Glenn, 83
Miller, Johnny, 57
Miller, Marcus, 207
Miller, Mulgrew, 32, 155
Millinder, Lucky, 104
Milne, Andy, 61
Mingus, Charles, 10-11, 36, 47, 57, 116, 146, 148, 153, 155, 162-163, 168-169, 191, 214, 235
Mitchell, Blue, 208-209
Mitchell, Joni, 119
Mitchell, Red, 52
Mitchell, Roscoe, 18-19
Mobley, Hank, 32, 112-113, 118, 156, 206, 208-209
Moffet, Charnett, 158
Moncur III, Grachan, 205
Monk, Thelonious, 26, 32, 58, 62, 66, 71, 76, 79, 104, 112-113, 123, 135, 152-153, 155, 161-162, 172, 174-175, 186, 191, 196, 199, 206, 208, 235
Montgomery, Wes, 98, 160, 166, 176-177, 186, 200
Montrose, J.R., 169
Moody, James, 26, 105
Moore, Oscar, 56
Moreira, Airto, 66, 222

Morello, Joe, 42
Morgan, Frank, 120
Morgan, Lee, 32-33, 63, 113, 118, 120, 163, 206, 210-211
Morgensten, Dan, 86
Morris, Joe, 112
Morton, « Jelly Roll », 158, 159, 178-179
Mosca, Sal, 149
Moses, J.C., 77
Moten, Bennie, 28, 230
Motian, Paul, 36-37, 89, 91, 98, 114-115, 138, 154, 157
Mouzon, Alphonzo, 222
Mraz, George, 10-11
Muhammad, Idris, 137, 182-183
Mulligan, Gerry, 10, 23, 69, 72, 102, 144, 180-181
Murphy, Mark, 82
Murray, David, 20, 46, 60-61, 114, 134-135, 182-183, 224, 228-229, 236
Murray, Sunny, 20
Musso, Vido, 106
Myers, Amina Claudine, 228-229

N

Nance, Ray, 110
Nanton, Tricky Sam, 86
Nash, Lewis, 155
Navarro, Fats, 32, 68, 108, 120, 123-124, 184-185, 198
Nelson, Oliver, 76, 89, 129, 186 187
Newman, Joe, 28-29
Newton, James, 182
Niehaus, Lennie, 72, 144
Norvo, Red, 44, 108, 116

O

O'Day, Anita, 81
O'Farrill, Chico, 25, 144-145, 190
Oliver, King, 15
Oliver, Sy, 28
Ørsted Pedersen, Niels-Henning, 20-21
Ory, Kid, 15, 168

P

Page, Walter, 28, 230
Paich, Marty, 144
Paparelli, Frank, 104
Parker, Charlie, 9, 12, 24, 37, 41, 44, 48-49, 54, 58, 60, 68, 75-76, 88, 100-101, 104-105, 108, 115, 121, 128, 140, 147-149, 157, 168, 184, 188-192, 197, 200, 206, 216
Parlan, Horace, 168, 204
Pass, Joe, 48, 97, 192
Pastorius, Jaco, 216, 222-223
Patton, « Big » John, 9, 11, 15, 20-21, 27, 44, 49-50, 54, 58-59, 62-65, 68-71, 74-76, 78-79, 98, 104, 106, 108, 113, 120, 122, 131, 135, 147, 152-154, 156-157, 160-163, 166-168, 170-171, 173, 182-183, 202-204, 210, 214, 218, 224, 228, 235
Paul, Les, 36, 57, 114
Payton, Nicholas, 120
Peacock, Gary, 20, 37, 91, 138
Pepper, Art, 114, 128, 144-145
Perkins, Bill, 23
Persip, Charli, 93
Person, Eric, 228
Petersen, Ed, 83
Peterson, Hannibal Marvin, 92
Peterson, Oscar, 15, 28, 36, 56, 94-96, 124, 142-143, 164, 192-193, 212-213, 235
Petrucciani, Michel, 100, 111, 148, 194-195
Pettiford, Oscar, 140, 148-149, 174
Phillips, Flip, 126-127, 190
Pine, Courtney, 226
Plaxico, Lonnie, 226-227
Ponty, Jean-Luc, 66-67, 110, 160
Portal, Michel, 238
Porter, Cole, 84, 94, 137
Porter, Curtis, 169
Potter, Tommy, 102, 185, 189, 198
Potts, Steve, 152
Powell, Benny, 39
Powell, Bud, 33, 41, 56, 66-67, 79, 88, 108-109, 136, 140, 143, 163, 168, 184-185, 191, 194, 196-199, 202, 214, 234, 236
Pozo, Chano, 104-105
Procope, Russell, 179
Pullen, Don, 134-135, 183
Purcell, John, 228
Purim, Flora, 66

Q

Quebec, Ike, 210
Quinichette, Paul, 218-219, 230

R

Ragin, Hugh, 134-135
Ramey, Gene, 188, 232-233
Rava, Enrico, 148, 237

Redman, Dewey, 52, 58, 114, 138, 166
Redman, Joshua, 42, 164
Reed, Lou, 52
Reid, Rufus, 103
Reinhardt, Django, 51, 54, 79, 110-111, 160, 171, 176, 200-201, 216
Reinhardt, Joseph, 201
Ribot, Marc, 46, 162-163
Rich, Buddy, 95-96, 191-192
Richmond, Dannie, 168
Riley, Ben, 175, 203
Rivers, Sam, 60
Roach, Max, 38, 40-41, 48, 123, 168, 174, 184, 189-191, 198, 202-203, 214, 228
Roberts, Marcus, 158
Robinson, Perry, 205
Rogers, Shorty, 144
Rollins, Sonny, 6, 36, 52, 99, 108, 112, 120, 122-124, 156, 170, 174-175, 177, 182, 185-186, 198, 202-203
Romano, Aldo, 34, 152, 154, 194
Rostaing, Hubert, 200-201
Rouse, Charlie, 26, 49, 156, 173, 175, 181
Rowles, Jimmy, 161, 224
Rudd, Roswell, 35, 114-115, 152-153, 205, 215
Rugolo, Pete, 144-145
Rushing, Jimmy, 28-29, 43, 82
Russell, Curly, 190-191, 198
Russell, George, 36, 52, 104, 186
Russell, Pee Wee, 152

S

Saluzzi, Dino, 114
Sanborn, David, 92
Sanchez, David, 226
Sanders, Pharoah, 6, 34, 38, 62, 129
Santamaria, Mongo, 66
Schifrin, Lalo, 24, 211
Schuller, Gunther, 14, 170
Scofield, John, 27, 44, 68-69, 98, 154, 166
Scott, Raymond, 47
Scott, Shirley, 125, 210
Scott, Stephen, 121
Sedric, Gene, 221
Shahid, Jaribu, 51
Shankar, Lakshminarayana, 160, 161
Shavers, Charlie, 80
Shaw, Artie, 80, 131-132
Shaw, Arvell, 17
Shaw, Clarence, 169
Shearing, George, 44, 136, 216
Shepp, Archie, 60, 62, 114, 204-205, 215
Shihab, Sahib, 174
Shorter, Wayne, 30, 32-33, 68-69, 71, 156-157, 167, 206-207, 222-223
Silvano, Judy, 155
Silver, Horace, 33, 39, 78, 93, 102, 119, 141, 208-209
Simon, Paul, 91, 216
Sims, Zoot, 9, 11, 28, 102, 126-127, 180-181, 216, 235
Sinatra, Frank, 56, 82, 126
Singleton, Zutty, 15, 152, 179
Slicker, Don, 120
Smith, Bessie, 97
Smith, Buster, 28
Smith, Jimmy, 39, 162, 176-177, 186, 210-211, 236
Smith, Lonnie, 154
Smith, Willie, 31
Solal, Martial, 110, 148, 216
Soller, Alvin, 124
Soloff, Lew, 35, 92
South, Eddie, 110, 200
Spann, Les, 129, 225
Spaulding, James, 228
Stacy, Jess, 106, 117
Stafford, Jo, 115
St-Cyr, John, 15
Stern, Mike, 68-69
Steward, Herbie, 126
Stewart, Bill, 167
Stewart, Slam, 100, 212-213
Stitt, Sonny, 140, 197, 235
Strayhorn, Billy, 11, 47, 87, 129
Sulieman, Idrees, 174, 199
Summers, Bill, 118
Sun Ra, 51
Swallow, Steve, 35-36, 44, 154
Szabo, Gabor, 73

T

Tabbal, Tani, 51
Taborn, Craig, 51
Tate, Buddy, 28, 50, 122, 125
Tate, Grady, 39
Tatum, Art, 49, 100, 143, 189, 193-194, 208, 212-213, 220, 236
Taylor, Art, 63-64, 141, 198, 217
Taylor, Cecil, 60, 79, 152, 182, 204, 214-215

Teagarden, Jack, 15-17, 220
Terrasson, Jacky, 227
Terry, Clark, 68, 110, 140, 142-143, 156, 174, 192, 215
Texier, Henri, 235
Thielemans, Toots, 91, 192, 216-217
Thigpen, Ed, 142, 192-193
Thomas, René, 102-103, 237
Thompson, Lucky, 10
Thornhill, Claude, 148
Timmons, Bobby, 32-33
Towner, Ralph, 222
Tristano, Lennie, 115, 148-149
Tucker, George, 77
Turner, Dave, 128
Turrentine, Stanley, 121, 208
Turrentine, Tommy, 205
Twardzick, Dick, 23
Tyler, Charles, 20
Tyner, McCoy, 62, 64, 66, 110, 136, 164, 207

U

Ulmer, James, 58
Urtreger, René, 70, 232, 237

V

Van Dijk, Louis, 217
Vander, Maurice, 201
Vasconcelos, Nana, 167
Vaughan, Sarah, 28, 40-41, 94, 105, 130, 154, 218-219
Venuti, Joe, 110
Viale, Jean-Louis, 23, 201
Vitous, Miroslav, 67, 222

W

Waldron, Mal, 152
Walker, Joe Louis, 157
Waller, Fats, 150, 210, 212, 220-221
Walton, Cedar, 64, 141
Wardell, Gray, 52, 108
Ware, Wilbur, 217
Washington, Dinah, 25, 38, 41
Washington, Reggie, 61
Waters, Muddy, 99
Watkins, Doug, 203, 209
Watkins, Julius, 174
Watson, Bobby, 120
Watts, Ernie, 115
Watts, Jeff « Tain », 32, 156, 157, 158
Webb, Chick, 32, 95, 97
Webster, Ben, 10, 50, 86, 117, 122-123, 132, 156, 182, 187, 224-225
Wells, Dicky, 29
Wertico, Paul, 83
Wessel, Anderson, 12, 158
Weston, Randy, 182
Whitaker, Rodney, 113
White, Andrew, 222
White, Lenny, 66
Wilen, Barney, 33, 70
Wilkins, Ernie, 218
Williams, Cootie, 55, 85-86, 106-107, 116-117, 129, 132, 197
Williams, Joe, 28, 68
Williams, Leroy, 11
Williams, Mary Lou, 54, 79, 214
Williams, Todd, 158
Williams, Tony, 68-69, 71, 160
Williamson, Sonny Boy, 147
Wilson, Cassandra, 46, 60, 83, 159, 226-227, 238
Wilson, Steve, 47
Wilson, Teddy, 56, 81, 106, 131-132, 193, 225, 232-233
Winding, Kai, 140
Wood, Chris, 162-163
Woodman, Britt, 168
Woods, Phil, 12, 49, 128, 187
Woodyard, Sam, 87, 125
Workman, Reggie, 205, 207
Wright, Eugene, 42

Y

Young, Dave, 142-143
Young, Lee, 57, 231
Young, Lester, 28-29, 54-55, 57, 68, 93, 107-108, 113, 122, 125, 127, 130-132, 168, 180, 189-190, 206, 208, 230-233
Young, Neil, 99

Z

Z., Rachel, 207
Zawinul, Joe, 12-13
Zetterlund, Monica, 91
Zigmund, Elliott, 89, 194
Zollar, James, 47
Zorn, John, 78, 162

INDEX DES GROUPES

A

AACM (The Associations for the Advancement of Creative Musicians), 18
Art Ensemble of Chicago, 18-19, 50, 60, 146, 214
Artistry in Rhythm Orchestra, 144

B

Basie Band of Rhythm, 28
Big Band Lumière, 92
Big Soul Band, 112, 182
Black Music Infinity, 182
Blue Devils, 28, 230

C

Clouds of Joy, 79, 184
Concert Jazz Band, 180

D

Dirty Dozen Brass Band, 74-75

E

Elektric Band, 66
Europamerican Big Band, 34

F

Fats Waller and His Rhythm, 220-221
First Herd, 126
Five Elements, 60-61
Four Brothers, 126-127
Francis Bolland Big Band, 112

G

Gregor et ses grégoriens, 110

H

Headhunters, 118-119, 222
Hendricks, Lambert and Ross, 82

I

Innovations in Modern Music, 144-145

J

Jah Band, 98
Jazz at the Philharmonic 57, 80, 95, 96, 97, 102, 123, 140, 184, 189, 190, 192, 224, 232
Jazz Futures, 120
Jazz Messengers, 32-33, 112-113, 120, 138, 156, 158, 206, 208-209, 235
Jazz Workshop, 168, 186

L

Liberation Music Orchestra, 24, 34, 98, 114-115
Lifetime, 160
Lincoln Jazz Orchestra, 50, 158
Lounge Lizards, 162

M

M'Boom, 228
Mahavishnu Orchestra, 161
Mandala Octet, 162
Manhattan Transfer, 223
Massada, 78, 162
M-Base, 46, 60, 226
McKinney's Cotton Pickers, 80
Medeski Martin & Wood, 162-163
Mingus Big Band, 50
Modern Jazz Quartet, 13, 42, 58, 170
Montgomery Brothers, 176-177
Mound City Blue Blowers, 124

N

New Organ Ensemble, 50
New Orleans Feetwarmers, 31
New York Contemporary Five, 204

O

One Truth Band, 160
Origin, 66

P

Progressive Jazz Orchestra, 144

Q

Quartet West, 98, 114-115
Quintette du Hot Club de France, 110, 200-201

R

Real New York Saxophone Quartet, 228
Return to Forever, 66

S

Second Herd, 126-127
Shakti, 160
Shrek, 162
Sphere, 26
String Group, 78

T

Third Herd, 126
Three Strings, 136
Thundering Herds, 126, 127, 154
Tiny Bell Trio, 78

U

Uzeb, 234

V

Vibration Society, 146

W

Weather Report, 206, 222-223
World Saxophone Quartet, 50, 182, 228-229

INSTRUMENTISTES
ET GENS DE MUSIQUE

ARRANGEURS
Bley, Carla
Carter, Benny
Evans, Bill
Evans, Gil
Gillespie, Dizzy
Mulligan, Gerry
Nelson, Oliver

CHEFS D'ORCHESTRE
Basie, Count
Bechet, Sidney
Blakey, Art
Bley, Carla
Cole, Nat «King»
Ellington, Duke
Evans, Gil
Gillespie, Dizzy
Goodman, Benny
Hampton, Lionel
Herman, Woody
Kenton, Stan
Mingus, Charles
Morton, «Jelly Roll»

COMPOSITEURS
Adderley, Cannonball
Armstrong, Louis
Ayler, Albert
Baker, Chet
Barron, Kenny
Basie, Count
Bechet, Sidney
Bley, Carla
Bley, Paul
Brown, Clifford
Brubeck, Dave
Burton, Gary
Carter, Benny
Cherry, Don
Corea, Chick
Davis, Miles
Desmond, Paul
Dolphy, Eric
Ellington, Duke
Evans, Bill
Gordon, Dexter
Grappelli, Stéphane
Haden, Charlie
Hancock, Herbie
Herman, Woody
Kenton, Stan
Mingus, Charles
Monk, Thelonious
Morton, «Jelly Roll»
Mulligan, Gerry
Murray, David
Nelson, Oliver
Parker, Charlie
Petrucciani, Michel
Powell, Bud
Reinhardt, Django
Rollins, Sonny
Shepp, Archie
Shorter, Wayne
Silver, Horace
Taylor, Cecil
Thielemans, Toots
Waller, Fats

CHANTEURS ET CHANTEUSES
Armstrong, Louis
Baker, Chet
Bley, Carla
Bridgewater, Dee Dee
Cole, Nat «King»
Eldridge, Roy
Elling, Kurt
Fitzgerald, Ella
Gillespie, Dizzy
Holiday, Billie
Krall, Diana
Morton, «Jelly Roll»
Shepp, Archie
Smith, Jimmy
Vaughan, Sarah
Waller, Fats
Wilson, Cassandra

CONTREBASSISTES
Haden, Charlie
Heath, Percy (Modern Jazz Quartet)
Mingus, Charles
Wood, Chris (Medeski Martin & Wood)

GUITARISTES
Christian, Charles
Frisell, Bill
McLaughlin, John
Metheny, Pat
Montgomery, Wes
Reinhardt, Django
Thielemans, Toots

VIOLONISTES
Coleman, Ornette
Grappelli, Stéphane

BATTEURS
Blakey, Art
Hampton, Lionel
Kay, Connie (Modern Jazz Quartet)
Martin, Billie (Medeski Martin & Wood)

VIBRAPHONISTES
Burton, Gary
Hampton, Lionel
Jackson, Milt (Modern Jazz Quartet)

CLAVIÉRISTES
Corea, Chick
Hancock, Herbie

ORGANISTES
Basie, Count
Medeski, John (Medeski Martin & Wood)
Smith, Jimmy
Waller, Fats

PIANISTES
Barron, Kenny
Basie, Count
Bley, Carla
Bley, Paul
Brubeck, Dave
Cole, Nat «King»
Corea, Chick
Ellington, Duke
Evans, Bill
Evans, Gil
Garner, Erroll
Hampton, Lionel
Hancock, Herbie
Jackson, D.D.
Jamal, Ahmad
Jarrett, Keith
Jones, Oliver
Kenton, Stan
Krall, Diana
Lewis, John (Modern Jazz Quartet)
Mehldau, Brad
Mingus, Charles
Monk, Thelonious
Morton, «Jelly Roll»
Peterson, Oscar
Petrucciani, Michel
Powell, Bud
Shepp, Archie
Silver, Horace
Smith, Jimmy
Tatum, Art
Taylor, Cecil
Vaughan, Sarah
Waller, Fats

CLARINETTISTES
Byron, Don
Carter, James
Dolphy, Eric
Goodman, Benny
Herman, Woody
Murray, David
Young, Lester

FLÛTISTES
Dolphy, Eric
Kirk, Roland

HARMONICISTE et SIFFLEUR
Thielemans, Toots

SAXOPHONISTES
World Saxophone Quartet

SOPRANO
Bechet, Sidney
Carter, James
Coltrane, John
Hodges, Johnny
Kirk, Roland
Lacy, Steve
Marsalis, Branford
Shepp, Archie
Shorter, Wayne

ALTO
Adderley, Cannonball
Carter, Benny
Carter, James
Coleman, Ornette
Coleman, Steve
Desmond, Paul
Dolphy, Eric
Herman, Woody
Hodges, Johnny
Kirk, Roland
Konitz, Lee
Nelson, Oliver
Parker, Charlie

TÉNOR
Ayler, Albert
Barbieri, Gato
Carter, James
Coltrane, John
Getz, Stan
Gordon, Dexter
Griffin, Johnny
Hawkins, Coleman
Kirk, Roland
Lovano, Joe
Marsalis, Branford
Murray, David
Rollins, Sonny
Shepp, Archie
Shorter, Wayne
Webster, Ben
Young, Lester

BARYTON
Adams, Pepper
Mulligan, Gerry

TROMBONISTE
Johnson, J.J.

TROMPETTISTES
Armstrong, Louis
Baker, Chet
Brown, Clifford
Carter, Benny
Cherry, Don
Coleman, Ornette
Davis, Miles
Douglas, Dave
Eldridge, Roy
Gillespie, Dizzy
Hargrove, Roy
Marsalis, Wynton
Navarro, Fats

LES STYLES

ET LEURS REPRÉSENTANTS

ACID-JAZZ
Medeski Martin & Wood

AVANT-GARDE
Art Ensemble of Chicago
Barbieri, Gato
Bley, Carla
Bley, Paul
Byron, Don
Douglas, Dave
Frisell, Bill
Lacy, Steve
World Saxophone Quartet

BE-BOP
Adams, Pepper
Adderley, Cannonball
Barron, Kenny
Bridgewater, Dee Dee
Christian, Charlie
Davis, Miles
Elling, Kurt
Garner, Erroll
Getz, Stan
Gillespie, Dizzy
Gordon, Dexter
Griffin, Johnny
Hargrove, Roy
Herman, Woody
Jamal, Ahmad
Johnson, J.J.
Jones, Oliver
Kenton, Stan
Kirk, Roland
Marsalis, Branford
Marsalis, Wynton
Mehldau, Brad
Mingus, Charles
Monk, Thelonious
Montgomery, Wes
Navarro, Fats
Parker, Charlie
Peterson, Oscar
Petrucciani, Michel
Powell, Bud
Rollins, Sonny
Smith, Jimmy
Thielemans, Toots
Vaughan, Sarah
Wilson, Cassandra

BLUES
Bechet, Sidney
Dirty Dozen Brass Band

COUNTRY
Wilson, Cassandra

FREE JAZZ
Art Ensemble of Chicago
Ayler, Albert
Bley, Paul
Carter, James
Cherry, Don
Coleman, Ornette
Coleman, Steve
Coltrane, John
Dolphy, Eric
Kirk, Roland
Lacy, Steve
Murray, David
Shepp, Archie
Taylor, Cecil

FUNK
Coleman, Steve
Dirty Dozen Brass Band
Hancock, Herbie
Silver, Horace

FUSION
Burton, Gary
Corea, Chick
Davis, Miles
Evans, Gil
Frisell, Bill
Hancock, Herbie
McLaughlin, John
Metheny, Pat
Weather Report
Wilson, Cassandra

HARD BOP
Adderley, Cannonball
Barron, Kenny
Blakey, Art
Brown, Clifford
Coltrane, John
Griffin, Johnny
Haden, Charlie
Hargrove, Roy
Johnson, J.J.
Kirk, Roland
Lovano,Joe
Marsalis, Branford

Montgomery, Wes
Nelson, Oliver
Rollins, Sonny
Shepp, Archie
Shorter, Wayne
Silver, Horace
Smith, Jimmy

JAZZ COOL
Baker, Chet
Brubeck, Dave
Davis, Miles
Desmond, Paul
Evans, Bill
Evans, Gil
Getz, Stan
Jamal, Ahmad
Konitz, Lee
Mulligan, Gerry

JAZZ LATIN
Barbieri, Gato

JAZZ PROGRESSIF
Kenton, Stan

JAZZ TRADITIONNEL
Armstrong, Louis
Morton, Jelly Roll
Waller, Fats

KLEZMER
Byron, Don
Douglas, Dave

MUSIQUE DU MONDE
Cherry, Don
McLaughlin, John

MUSIQUE LATINE
Thielemans, Toots

NÉO-BOP
Marsalis, Wynton

NOUVELLE-ORLÉANS
Armstrong, Louis
Bechet, Sidney
Dirty Dozen Brass Band
Morton, Jelly Roll

POP
Barbieri, Gato

POST-BOP
Burton, Gary
Carter, James
Coleman, Steve
Corea, Chick
Douglas, Dave
Elling, Kurt
Evans, Bill
Evans, Gil
Frisell, Bill
Hancock, Herbie
Jackson, D.D.
Jamal, Ahmad
Jarrett, Keith
Lovano, Joe
McLaughlin, John
Medeski Martin & Wood
Mehldau, Brad
Metheny, Pat
Mingus, Charles
Monk, Thelonious
Murray, David
Nelson, Oliver
Petrucciani, Michel

RHYTHM AND BLUES
Dirty Dozen Brass Band

ROCK AND ROLL
Dirty Dozen Brass Band

SOUL
Adderley, Cannonball
Medeski Martin & Wood

STRIDE
Waller, Fats

SWING
Basie, Count
Bridgewater, Dee Dee
Carter, Benny
Carter, James
Christian, Charlie
Cole, Nat «King»
Eldridge, Roy
Ellington, Duke
Fitzgerald, Ella
Garner, Erroll
Goodman, Benny
Grappelli, Stéphane

Hampton, Lionel
Hawkins, Coleman
Herman, Woody
Hodges, Jonnhy
Holiday, Billie
Jones, Oliver
Kenton, Stan
Kirk, Roland
Krall, Diana
Marsalis, Wynton
Peterson, Oscar
Reinhardt, Django
Tatum, Art
Thielemans, Toots
Webster, Ben
Young, Lester

TABLE DES MATIÈRES

PRÉFACE 8
INTRODUCTION 9

ADAMS, PEPPER saxophoniste (baryton) 10
ADDERLEY, JULIAN «CANNONBALL» saxophoniste (alto) 12
ARMSTRONG, LOUIS trompettiste, chanteur et compositeur 14
ART ENSEMBLE OF CHICAGO (ensemble) 18
AYLER, ALBERT saxophoniste (ténor) 20
BAKER, CHET trompettiste et chanteur 22
BARBIERI, LEANDRO «GATO» saxophoniste (ténor) 24
BARRON, KENNY pianiste et compositeur 26
BASIE, WILLIAM «COUNT» chef d'orchestre, compositeur, pianiste et organiste 28
BECHET, SIDNEY saxophoniste (soprano) et compositeur 30
BLAKEY, ART batteur et chef d'orchestre 32
BLEY, CARLA pianiste, compositrice et chef d'orchestre 34
BLEY, PAUL pianiste et compositeur 36
BRIDGEWATER, DENISE «DEE DEE» chanteuse 38
BROWN, CLIFFORD trompettiste et compositeur 40
BRUBECK, DAVE pianiste et compositeur 42
BURTON, GARY vibraphoniste et compositeur 44
BYRON, DON clarinette et clarinette basse 46
CARTER, BENNY saxophoniste (alto), trompettiste, arrangeur et chef d'orchestre 48
CARTER, JAMES saxophoniste (soprano, alto, ténor) et joueur de clarinette basse 50
CHERRY, DON trompette de poche 52
CHRISTIAN, CHARLIE guitariste 54
COLE, NAT «KING» pianiste et chanteur 56
COLEMAN, ORNETTE saxophone (alto), trompette, violon et compositeur 58
COLEMAN, STEVE saxophoniste (alto) et compositeur 60
COLTRANE, JOHN saxophoniste (ténor et soprano) et compositeur 62
COREA, CHICK pianiste, claviériste et compositeur 66
DAVIS, MILES trompettiste 68
DESMOND, PAUL saxophoniste (alto) 72

DIRTY DOZEN BRASS BAND (ensemble) 74
DOLPHY, ERIC saxophoniste (alto), flûtiste et clarinette (basse) 76
DOUGLAS, DAVE trompettiste 78
ELDRIDGE, ROY trompettiste et chanteur 80
ELLING, KURT chanteur 82
ELLINGTON, DUKE pianiste, compositeur et chef d'orchestre 84
EVANS, BILL pianiste, arrangeur et compositeur 88
EVANS, GIL pianiste, arrangeur et chef d'orchestre 92
FITZGERALD, ELLA chanteuse 94
FRISELL, BILL guitariste et compositeur 98
GARNER, ERROLL pianiste et compositeur 100
GETZ, STAN saxophoniste (ténor) et compositeur 102
GILLESPIE, DIZZY trompettiste, chanteur et compositeur 104
GOODMAN, BENNY clarinettiste et chef d'orchestre 106
GORDON, DEXTER saxophoniste et compositeur 108
GRAPPELLI, STÉPHANE violoniste et compositeur 110
GRIFFIN, JOHNNY saxophoniste (ténor) et compositeur 112
HADEN, CHARLIE contrebassiste et compositeur 114
HAMPTON, LIONEL vibraphoniste, pianiste, batteur, chanteur et chef d'orchestre 116
HANCOCK, HERBIE pianiste, claviériste et compositeur 118
HARGROVE, ROY trompettiste et compositeur 120
HAWKINS, COLEMAN saxophoniste (ténor) 122
HERMAN, WOODY saxophoniste (alto), clarinettiste, compositeur et chef d'orchestre 126
HODGES, JOHNNY saxophoniste (alto, soprano) et compositeur 128
HOLIDAY, BILLIE chanteuse 130
JACKSON, D.D. pianiste et compositeur 134
JAMAL, AHMAD pianiste 136
JARRETT, KEITH pianiste, claveciniste et compositeur 138
JOHNSON, J.J. tromboniste, compositeur, arrangeur et chef d'orchestre 140
JONES, OLIVER pianiste et compositeur 142
KENTON, STAN pianiste, chef d'orchestre et compositeur 144
KIRK, ROLAND multi-saxophoniste, flûtiste et compositeur 146

KONITZ, LEE saxophoniste (alto) et compositeur 148
KRALL, DIANA chanteuse et pianiste 150
LACY, STEVE saxophoniste (soprano) et compositeur 152
LOVANO, JOE saxophoniste (ténor) et compositeur 154
MARSALIS, BRANFORD saxophoniste (ténor et soprano) et compositeur 156
MARSALIS, WYNTON trompettiste, compositeur et chef d'orchestre 158
McLAUGHLIN, JOHN guitariste et compositeur 160
MEDESKI MARTIN & WOOD, orgue, batterie, contrebasse 162
MEHLDAU, BRAD pianiste et compositeur 164
METHENY, PAT guitariste et compositeur 166
MINGUS, CHARLES contrebassiste, pianiste, compositeur et chef d'orchestre 168
MODERN JAZZ QUARTET, vibraphone, piano, batterie, contrebasse 170
MONK, THELONIOUS pianiste et compositeur 172
MONTGOMERY, WES guitariste 176
MORTON, « JELLY ROLL » pianiste, compositeur, chanteur et chef d'orchestre 178
MULLIGAN, GERRY saxophoniste (baryton) et compositeur 180
MURRAY, DAVID saxophoniste (ténor), joueur de clarinette basse et compositeur 182
NAVARRO, FATS trompettiste et compositeur 184
NELSON, OLIVER saxophoniste (alto), compositeur, arrangeur et chef d'orchestre 186
PARKER, CHARLIE saxophoniste (alto) et compositeur 188
PETERSON, OSCAR pianiste et compositeur 192
PETRUCCIANI, MICHEL pianiste et compositeur 194
POWELL, BUD pianiste et compositeur 196
REINHARDT, DJANGO guitariste et compositeur 200
ROLLINS, SONNY saxophoniste (ténor) et compositeur 202
SHEPP, ARCHIE saxophoniste (ténor, soprano), pianiste, chanteur et compositeur 204
SHORTER, WAYNE saxophoniste (ténor, soprano) et compositeur 206
SILVER, HORACE pianiste, compositeur et chef d'orchestre 208
SMITH, JIMMY organiste, pianiste et chanteur 210
TATUM, ART pianiste 212
TAYLOR, CECIL pianiste et compositeur 214
THIELEMANS, TOOTS harmoniciste, guitariste, siffleur et compositeur 216

VAUGHAN, SARAH chanteuse et pianiste 218
WALLER, FATS pianiste, organiste, chanteur et compositeur 220
WEATHER REPORT (ensemble) 222
WEBSTER, BEN saxophoniste (ténor) et compositeur 224
WILSON, CASSANDRA chanteuse 226
WORLD SAXOPHONE QUARTET quatuor de saxophones 228
YOUNG, LESTER saxophoniste (ténor) et clarinettiste 230

MUSICIENS QUÉBÉCOIS : MES COUPS DE CŒUR

BOLDUC, RÉMI saxophoniste (ténor) 234
BOURASSA, FRANÇOIS pianiste 234
CARON, ALAIN contrebassiste (basse électrique) 234
CUSSON, MICHEL guitariste et compositeur 234
DEROME, JEAN saxophoniste et flûtiste 234
DESMARAIS, LORRAINE pianiste 235
DONATO, MICHEL contrebassiste 235
GUILBEAULT, NORMAND contrebassiste 235
PAPASOFF, CHARLES saxophoniste (baryton) 235
RIEU, YANNICK saxophoniste (ténor) 235
VOGEL, VIC pianiste et chef d'orchestre 236
YOUNG, KAREN chanteuse et compositrice 236

MUSICIENS EUROPÉENS : MES COUPS DE CŒUR

ARVANITAS, GEORGES pianiste 237
BEX, EMMANUEL organiste 237
BOLLING, CLAUDE pianiste et chef d'orchestre 237
CATHERINE, PHILIP guitariste 237
DENNERLEIN, BARBARA organiste 237
ESCOUDÉ, CHRISTIAN guitariste 238
FRESU, PAOLO trompettiste 238
HUMAIR, DANIEL, MICHELOT, PIERRE et URTREGER, RENÉ, batteur, contrebassiste, pianiste 238
PORTAL, MICHEL saxophoniste, clarinettiste (basse) et bandéoniste 238
TERRASSON, JACKY pianiste 238

NOTES 239
GLOSSAIRE 240
BIBLIOGRAPHIE 242
INDEX DES MUSICIENS CITÉS 244
INDEX DES GROUPES 252
INSTRUMENTISTES ET GENS DE MUSIQUE 253
LES STYLES ET LEURS REPRÉSENTANTS 256

Cet ouvrage a été achevé d'imprimer
en mai 2001 au Canada.

Transcontinental
IMPRESSION
IMPRIMERIE INTERGLOBE INC.